为幸福而来

——积极心理品质提升训练

傅艺娜　主编

山东大学出版社
SHANDONG UNIVERSITY PRESS

图书在版编目（CIP）数据

为幸福而来：积极心理品质提升训练 / 傅艺娜主编．
—济南：山东大学出版社，2019.7（2021.8 重印）
ISBN 978-7-5607-6421-4

Ⅰ．①为… Ⅱ．①傅… Ⅲ．①大学生—心理健康—健康教育 Ⅳ．① G444

中国版本图书馆 CIP 数据核字（2019）第 193938 号

责任编辑：唐　棣
插图设计：王鲁光　杨亮琦
封面设计：彭　芃
美术编辑：张　荔

出版发行：山东大学出版社
　　社　址　山东省济南市山大南路 20 号
　　邮　编　250100
　　电　话　市场部（0531）88363008
经销：新华书店
印刷：济南巨丰印刷有限公司
规格：720 毫米 ×1000 毫米　1/16
　　19.25 印张　312 千字
版次：2019 年 7 月第 1 版
印次：2021 年 8 月第 4 次印刷
定价：42.00 元

编委会

主　编：傅艺娜

副主编：许晓梅　刘倩倩　马道伟

编　委：路翠艳　曹丽丽　高媛媛　孙浩令　李晓含

这不仅仅是一本教材（代序）

欢迎！我在这里等你很久了！当你看到这一页的时候，我们终于能够一起踏上共同的旅途了。很荣幸能够在浩如烟海的信息资讯中被你选择，这本书会用接下来的内容向你证明这是个不坏的决定。相信我，如果你想成为更好的自己，那它一定会是你前行路上的得力助手。

不过，且慢翻页。初生的勇者总要听新手村的村长絮叨一些关于历史啊、未来啊、使命啊之类的故事。接下来的这些话能帮助你更透彻地了解、使用这本自我训练书籍，这是磨刀不误砍柴工的事情。

在最初的最初，我们希望你了解的是，这是一本严格遵循学术标准写作的心理学书籍。每一篇文字的背后，都有着丰富的理论和实证研究成果，并不是某个人以己度人的猜测或灵光乍现的产物；但是，它不会用晦涩难懂的专业术语筑起令你望而却步的高墙，因为这是一本需要自我对话的书籍，它的完整不能缺少你的参与。我们试图用最清晰易懂的语言去阐述那些你最关心的事，并使你能够通过阅读从中获益。

那么，我们就先来谈谈，为什么你会需要这本书吧。

这是个生活节奏越来越快的信息大爆炸时代，层出不穷的新名词、新概念搭载着新媒体这趟特快列车，无孔不入地挑逗着人们的敏感神经，把焦虑播散向广袤的大地；人们被时代洪流裹挟着向前，一刻也不敢停歇，生怕一旦停下便会被他人远远地抛在后面。

对作为大学新鲜人的你来说可能更是如此。新环境里的一切对你来说都是新的，花样繁多的信息和选择汹涌而来，令人应接不暇；发展道路不再是唯一的，不同的人对同一件事截然相异的取舍常常形成鲜明对比，令人迷茫无措；长辈的耳提面命逐渐退居二线，自己成为自己命运的主宰，令人小心翼翼；过往的经验似乎不再适用于当下的情况，而新的世界仍待进一步探索，这一切都令人精疲力竭。

“当我想要放松的时候，看到有同学在学习便焦虑起来”；“很多人都喜欢的事情我却不喜欢，是不是我有什么问题”；“所有人都说要定目标定规划，可是我真的想不出来自己的目标是什么”……我们迷茫着，自责着，心事重重。

你是谁？你从哪里来？要到哪里去？

可能是时候思考这样的问题了。只是身边的世界太嘈杂，常常令我们无暇他顾，不妨先屏蔽掉那些想要左右你想法的声音，倾听一下自己的内心。

中央电视台曾面向全社会发起过一个关于“幸福是什么”的调查采访，“你幸福吗？”的提问引出花式回答，一时间引起各方热议。不妨设想一下，如果记者在街头拦住提问的对象是你，你会怎么回答这个问题呢，你幸福吗？

可能在看到问题的当下，你就已经开始在脑海中尝试作答了。不过这个问题也许并不好回答。乍听之下，它似乎宏大地令人有些无措，散发出一丝不接地气的突兀；再仔细考虑，就愈发难以形成结论。“晚上和朋友一起吃了顿大餐是蛮幸福的，不过想到早上起床时候的画面，那可就太痛苦了”；“逛街看电影打游戏让我十分快乐，这算是幸福吗”；“我的日子就这么一天天地过，好像谈不上什么幸不幸福的”；“终于和喜欢的人在一起了，不过这几天却开始闹别扭了，我也不知道我幸不幸福”；“我喜欢看书学习写点东西，别人说我的生活太无聊了，我却觉得沉浸在这样的世界里让我很幸福”……

或许类似的心理活动就来自于正在看这本书的你，于是我们发现，旧的问题面前又摆上了更多的问题：幸福的定义是什么？它描述的是某个时刻还是一段时间？是主观感受还是客观状态？幸福感要如何测量？是的，这样一个听上去不言自明的问题，还能衍生出如此多的计较。

又或许，你没有这思前想后的习惯，在看到问题的当下就依循自己的本心做出了回答——我很幸福，我不幸福。那你又是否清楚地了解，你是因何而元气满满，为何而沮丧失落？

这般执着地发问，并不是为了引发你的迷茫焦虑，只是想让你开始习惯这样的阅读模式——把那颗终日被生活琐事缠绕的疲惫心解放出来，跟着我们的节奏，把目光投向自己，去发现、去体味、去成长。阅读过后，你便能找到问题的答案。

倾听过自己内心的声音后，我们仍需再重新去看看身边的世界，毕竟我们不是孤立地存在于这个世上。必须要承认，很多时候，我们需要通过和别人比较，来确定自己在这个世界上的位置；需要通过他人的反馈，来调整自己对自己的认知。然而现在的问题是，我们太容易被别人所影响，以至于连自我都失去了。如果你真的是一个注意观察他人的人，就一定会发现一个常常被我们忽略的简单事实，这世上你欣赏的人不止一个，而他们令你欣赏的点也各不相同。

所以人与人的幸福无须比较，幸福是没有模板的。他目标坚定行动力强，每天的生活充实高效；她豁达随性，行止由心，不以物喜不以己悲；他披荆斩棘，自强不息，挫折坎坷让他越挫越勇。她申到了想去的学校，他获得了向往的工作，她和喜欢的人在一起了，他决定用一年时间去做自己想做的事……他们都可以很幸福。有人化用托尔斯泰名篇里的话说：“幸福的人都是相似的，不幸的人却各有各的不幸。”我们想说的却是，幸福的人也各有各的幸福，如果说幸福真的有什么共同点的话，那就是他们最终都成为了他们自己。

如同日月星辰的运转有其规律，人的幸与不幸也并非随机。这本书想做的，就是和你一起找到属于你的幸福之路。

为什么这本书是值得信任的伙伴呢？也是时候介绍一下自己了。

每个人都希望能获得幸福。而当流行文化对幸福的态度从“你幸福吗”的打趣，到“小确幸”的知足，再到“小确丧”的自嘲时，幸福似乎越来越成为奢侈的东西。我们常常怀疑自己是不是哪里做得不够好？什么地方又做错了？这种表现是不是有问题？我们开始习惯于找出自己身上各种各样的毛病，然后把自己否定得一无是处。心理学名词被鱼龙混杂地普及了，科学的认识方式和思维能力却没有被掌握。这除了给人们增加一些不必要的心理负担之外，可谓毫无益处。如果我是一个热爱唱歌、拥有出色演唱实力的人，却天天泡在绘画补习班里想要补足自己的短板，岂不是明珠暗投、宝玉蒙尘？我们不需要牡丹开得清丽娇小，也不需要竹子生得灿烂多彩，更不需要每朵玫瑰都长得一模一样，但它们依然令人倾倒。在世界这个大花园里，你生而不同，却自有价值。

如前所述，幸福是有规律的。这世上有一门学问，专门研究人的优势和幸福——如何使人更好地发挥自身优势，如何使人变得更幸福，这就是积极心理学。对大多数人而言，那些我们所不擅长的东西并不会影响到自己的正常生活，通过其他途径便可补足；而那些我们想要避免的忧虑与苦恼，亦是大多数人都要面对及经历的，你也并不孤单。所以，这些问题既非异常，也无须焦虑，只要得法地应对，便能极大地提升自身的幸福感。因此，我们为什么总要盯着那些自己不擅长的东西不放呢，变成一个稳妥而面目模糊的平均人，难道比成为真实而自在的自己更具吸引力吗？积极心理学的理论，更关注那些能提升人类幸福感的途径与方法，而不是引导你在对号入座的病症表前陷入更深的恐慌。这本书就是以积极心理学的理论视角写作的，并结合了你所处人生阶段的实际情况，按照不同的主题告诉你一些也许你本不知道的东西。我们不会逼你去迈那些跳起来也难以逾越的门槛，只会交给你一把开启自己幸福之门的钥匙。

最后，请让我介绍一下要如何使用这本书。

简单地翻一下目录你就会发现，这本书按照不同的主题将全部内容分为了八章，这八章是按照一定的内在逻辑串连起来的。我们当然希望你能按照这样的轨迹跟着我们的脚步进行自我探索，但就如同人是整体的人，品质与品质之间也是难以截然二分的关联体，没有什么必须遵从的培养顺序。因此，你大可以按照自己的节奏、自己所关心问题的顺序来阅读，不必拘泥于章节之间顺序的划分。

但进入每个章节之后，就需要你的跟随和投入了。请毫不迟疑地拿出一支笔来在书上写写画画吧，就像对待一本习题册那样。这无疑是最正确的对待这本书的方式，通过这种方式，它才能真正成为一本“你的书”。正如篇首所说，这是一本自我训练书籍，所以我们准备了很多需要自我测试、发问、反思的内容来使你清晰对自己的认知，没有你的参与，它就不是完整的。这不是一项作业或者任务，我们只是相信，如果你对本书的内容感兴趣，那么你会愿意让那些空白充实起来，这会令你感觉更好。

人们都追求幸福，却未必人人都幸福；人人都有过幸福的经历，却未必时时都幸福；人们都努力避免不幸福，却未必懂得如何让自己变幸福。我们相信这世界上没有天生就应该不幸的人，只有暂时不快乐的人。幸福是一种动态的感受，迷茫时需要方向、不幸时需要排解、幸福时需要维持，所以我们写作了这本书，希望每个人都能从中找到自己需要的东西。

你需要知道的只是，在关于自己的一切里，有些是难以改变的，那么就请接纳它，不要苛责它，这不是我们这本书重点关注的部分；那些能够改变的、动态发展的品质，才是我们要一起去往的地方。

好了，前世今生的故事讲完，我们该准备踏上征途了。希望我们的这段旅程，能成为一束洒入你生命里的光，哪怕前路晦暗，每当想起时，也能再次照亮你心中的方向。

编　者

2019 年 7 月

目 录

第一章 自我意识与自信训练

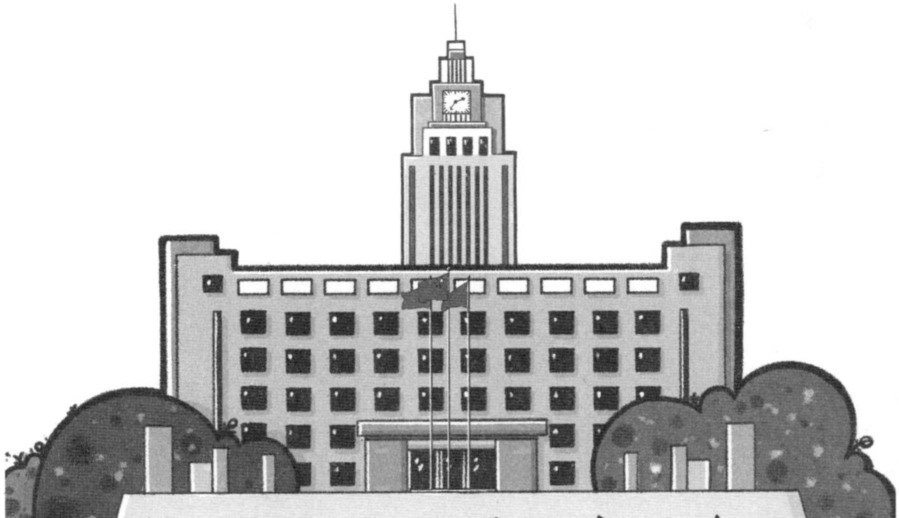

一个人真正伟大之处，在于他能够认识自己。——约翰·保罗

早上起床，站在镜子前，望着镜子里那个每天都见到的样子，你是否曾经问过自己这样的问题：

“**我**（重读）是谁？”

“我**是**（重读）谁？”

“我是**谁**（重读）？”

随着年龄的增长、境遇的不同，你可能会有不同的答案：

2 岁，你开始知道自己的名字，这时候的你可能会说：我是小明；

3 岁，你开始知道自己的性别，这时候的你可能会说：我是男 / 女孩子；

6 岁，你开始进入小学，这时候的你可能会说：我是小学一年级的学生；

9 岁，你担任了班干部，这时候的你可能会说：我是我们班的班长；

12 岁，你有了很多朋友，这时候的你可能会说：我是喜欢交朋友的人；

15 岁，你知道了自己的喜好，这时候的你可能会说:我是喜欢打篮球的人;

18 岁，你进入大学，这时候的你可能会说：我是立志要成为一名合格医生的人；

……

当你越来越多地思考这个问题，你可能会有更多的答案，也有了更多的疑惑：

你可能会像成龙电影《我是谁》里的 Jackie（杰基）一样，探寻自己的身份到底是什么；

你可能会像《功夫熊猫》里的阿宝一样，思考“我是谁”，期待最终能够“把我变成我自己”；

你可能会像高更一样，思考“我们从何处来？我们是谁？我们向何处去？”

甚至，你可能还会思考，换掉 1 块木板之后的船还是原来的船吗？换掉 5 块木板之后呢？器官移植之后的“我”还是原来的“我”吗？说出这句话的这一刻的“我”还是上一刻的“我”吗？

……

所以，现在的你，对于“我是谁”这个问题，又会给出怎样的答案呢？你想到任何的词语和句子都可以写在下面的空格里。

你可能会觉得想要写的太多，反而不知道要怎么写。没关系，继续往下阅读，本章后面的内容会帮助你找到属于你的答案。

为什么要知道“我是谁”

老子曾说过，“知人者智，自知者明。胜任者有力，自胜者强”，高尔基也曾说过，“人生的意义就在于人的自我完善”。可见，无论是何种文明孕育出的人类，认识自己、探索自我都是一个永恒的课题。今天，随着科技的不断发展，社会的不断进步，人类在不断改造外部世界的同时，也从来没有间断过对自身的关注和探索。那么，人为什么要认识自己呢？

在具体回答这个问题之前，我们先来看两个故事。

故事 1

刚进入大一的小 A 的独白：父母一直跟我说，“在大学要好好学习，这样毕业才能找一份好工作”，但我不想像父母一样，看似有稳定的工作和生活，却是过着几十年如一日的日子，乏味寡淡。我想离开原来生活的环境，想拥有属于年轻人的朝气与风采，想证明自己的优秀。于是，我在学习上继续疯狂地卷，和同学比拼成绩；在学习外开始注重穿衣打扮，和同学讨论热搜；我不再听父母在电话里充满了家长里短柴米油盐的叮嘱，花越来越多的时间做同学们都在做的事情、谈论大家都关心的话题，希望以此证明我已经脱离了原来的生活，证明我已经是奋斗在新时代的一员。但奇怪的是，我却感到越来越迷茫了，不知道现在所做的这些到底有什么意义，不知道未来的画卷要怎么展开。

故事 2

即将毕业的小 B 的烦恼：小 B 是班里的班长，成绩优秀，各方面工作也做得有声有色，一直是大家眼中“别人家的孩子”，小 B 自己也以大学的成绩为傲。临近毕业，大家各自有了去处，读研的开始了科研初体验，工作的开始收到一个个 offer，但小 B 却一无所有，并且在最近一次面试中，小 B 再次没有通过。看着往日不如自己的同学都有了很好的未来，小 B 觉得很痛苦，不知道这一切是怎么发生的，觉得自己其实一无是处。现在，小 B 走在校园里，觉得别人的眼光都充满了嘲笑，认为大家一定都在嘲讽自己，不会再重视自己了。

小 A 和小 B 的故事在大学里并不罕见，代表了一部分大一新生和大四毕业生的迷茫与困惑。在这两个故事中，两位同学对于自我都没有清晰的认识和定位，不清楚自己的优势与劣势，不清楚自己的目标理想所在，因此，很容易就会被周围环境所影响，迷失在和别人的比较和他人的评价中，甚至影响自我价值感。由此可见，认识自己，知道“我是谁”具有非常重要的意义。

认识自己是指导自我生活的根基

一个人只有充分地认识自己，知道自己所处的位置，明确自己的身份和定位，清楚自己的价值追求，才能够正确地指导自我生活，才能够确立正确的发展方向，不会迷失在环境的诱惑中。就像故事 1 中的小 A，他其实并不清楚自己的定位，不知道自己想要什么，不清楚自己的生活方向，所以他选择向环境趋同；他指导自己生活的基础不是自己的需要和目标，而是环境的标准和样子，结果就是他迷失在了一次又一次的模仿中。因此,我们要想拥有“自己的”生活，就要首先认识自己，知道“我是谁”。

认识自己是自身完善发展的前提

如果你不认识你自己，你永远不会了解自己，不知道自己在某些方面有多优秀，不知道自己在哪些方面其实并不擅长。很多时候，我们容易因为自己在某一方面的成绩而“误以为”自己在其他方面也一样很好，等到撞了南墙才发现其实这是自己的短板,而这时候,只剩下了满满的挫败感;反之亦然。因此,只有清楚地认识自己，了解自己的长板和短板，才能够有针对性地改善和提高，补短板，扬长板，不断调整自己、完善自己、发展自己，这样才能成为一个更好的自己。

认识自己是保持良好心态的基础

拥有客观的自我认识和健全的自我价值观，可以帮助我们在比较中顶住压力，因为我们知道尺有所短、寸有所长，没有必要在每个方面都和别人进行比较；可以帮助我们正确地对待失望、失败和错误，因为我们知道偶然的失利并不能否定全部的自己，帮助我们保持平和的心态，以积极的态度应对失败；可以帮助我们以更加向上的态度尝试新事物、应对新挑战，因为我们知道自己的极限在哪里，知道自己可能会遇到哪些方面的困难，从而有勇气迎接挑战，并承担结果。

认识自己是树立自信、发挥潜能的来源和依据

人无法认识自己，便不会相信自己，也不能够发掘和发挥自己的潜能。在故事 2 中，小 B 对自己的认识并不清晰，他的自信来源于出色的表现，这本身没什么问题，也通常是我们自信的来源之一；但问题在于，小 B 没有将这些内化为自身的力量，而是将成绩与价值画了等号，似乎没有了优异成绩的他就完全没有价值了；而优异的成绩能够成为自信心来源的前提就是正确地认识自己，只有这样，我们才能正确地面对偶尔的失利，不至于因为这种偶然事件影响对自己的整体判断。同时，只有认识自己，并相信自己，我们才能在此基础上发掘和发挥自己的潜能。

“我是谁”包含什么内容

要了解“我是谁”，不仅要了解自己的长处和不足，还要了解自身所处的环境和位置，了解自己的内心需求和向往等。并且，每个人都在不断地成长，不断地改变，因此在了解自己时也需要考虑自身的变化。

对于“我是谁”所包含的内容，心理学家从不同的角度出发，有不同的分类方法。

按内容分类：生理自我、社会自我、心理自我

生理自我，是指我们对自己的身体、性别、年龄、容貌、仪表、健康状况以及所有物等方面的认识。对自己的躯体的认识，包括占有感、支配感和爱护感等，是我们在成长过程中最先发展出来的，并随着身体的发育逐渐展开。

例如，我的性别是什么，我的年龄是多少，我认为我的容貌、健康状况是怎样的水平等。

社会自我，是对自己在一定的社会关系和人际关系中的角色、地位、名望等方面的认识。从进入幼儿园开始，我们就开始受到社会文化的影响，逐渐认识到自己是社会的一员，逐渐有了社会意识，并且开始使自己的行为符合社会标准。

例如，我现在的身份是大学生，我在班级的角色是班长，我在我的朋友圈中是起粘合、活跃的作用等。

心理自我，是我们对自己的能力、性格、气质、兴趣、信念、世界观等个性特征的认识。相对来说，心理自我的产生要更晚一些，在自我意识的发展过程中，它也是发展的最后阶段。心理自我的发展是否完善与我们心理健康的发展密切相关。

例如，我是一个性格外向的人，我是一个喜欢打篮球的人，我是一个把家庭摆在第一位的人等。

按存在方式分类：现实自我、投射自我、理想自我

现实自我是从自己的立场出发对自己目前实际状况的看法，是从“我”的视角出发对自己所作出的描述。

例如，我现在的成绩处于班级的前三分之一，我认为我的父母很爱我，我的 800 米成绩是班里最好的等。

投射自我又称为镜像自我，是以想象中的他人来认识自我。生活中，人们会观察他人是如何看待自己的，然后会将他人的观点同化到自我概念之中，共同构成对自己的认识。

例如，我觉得别人认为我是一个脾气温和的人，我觉得别人认为我是一个容易相处的人，我觉得别人认为我是很瘦的人等。

理想自我是指个人想要达到的完善形象，它反映了我们对自己的预期，一定程度上也反映了对自己现在状况的不满。

例如，我想要成为在陌生环境中能够快速融入的人，我想要成为月收入五位数的人，我希望我的 BMI 指数是 22 等。

按结构分类：自我认识、自我体验、自我调控

自我认识所回答的问题是“我是一个什么样的人？”它包括自我感觉、自我观察、自我分析、自我评价等，其中自我评价是关键。

自我体验所回答的问题是“我是否满意自己？”它包括自尊、自信、自豪、自卑、自怜、自责等，其中，自尊感是关键。

自我调控要解答的是“我为什么是这样一个人？”这一问题，它包括自我控制、自律自强、自我监督等，其中，自我控制是关键。

大学生自我意识的特点

大学生作为一个特殊群体，在自我意识方面具有独特的特点：

自我认识方面：更加注重对自己内在素质的认识，更加注重自己在社会中的地位和作用，自我认识以肯定性评价为主，并从高估逐渐走向平衡；

自我体验方面：自我体验较为强烈，自我体验的敏感性也较大；

自我控制方面：自我控制的能力与自我监督的能力提高，自我控制的社会性增加。

除此之外，大学阶段是学校向社会的过渡阶段，也是大部分大学生与家庭和父母分离、自己独立的开始，是地理意义上的独立，也是心理意义上的独立。大学生普遍在独立性、自主性方面表现出一定需求，希望向家长、老师证明自己已经“长大”，有能力独立处理事情、应对困难；但同时又有一定的依赖性，会表现出“独立”与“依赖”的矛盾。

怎样知道“我是谁”

刚才我们知道了为什么要知道“我是谁”，“我是谁”包含什么内容，那么，怎么来知道“我是谁”呢？正如前面所介绍的，自我意识（即这里所指的“我是谁”）所涉及的层面有很多，因此知道“我是谁”的方法也很多。这里，我们介绍自我探索和自我、他人评价对比两种认识自我的方法，以及在明确自己的价值观的基础上认识自我的方法。

★ 训练1：自我二十问——在自我探索中认识自我

现在，请你拿出一支笔，在一个安静的环境中坐好，保持心情的平静。然后问自己一个问题："我是一个__________的人"，写下你想到的答案。你需要将这个问题问自己20次，将头脑中浮现出来的答案一一写出。在你写的所有答案中，要避免出现类似"我是一个男生"这样的句子，选择一些能反映个人风格的语句来写，例如"我是一个外向的人"，"我是一个喜欢唱歌的人"等等。

在写的过程中，你可能会遇到一些困难；请不要随意放弃，一步一步来，你会收获很多意想不到的东西。

如果你已经做好了准备，那就开始吧！

1. 我是一个____的人。
2. 我是一个____的人。
3. 我是一个____的人。
4. 我是一个____的人。
5. 我是一个____的人。

写出5条很容易对不对，请继续写，看还能写出多少。

6. 我是一个____的人。
7. 我是一个____的人。
8. 我是一个____的人。
9. 我是一个____的人。
10. 我是一个____的人。

开始觉得有些吃力了吗？没关系，很多同学都会有这样的情况。静下心来，慢慢想，你可以有更多的答案的！

11. 我是一个____的人。
12. 我是一个____的人。
13. 我是一个____的人。
14. 我是一个____的人。

15. 我是一个________________________________的人。

如果你觉得已经用尽了洪荒之力，但就是想不出更多的描述了，请回头翻看一下本章的内容，看看心理学家们是从哪些方面进行分类的，也许会对你有帮助。

16. 我是一个________________________________的人。

17. 我是一个________________________________的人。

18. 我是一个________________________________的人。

19. 我是一个________________________________的人。

20. 我是一个________________________________的人。

恭喜你，完成了对自己的 20 个提问。

现在，请把你写的 20 项内容作下列归类：

① 身体状况（你的体貌特征，如年龄、身高、体型、是否健康等）

② 社会关系（和周围人的相处情况，如乐于助人、爱交朋友、坦诚、孤独等）。

③ 性格特质（你的性格特点，如乐观开朗、内向拘谨、大大咧咧等）。

④ 才智品质（你的智力、能力、品质情况，如聪明、能干、勤奋等）。

⑤ 其他。

分　类	项　目
身体状况	
社会关系	
性格特质	
才智品质	
其他	

这些分类是为了观察你对自己各方面的关注和了解程度，如果某一类项目比较多，说明你对这方面的关注和了解很多；如果某一类项目很少甚至没

有，说明你对这方面的关注和了解太少或根本就没有关注。健全的自我认识应对自己有较为全面的关注和了解，对某些方面关注过多或者过少都会带来一些困扰。

接下来请你根据每句话表达的意思，在列出的每句话的后面加上正号（+）或负号（–）。正号表示："这句话表达了你对自己的肯定、满意的态度"，负号的意义则相反，表示："这句话表达了你对自己的不满意、否定的态度"。

例如：我是一个有上进心的人。（+）

我是一个每次聊天都很快冷场的人。（–）

你可以按照下面的分类做一个小小的统计：

	正号（+）	负号（–）
全部 20 条		
前 10 条		
后 10 条		

你可以看到你的正号与负号的数量各是多少，你在写这 20 条陈述的过程中，最先想到的（例如前 10 条）是正号偏多还是负号偏多。通过这个过程，可以评估你对自己的认识是积极的还是消极的。如果你发现自己的消极态度比较多，或许接下来的内容会帮助你调整对自己的认识。

★ 训练 2：我的关系世界——在自己和他人的评价对比中认识自我

这是一个需要进行实践的练习，也是一个参与即收获的练习。参加过这个练习的同学普遍反映对自己有了新的认识，有的发现原来自己在他人眼里是这样的人，有的发现原来自己之前对自己的认识太过狭隘了，有的发现原来自己远比自己想象得要好的多，还有的同学甚至通过这个过程改善了和父母、朋友的关系。但这一切发生的前提是你真正去做这个练习，而不是只停留在想象中。

这里有一个六边形，每个角上分别有一个你的重要关系人：父亲、母亲、兄弟姐妹、朋友、恋人、我（自己）。以六边形的边为边界，分为内圈和外圈，内圈代表“投射自我”和“理想自我”，外圈代表“现实自我”，分别在对应位置写下自己和他人的评价。

现在，你可以做的是，在内圈写下“我认为的 ** 眼中的我”，例如我认为的父亲眼中的我、我认为的母亲眼中的我，在“我”的位置上的内圈是“我希望的理想的我”。如果你现在还没有恋人，那“恋人”所对应的内圈就是“我希望在恋人眼中的我”。

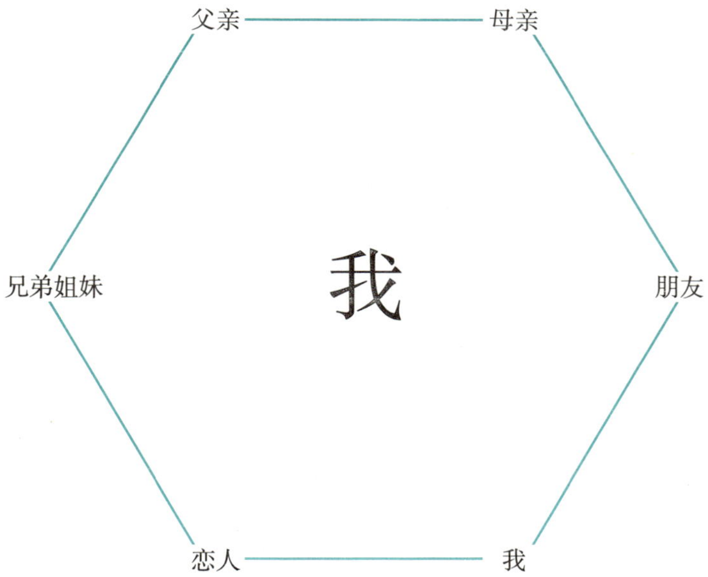

接下来，就是考验你的时候了，也是最有收获的部分。你需要询问相应的人员，看看在对方眼里你是怎样的人。例如问问你的父亲 / 母亲，看看在他 / 她眼里的你是什么样的。如果你没有兄弟姐妹，可以问问和你关系比较近的表亲、堂亲；如果你现在还没有恋人，那你可以先空着，等到之后再来填写。你可以通过语音交流的方式询问他们，这样你可以听到一个详细的描述，甚至可以有进一步的交流；如果你觉得这样的沟通有些羞耻，也可以通过文字的方式询问他们，重要的是，去实际操作！

这是一个过程比结果重要的练习，到最后你会发现，无论你是完成了一半还是全部，无论他们的描述和你的想象是否一致，你都收获了很多：不仅完善、丰富了对自己的认识，也通过这样的过程增进了彼此之间的联系，甚至消除了一些误解。如果你一直想要和这些人交流但羞于表达，那借“完成作业”的理由去展开交流是一个再好不过的理由了。所以，请勇敢去做吧！

★ 训练 3：人生五样——在明确自己的价值观的基础上认识自我

这个练习你也许以前听说过，也可能曾经做过，但无论哪种情况，我都希望你能再做一次，因为有些东西会随着你阅历的增加、目标的不同而发生变化。

现在，请拿出一张纸和一支笔放到你面前。在进行接下来的操作之前，请先进行十秒钟慢、深、长的呼吸，平静你的思绪。

1. 请在纸上写下你认为的对你而言“生命中最重要的五样东西”。这五样东西可以是人，也可以是物，还可以是精神世界的元素，只要你认为它是你生命中最重要的东西即可。

2. 如果要从五样中划去一样，你会划去哪一样？划去的理由是什么？

3. 现在还有 4 样，请再划去一样，并写下你划去的理由。

4. 现在还有 3 样，请再划去一样，并写下你划去的理由和你此时的感受。也许这个过程有些艰难，如果觉得一时难做决定，可以再进行几次深呼吸，给自己一点思考时间。

5. 或许你已经猜到了，接下来你需要在剩下的 2 样中再划去一样，让这张纸上只剩下最后一样。同样，简短地记录你划去的理由和你的感受。

个人反思：

1. 整个过程中，你是怎样的状态？轻松、果断、明确的？还是犹豫、痛苦、矛盾的？

2. 在哪个项目上你是最纠结的？最后是怎么做出决定的？

3. 现在你知道对你而言最重要的是什么了吗？它给你今后的生活带来了什么启发？

正如我们前面所提到的，有些东西会随着时间、阅历的增加，以及目标、方向的变化而发生改变，也许过段时间，你的选择会发生变化，但最重要的是，我们知道对于当下的自己而言什么是最重要的，因为我们所做出的选择都是依据当下的感受，而不是对未来的假设。要记住的是：我所做出的决定是当下的我所能做出的最好的决定，所以，无需后悔，无需遗憾，只要这是当下我觉得最好的决定，那就已经足够，我能够为我的决定负责！

我的改变

在认识自我的过程中，你是否在发现自己有很多优点的同时也发现了自己的很多缺点？你是否曾经针对这些缺点做过一些改变？现在，请你回想一下，你曾经发现了自己存在的哪些问题，并写出你曾经或正在进行的改变的方法。

★ 训练 4-1：我想要改变的问题

存在的问题	改变的方法

在你所列出的想要改变的问题中，你都是因为什么原因而想要改变呢？下面列出了几条改变的动机，看看你是否也因为这些原因而想要改变。

（1）为了符合“优秀”的样子，而改变自己。

你一定听到过许多这样的叮咛：早睡早起，每天锻炼……你也可能听过很多学霸分享成功经验：早上朗读半小时、把错题整理到错题本上……于是，为了也成为“别人家的孩子”，有的人认真听取了这些经验，并落实到行动中，小 C 也是其中一位。

故事

一直被称为“学渣”的小 C 在听过 N 多牛人的经验分享之后，决定向学霸们学习，改变自己的学习和生活习惯：为了早睡早起，改变自己的学习时间，尽管小 C 是晚上十点钟学习效率最高的那批人，但现在他成了十点睡觉的人；抄录总结知识点，认真做成全班都惊叹的学习笔记，尽管为了做这个笔记占据了全部的课余时间……然而，半个学期过去了，学渣却还是那个学渣，对此，小 C 百思不得其解。

正在读这本书的你，能告诉小 C 问题出在了哪里吗？

（2）羡慕别人的样子，想把自己变成别人那样。

他的性格很好，她的发型真漂亮，他的身材不错，她的指甲真好看……于是，有的人开始学习他的性格、有的人开始模仿她的发型，有的人开始修饰自己的指甲……这样的情况你有过吗？

故事

小 D 和小 E 是舍友，然而一个人很受欢迎，被很多男生私下表白，一个人却普普通通，淹没在人群中。看到小 D 的生活，小 E 十分羡慕，心想如果变成小 D 那样，自己也会变成班里的风云人物的。于是，小 E 烫了和小 D 一样的卷发，穿了类似的衣服，模仿小 D 的言行举止，变成了小 D 的“复制品”……

那么，小 D 真的能因此获得她想要的那些吗？

（3）对自己的某些方面不满，而想要改变和提高。

生活中有这样一群人，他们总是觉得自己在某方面做得还“不够好”，于是，“上进”的他们总是试图去改变自己。

故事

小 F 是一名大二的学生，学习成绩优秀，学生工作出色，获奖无数，备受老师和同学好评。可是他总是觉得自己的时间没有充分利用，自己还可以做出更大的成绩。于是，大二下学期，他开始精密安排自己的每一天：每天从早上 6 点起床到晚上 12 点睡觉，每一分钟都安排得明明白白，任务与任务之间无缝衔接，就连走在路上的时间都要充分利用起来背个单词。开始的一个星期，他觉得生活很充实，很满足；然而，慢慢地，他开始觉得学习效率不升反降；一个月后，他不仅上课的时候昏昏欲睡，走路的时候也变得心不在焉，甚至出现了感冒、发烧的症状，去医院检查，医生告诉他要注意休息，不要等身体出现信号之后才有所觉察。

小 F 明明是在“上进”，为什么反而越来越差呢？

（4）遭遇挫折之后，反思然后改变自己。

挫折是一位很好的老师，它能帮助我们看到自己的不足，查漏补缺，从而有针对性地做出改变，提高自己。

故事

小G从小是父母眼中的“好孩子”，老师眼中的“好学生”，学业上从未让父母、老师操心过，他也一直自觉把学习放在第一位。进入大学之后，他仍旧埋头学习，从不参加学生工作，班级的活动也认为是浪费时间的无用之事，一年过后，他仍旧是班里的第一名，对于这样的结果，他很满意。然而，大二的一次选拔支教团队的面试，他却失败了。面试官评价：学习能力优秀，但缺乏生活，人际交往能力缺失。于是，他开始有意识地调整自己：参加集体活动，主动和同学交往，让学习不再是生活中的唯一主题，真正做到全面发展。

（5）树立目标、确定方向之后，有针对性地改变自己。

有的人会给自己设定一些目标，例如四年绩点达到4.2，800米考试达到优秀，毕业之后开始创业等，对照自己的目标，发现自己目前的差距，据此作出改变。

故事

小H是一名大三的学生，回顾大学前两年的生活，他真正做到了父母、老师所说的“大学就轻松了”：学习低空飞过，集体活动随心所欲，每天都在打游戏、打球、四处游玩，两年的大学生活他过得很开心。上了大三之后，他发现之前一起玩的小伙伴都开始像变了一个人一样：想要读研的开始接触科研，想要工作的开始进公司实习，大家好像都知道自己要做什么。而他忽然觉得自己没有了方向，觉得非常迷茫。幸运的是，他觉察得还不算晚。他开始向老师、学长学姐请教，在他们的帮助下确定了自己未来的方向，开始针对自己的目标做一些准备，大四毕业时，他如愿拿到了自己理想的offer。

现在请你看一下刚才列出的想要改变的内容，看一下你都是因为什么原因而想要改变自己的，最后的结果又是如何。

★ 训练 4-2：我的改变动机和结果

（1）因为________________改变自己，结果________________。
（2）因为________________改变自己，结果________________。
（3）因为________________改变自己，结果________________。
（4）因为________________改变自己，结果________________。
（5）因为________________改变自己，结果________________。

请你思考两个问题：

（1）改变自己之后，你获得了什么？

（2）你的每一次改变都成功了吗？

现在，请你看一下你所列出的想要改变的内容当中，哪些是可以改变的，哪些是不可以改变的。

★ 训练 4-3：可以改变的和不可以改变的

你可以改变的事情

1.________________________________
2.________________________________
3.________________________________
4.________________________________
5.________________________________

你不可以改变的事情

1. ____
2. ____
3. ____
4. ____
5. ____

即使做了这样的删减之后，你可能会发现自己仍然有很多想要改变的东西：你糟糕的人缘、你的体重……你还是决定去改变，但你不知道从何做起。一般来说，你应该选择困扰你最深的一个开始行动。同时，你要牢记，有些改变可以受你控制，而有些不能，所以你最好先做好充分的准备，尽可能多地去了解哪些是你能够改变的，以及你该如何实施这种改变。

除了上面提到的事情本身是否可变外，我们的归因方式和对于改变的看法，也会影响改变动机的强度和改变的结果。

经过了上面的过程，你可能会发现，在你所列出的想要改变的内容中，有些即使你有很强的改变动机，也很努力地去改变，可是最后还是失败了；有些你努力了很久，可是一点成效都没有。古语有云：有志者事竟成、人定胜天……但实际上，很多时候改变并不总是会成功。这时候，你可能会认为自己一无是处，并怀有负罪感和羞耻感，觉得自己是个失败者，然后自暴自弃。

实际上，有些事情是我们能够改变的，有些是不能改变的，有些是经历千辛万苦才能有一点改变的。如果是这样，或许这些问题就是我们不可以改变的事情，例如因为基因问题形成的肥胖，在每天五节课、N多作业的前提下想要坚持的200个单词和2小时健身等。这些问题或者是因为不可抗的生理原因，或者是因为我们的改变目标定得不符合实际情况，或者还有其他一些原因。面对这样的情况，我们需要做的就是及时调整目标，及时放弃那些不可以改变的事情，接纳自己那些不能改变的地方。

接纳自己

★ 什么叫接纳自己

接纳自己，就是对自己无条件的接受，接受现在自己所有的状况。真正的自信源于内心对自我的无条件的爱。

接纳自己意味着知道自己的处境，知道自己需要什么，想要什么，知道自己暂时能做什么，不能做什么。

接纳自己意味着看到自己的不完善，但是不着急、不慌乱，对自己有信心，并且有足够的耐心，可以在现实中做出努力。

接纳自己意味着自己犯了错误时知道只是某件事或者某个行为是错的，并不代表整个人是不好的，允许自己犯错误，让自己在错误中学习。

接纳自己意味着重视和珍惜自己所拥有的，尊重自己，客观地看待别人和自己的差异，理解自己的生命是独一无二的奇迹。

★ 如何接纳自己

无条件地接纳自己的一切，无条件地爱自己

在你成长的过程中，你可能听过这样的话："你听话就带你出去玩"，"你考第一就给你买电脑"，"你给我买东西我就喜欢你"……不知不觉中，你可能有了这样的想法：我只有具备了某种条件，如优异的成绩，出色的表现，过人的专长等，才能获得被他人和自己接受和被爱的资格。于是，很多人背上了沉重的枷锁，被要求、被挑剔慢慢地也成为了自己对自己的要求，总是觉得自己这里不好、那里还需要提高。

但其实，你值得被没有要求地接受，值得获得没有条件的爱。

而在获得别人无条件的接受和爱之前，你要先学会无条件地爱自己，无条件地接受自己的一切，站在自己这一边，和自己成为朋友。我就是我，是不一样的烟火。

不苛求自己，给自己犯错误的权力，不放弃努力

尊重自己爱自己的权力，尊重自己犯错误的权力，尊重自己产生负面情绪的权力。你不是神，做不到完全不犯错误；你只是一个普通人，有负面情绪是正常的现象,不仅是正常的,而且是有意义的（关于消极情绪的积极意义，请参见后面的章节）。所以，不要再苛求自己，不要再挑剔自己，不要再批判自己，允许自己不总是第一名，允许自己不总是讨人喜欢，允许自己可能会犯错误。

但这并不意味着你要完全地不作为：没考第一，没关系，发挥了应有的水平、有收获就好；犯错误了，没关系，改正了、不要再犯同样的错误就好；有负面情绪，没关系，正视和感受情绪，然后找到原因消除就好。你看，同样是不再犯错误、同样是消除消极情绪，但这个过程中你不会再对自己有不满和指责，不会再觉得自己很渺小和卑微，反而会让你逐渐给自己注入能量，增强自信。

全面了解自己，因为了解而自信，因为自信而进步

接纳自己不是盲目地接纳，而是在全面了解自己的基础上理智地接纳。这和上文中所提到的无条件接纳并不矛盾。举个简单的例子：你参加绘画比赛没有获奖，你想到要接纳自己，于是告诉自己“没关系，我已经做得很好了，回去之后再努力一下，下次可以做得更好”，但这是盲目的接纳；理智地接纳是，你了解到自己在绘画方面可能没有很高的天赋，花费双倍的时间都取得不了别人三分之一的效果，于是你告诉自己“没关系，我在绘画方面没有天赋，我的目标不是拿奖，能参加比赛、完成作品对我来说就已经足够了，体验绘画过程中的快乐更重要”。

听起来有点难对不对？没关系，继续阅读下面的内容，相信会对你有所启发。

（1）正确经营自己的优点。

要接纳自己，你要了解自己的擅长之处，这不仅可以帮助你理智地接纳自己，还能充分发挥“瓦拉赫效应”（瓦拉赫发现自己在化学方面的天赋后，专注于发展化学，最终获得了诺贝尔化学奖），让你的擅长之处获得更好的发挥；同时，优点的充分发挥，也会帮助你培养自信心。

那么如何才能认识到自己存在的优点呢？父母、老师、同学的反馈和评价是方法之一，我们自己也可以通过反思和总结，发现自己的优点，管理学大师彼得·德鲁克提出的“回馈分析法”就是方法之一（据彼得本人讲，这种方法并不新鲜，它是由14世纪的一位默默无闻的神学家发明的）：每当要做出重要决定或要做出重要行动时，事先记录下自己对结果的预期，等结果出来之后再将实际结果与自己的预期进行比较。如果达到了预期，就说明自己这方面的能力还不错；如果达不到，则说明自己在这方面可能还有所欠缺。利用这种方法，不仅可以帮助我们认识到自己的优点，还可能发现自己的缺点。

认识到优点之后，还要能够经营自己的优点，使其能够发挥出最大的效用。但在这个过程中要注意：

首先，专注于这些优点，将自己放在能够让这些优点发挥作用的地方，而不是将优点束之高阁。

其次，不断加强这些优点。优点就像技能一样，用进废退，需要我们不断使用和完善，这样才能持续发挥有效作用。

第三，避免恃才傲物。发挥优点的过程会让人觉得自己特别优秀，可能会产生骄傲、自满的情绪，而这在一定程度上是退步的开始。因此，要时刻警醒恃才傲物的发生，保持谦逊的态度，让优点保持本来面目，发挥它应该发挥的作用。

最后，纠正那些经常伴随着优点一起发生的不良习惯。

（资料来源：（美）马丁·赛利格曼．认识自己，接纳自己[M]．沈阳：万卷出版公司，2010．）

（2）坦然面对自己的缺点。

故事

马云因创建赫赫有名的阿里巴巴商业帝国而闻名天下，却因其相貌而屡遭戏谑，但他却能坦然面对自己的缺点，扬长避短。

面对《福布斯》杂志“他有着凸出的颧骨、卷曲的头发、淘气的露齿笑，俨然一副 5 英尺高、100 磅重的顽童样”的调侃，他自我打趣道：“我这个 CEO 当得有点‘惨’。只有两种情况下是 CEO，第一种是做决定的时候，第二种是犯错误的时候，平时都不是。”面对观众对于是否满意自己外表的提问，他诚实回答道“年轻时挺不满意，但现在都挺满意。”

马云不仅能认识到自己的外貌缺陷，对自身能力的缺陷也毫不掩饰。他在许多场合都说过，自己的技术水平是 0 段，管理水平是 9 段：“阿里巴巴的策划人员比我有创意，市场人员比我懂市场，技术人员比我懂技术。但是我的强项在于考虑公司的整体战略，考虑如何去硅谷竞争、去全球竞争。”

（资料来源：白丽洁. 提高情商的100种方法 [M]. 北京：中国法制出版社，2018.）

人无完人，我们每个人都有所长，也有所短，能够坦然面对自己缺陷的人不仅是强者，更是智者。坦然地面对自己的缺点，能够知道自己这个木桶的短板在哪里，在完善的过程中补长短板，在发展的过程中扬长避短，为人生汲取最大的力量。

（3）合理定位自己的理想。

“适合的才是最好的”。过高的理想会让我们感到挫败，过低的理想会让我们看不到自己的价值，都不利于更好地接纳自己，因此，我们需要在全面了解自己的基础上，知道自己的优点和缺点，客观衡量，合理预期，理智接纳。

在合理定位自己的理想时，要充分运用“皮格马利翁效应”，要对自己能够实现自己的理想有足够的信心，它会帮助你朝理想更近一步。

知识窗

皮格马利翁效应

在古希腊神话中有这样一个典故：古代塞浦路斯有一位叫做皮格马利翁(Pygmalion)的国王，他非常善于雕刻。有一次他雕刻了一具美丽少女的塑像，并且在雕刻的过程中，倾注了全部的热情和期望，精雕细琢。最终，少女竟然如愿以偿地活了过来。当然这只是一个神话传说，并不具备可信度，但是我们却可以从中获得一些启发：我们越是对某一个人或某一件事寄予很高的的期望并为之付出努力，我们就越有可能得到我们期待的结果。

1968 年，心理学家罗森塔尔和雅各布森做过一个实验，他们对 1 ~ 6 年级的学生进行了一次“预测未来发展的实验”(智力测验)，之后，随机在多个班级抽取了 20% 的学生，并故意告诉他们的老师：他们是“未来的花朵”，具有很大的“学习冲刺潜力”。8 个月后，再次对全部学生进行了一次同样的测验，结果发现这些所谓的“未来的花朵”真的在智力上比其他学生有更大的提高，“求知欲更强”“更有适应力与魅力”。研究者认为，受到实验者的暗示，老师们不仅对这些“未来的花朵”抱有期望，而且也会有意无意地通过各种态度、表情与行为方式将这种暗示的期待微妙地传递给他们，包括更多的提问、辅导等。当这些学生获得期望的信息后，也会产生鼓励的效应，不仅更加信赖老师，还会积极起来，给老师以反馈。而老师见到这种反应之后，也会感到他们更加顺眼与可爱，更是会把自己的感情与期望投注到这些学生身上，激起更大的教育热情。罗森塔尔借用典故将这一现象称为“皮格马利翁效应”(又称“期望效应”)。

(资料来源：吴少怡，等．新编大学生心理健康教程 [M]．西安：西安交通大学出版社，2016.)

你也可以通过下面这个练习，在实现设定的小目标的过程中，学会熟练运用“皮格马利翁”效应，为你的大目标的实现助力。

★ 训练5：我相信我很好

脑海中先浮现出令你自豪、最愉快的画面一分钟，并在心中默念三遍你最近最关心的事情，例如“考试前我一定复习好”、“我绝对有能力学习好”、“这次比赛我一定能取得好成绩”等，然后投入你所要做的事情中。

（4）与真实的自己同行。

故事

有这样一位女性，按照她前十几年的生活，她最后会成为一位普通的妇人，过着普通甚至糟糕的生活。然而，“奇迹”的发生，却让她的人生发生了翻天覆地的变化。

她出生在美国南部的一个贫穷的黑人家庭，物质极度匮乏，没有父母的管教，只有一个还算是疼她的外婆。外婆用自己的方法将她仅有的知识教给外孙女。六岁时她回到了亲生母亲身边，然而，生活却没有太大的变化：她的柔弱和卑微使她常常成为亲戚们嘲弄和虐待的对象；对她不满的母亲也很快对她不闻不问。孤独又无助的她很快开始自暴自弃：抽烟、吸毒、喝酒、爆粗口，甚至在14岁时生下了一个早产婴儿。这样的她更加令母亲嫌弃，在送少年管教所也无效的情况下，忍无可忍的母亲把她丢给了她的父亲。

她的亲生父亲和继母都是非常严厉的人，他们决不允许她像以前那样自我放纵。继母命令她每周必须背会20个单词，否则不许吃饭；父亲给她制定了严格的教育大纲，每周都有大量的书要读并且还要写读书报告。父亲对她说：“有些人让事情发生，有些人看着事情发生，有些人连发生了什么事情都不知道。”父亲的这句话像是一盏明灯，突然照亮了她的心灵。她开始反省自己究竟是其中的哪种人。她很清楚，自己想成为主动“让事情发生”的人。尽管她的过去很糟糕，但她看了许多的书，还很会说话，这些都是她的优点，不是吗？

认清自己之后，她迅速行动起来，报名参加了学校的戏剧俱乐部并积极参加各种演讲比赛，后来她在演讲比赛中获了大奖。“原来只靠嘴巴也可以赚钱”的想法和经验大大地激励了她，她开始朝着“脱口秀”的方向努力。最终，她被聘请为脱口秀主持人。一个月后，她的节目收视率名列全台首位，受到了许多人，尤其是家庭主妇们的喜欢；后来她又开了一档读书节目，节目中推荐的新书总是能够迅速成为畅销书；她名下的一本杂志，尽管每期封面都是她这个中年胖妇人，内容有大约八成是广告，但还是吸引了200多万名读者……

《纽约时报》这样评价她：“这名女子今年50岁，既黑且胖，其貌不扬，庸俗、市井还粗鄙，但是有生气。”她就是美国著名主持人、演员——奥普拉·温弗瑞。

（资料来源：白丽洁．提高情商的100种方法[M]．北京：中国法制出版社，2018.）

与真实的自己同行，意味着对自己生命的接纳与认可，只有这样才能够让生命由内而外迸发出一种活力，才能够更加自信地面对他人。

每个人都有一个“理想自我”。和不完美、经常被嫌弃的真实自我相比，理想自我是完美的，是被接纳和认可的。但不立足于真实自我的理想，再美好也只能是幻想，对真实自我的背离只会让人更容易陷入一种“被抛弃”的失败感。只有勇敢面对真实自我，才能看到它与理想自我之间的差距，才能通过努力缩小二者之间的差距。

最后，请试着学习以下品质：

美　德	品　质
智慧与知识：知识的获得和应用	好奇心，喜好学习，创造力，开放的思想，智慧和知识，独特视角
勇气：面对内部、外部两种不同立场誓达目标的一致	勇敢，坚持不懈，真实性
仁慈和爱：人际交往的品质	仁慈善良慷慨，爱与被爱的能力
正义：文明的品质	精神，公平，领导能力
修养与节制：谨慎处世的品质	自我控制，谨慎小心，适度和谦虚
心灵超越：个体与整体人类相联系的品质	欣赏美和完美，感激、感恩，希望、乐观，心灵上的有目标和信仰，宽恕、怜悯，风趣、幽默，热情

（资料来源：马丁·塞利格曼，2002）

你可能会觉得这些品质你很多都有，可是你真的“拥有”这些品质吗？你真的让它们发挥作用了吗？这些品质可以成为形容你的标签吗？你的坚持不懈能够帮助你挺过 10000 米长跑吗？你的宽恕能够给诬陷你、背叛你的人吗？你的热情能够对所有人施展吗？真正地学习和培养这些品质吧，哪怕只有几个，像那些电影、电视、小说中的人物一样；你会发现，它们会给你的人生带来不一样的色彩。在本书后面的章节中，我们也会带着你培养其中的一些品质，希望你可以收获不一样的精彩。

不要焦躁、不要心急，不要总觉得自己不够优秀，也不要总是急切地想改变自己。对自己多一些耐心，对自己多一些信心，坚持做最好的自己，你会发现，其实你很优秀。

故事

总有一片土地适合自己生长

他出生在捷克布拉格的一个犹太商人家庭，从小性格孤僻，沉默寡言，懦弱胆怯，多愁善感，总喜欢一个人躲在角落里发呆。父亲对他很不满意，觉得这不是一个男子汉应该具有的性格。父亲认为，只有那些活泼开朗、能言善辩、坚强勇敢的人，将来才会有出息。为了把他培养成这样的人，父亲煞费苦心，拿着皮鞭把他从家里赶了出来，逼着他与人交往，让他做自己不喜欢做的事情。

刚开始，他很难过，试图去改变自己，做一个让父亲喜欢的好儿子。可是，正如人们所说的那样，“江山易改，本性难移”，无论他怎么努力，始终无法战胜内心的怯弱，做到口若悬河、当机立断、英勇神武、奋不顾身。与其他同伴相比，他发现自己是那么的格格不入，那段时间，他自卑到了极点，觉得自己一无是处。

父亲的严厉和粗暴非但没能改变他，反而令他更加恐惧和不安，变得比以前还要懦弱、胆小。在父亲一次次的伤害中，他学会了察言观色，学会了承受和忍耐，也体会到了生活的痛苦与无奈。他常常把自己一个人关在屋子里，小心地审视着周围的一切，生怕再受到任何的伤害。看到他这副没出息的尊容，父亲彻底失去了信心，索性不再管他，任他自生自灭。在父亲的眼里，他是一个彻头彻尾的懦夫，一个毫无前途可言的可怜虫。

就这样，在困惑与伤痛中，他一天天地长大成人，性格还是没有丝毫的变化，内向、怯弱、多愁善感。但出人意料的是，他并非像父亲想象的那样无能，18 岁时就考入了布拉格大学，并获得了博士学位。

更令人震惊的是，一次偶然的机会，他走上了文学创作的道路，他把对生活的敏感、怯懦的性格、孤僻忧郁的气质、难以排遣的孤独和危机感、无法克服的荒诞和恐惧融入到小说之中，形成独特绚丽的风格，成为那个时代资本主义社会的精神写照。他的《变形记》《判决》《城堡》等作品享誉全球，经久不衰，被誉为“西方现代派文学的宗师和探险者”。他就是世界级文学大师、现代派文学的开山鼻祖弗兰兹·卡夫卡。

（资料来源：宋宝萍．大学生积极心理健康教育——理论与实践 [M]．西安：西安电子科技大学出版社，2018.）

意第绪谚语说，我们每个人都在这个或那个方面极其出色。就像卡夫卡一样，你也有适合你生长的土地，你需要做的只是找到这片土地，而那些经历，也将镌刻在你的生命里，成为你独一无二的财富，就像同样的临摹，改不了的毛病最后会成为自己的独特风格一样。所以，打起精神，去寻找属于你的土地和风格吧。

★ 训练 6：天生我才

现在，请你拿出一支笔，认真地回想过去的经历和对自己的态度，填到以下 8 个格里。如果你觉得找到“最”欣赏的部分很难，那你可以尝试找到“比较”欣赏的部分。不要怀疑，你肯定可以找到的。

我最欣赏自己的外表：	我最欣赏自己的性格：
我最欣赏自己对家人的态度：	我最欣赏自己对朋友的态度：

我最欣赏自己对学习的态度：

我最欣赏自己做事的态度：

我最欣赏自己从困难中崛起的经历是：

我最欣赏自己的一次成功经验是：

现在，你发现可能适合你的“土地”了吗?

自我认识是一生的课题，当你越了解自己、懂得欣赏自己的独特，你就越能够在遇到困难的时候，运用好自身的力量，来面对人生中的风雨。至此，你已经阅读完本章节的主要内容，请翻至附录 2，根据你对自己的了解，按照指导语，完成一个属于自己的“自我盾牌”。

现在，读完本章的这些内容之后，对于一开始提出的问题，你是不是有一个更清晰的答案了呢?如果还没有也不用着急，你可以再把本章仔细地读一遍，或者过段时间再读一遍，相信你会有不一样的收获。希望读完之后的你能够“看得清”自己的存在，“看得到”自己的价值。“天生我材必有用”，我们每个人都有自己独一无二的价值。而如果要说“天生我材必有用”，那李白无疑是最好的代言人。没有李白的结果，我们在诗歌《如果没有李白》中已经知道了，如果没有独一无二你，结果会怎样?

知识窗

乔哈里窗口

除了自我二十问可以帮助我们认识自己外，心理学上还有一个“乔哈里窗口（Johari Window）理论”，是由美国心理学家Joseph和Harry提出的关于人自我认识的窗口理论，他们认为人对自己的认识是一个不断探索的过程。每个人的内心都有四块领域：公开的自我、秘密的自我、盲目的自我和未知的自我，这四块领域在每个人的内心比例大不相同。

“我是一个什么样的人？——乔哈里窗口分析”

现在，请你根据以下的说明内容，对自己的特质进行分类描述，分别写在窗口的四个格子里。

公众我（公开的自我）：透明真实的自我，自己很了解，别人也很了解；

背脊我（盲目的自我）：别人看得清楚，自己却不了解；

秘密我（秘密的自我）：自己了解但别人不了解；

潜在我（未知的自我）：别人和自己都不了解的潜在的部分，通过一些契机可以激发出来。

要求：1. 每一项都写3～5项特质；

2. 在完成背脊我的过程中至少应有2～3位同学或朋友的反馈。

	别人知道	别人不知道
自己知道		
自己不知道		

通过这个练习我们能够更加具体和全面地认识自我，发现自己眼中和他人眼中的我有何差距，综合主客观等诸多方面的认识。每个人的认识水平不同，进步关键在于缩小盲区，开发潜能区。

（资料来源：吴少怡，等．新编大学生心理健康教程[M]．西安：西安交通大学出版社，2016.）

知识窗

积极心理学小知识

马丁·塞利格曼提出的积极心理学的六大美德以及二十四种优秀品质：

1．智慧与知识：知识的获得和应用

（1）好奇心。你对世界的好奇和情趣，你对任何事都感到好奇。你经常发问，对所有话题和题目都感到着迷。你喜欢探索和发掘新事物。

（2）喜好学习。你喜欢学习，不管是在课堂上或自学，你都喜爱学习新事物。你喜爱上学、阅读、参观博物馆和任何有学习机会的地方

（3）创造力。你有创造力、独立性和完整性及开放胸襟，能够想出新方法做事是你拥有的重要特质。如果有更好的方法，你决不会满足于用传统方法去做同样的事。

（4）开放的思想。你有判断力、批判性思维和原创力，能从多角度思考和考证事物是你重要的特质。你不会妄下结论，只会根据实际的证据做决定。你能够变通。

（5）智慧和知识。包括社会智慧、个人智慧、情绪智慧。你明白别人的动机和感受。在不同的社交场合，你知道该做甚么，也知道要做些甚么，才能使其它人感到自在。

（6）独特视角。有统揽全局、洞察力和观点见解。你不认为自己有智慧，但你的朋友却认为你有。他们重视你对事物的洞察力，并向你寻求意见。你对这个世界的看法，无论对自己和别人来说，都具有意义。

2. 勇气：面对内部、外部两种不同立场誓达目标的一致

（7）勇敢。英武、勇敢和勇气。你这个人无所畏惧，绝不会在威胁、挑战、困难或痛苦前畏缩。即使面对反抗，你仍会为正义声疾呼。你会根据自己的信念而行动。

（8）坚持不懈。坚持性、努力、勤奋和坚毅。你努力完成自己开展的工作。无论怎样的工作，你都会尽力准时完成。工作时，你不会分心，而且在完成工作的过程中获得满足感。

（9）真实性。正直、诚实、真实。你是个诚实的人，不止说实话，还会以真诚和真挚的态度生活。你是个实事求是的人，不虚伪，是个“真心”的人。

3. 仁慈和爱：人际交往的品质

（10）仁慈善良慷慨。你对别人仁慈和宽宏大量。别人请你做事，你从不推搪。你享受为别人做好事，即使是那些人和你认识不深。

（11）爱与被爱的能力。你重视和别人的亲密关系，特别是那些互相分享和关怀的关系。那些给你最亲密感觉的人，他们同样感到跟你最亲密。

4. 正义：文明的品质

（12）精神。责任、团队精神和忠诚。指公民之间的关系、公民的权利和义务、团队精神、忠诚。作为团队的一份子，你的表现突出，是个忠心和热心的队员。你对自己分内工作负责，并为团队的成功而努力。

（13）公平。平等、正义：对所有人公平，是你坚持不变的原则。你不会因为个人的感情，而影响你对别人作出有偏差的判断。你给予每个人平等的机会。

（14）领导能力。你在领导方面表现出色。你鼓励组员完成工作，令每名组员有归属感,并能维持团队的和谐。你在筹划和实践活动方面表现良好。

5. 修养与节制：谨慎处世的品质

(15)自我控制。自我控制和自我管理。你自觉地规范自己的感觉与行为，是个自律的人。你对自己的食量和情绪有自制力，不会反被它们支配。

(16)谨慎小心。你这个人很小心，选择也是一贯的审慎。你不会说些将来会令自己后悔的话，或是做会后悔的事。

(17)适度和谦虚。你不追求别人的注视，比较喜欢让自己的成就不言而喻。你不认为自己很特别，而你的谦逊是公认和受重视的。

6. 心灵超越：个体与整体人类相联系的品质

(18)欣赏美和完美。对美、卓越的敬畏、欣赏和领会：在生命中的一切一切，从大自然、艺术、数学、科学以至日常生活体验，你都有注意到和欣赏到其美丽、优秀，和富技巧之处。

(19)感激、感恩。你留意到发生在自己身上的好事，但从不会视为理所当然。由于你常常表达谢意,你的朋友和家人都知道你是个懂得感恩的人。

(20)希望、乐观。对未来充满期望：你对未来有最好的期望，并为此努力达成心愿。你相信未来是掌握在你手中。

(21)心灵上的有目标和信仰。精神追求、对目的的观念，你对崇高的人生目标和宇宙的意义有着强烈和贯彻的信念。你知道自己怎样在大环境中作出配合。你的信念塑造了你的行为，也成了你的慰藉之源。

(22)宽恕、怜悯。你宽恕那些开罪你的人，也经常给别人第二次机会。你的座右铭是慈悲，而不是报复。

(23)风趣、幽默。你喜欢大笑和逗别人开心。对你来说，为别人带来欢笑很重要。在任何情况下，你都尝试去看事情轻松的一面。

(24)热情。热心、激情、热情、精力充沛。

(资料来源：(美)艾伦·卡尔. 积极心理学 [M]. 丁丹，等译. 北京：机械工业出版社，2013.)

◎ 参考书籍

[1] 宋宝萍．大学生积极心理健康教育——理论与实践 [M]. 西安：西安电子科技大学出版社，2018.

[2] 黄希庭．人格心理学 [M]. 杭州：浙江教育出版社，2002.

[3]（美）马丁·赛利格曼．认识自己，接纳自己 [M]. 任俊，译．沈阳：万卷出版公司，2010.

推荐阅读：

[1]（奥）阿尔弗雷德·阿德勒．自卑与超越 [M]. 曹晚红，译．北京：中国友谊出版公司，2018.

第二章

人际交往能力与训练

“你好！”

“你好！”

“我叫 ×××，很高兴认识你！”

“我是 ×××，我也很高兴认识你！”

“你家是哪儿的啊？”

……

“那个骄阳似火的下午，我拖着行李箱进入 303 宿舍，用最平常的话语结识了我的舍友们，开启了我大学的人际交往之旅。”这是一位大学新生日记里记录的入学第一天，走进宿舍的场景，作为大学生的你，这个场景你应该并不陌生。

接下来，这位同学继续写道：我清晰记得我打开门看到，在床上静静看书的甲同学，在桌前忙忙碌碌收拾东西的乙同学。那是我们的第一面，也是我们人生的第一次相交。它看来普普通通，但我不知道接下来会发生什么，我是否能够和他们成为朋友。

看完这位同学所写的内容，是否勾起了你对刚入大学的回忆？你是否还记得刚进入宿舍时，你和舍友第一次见面时的情景呢？你是不是也和这位同学一样，有过这样的困惑和担心呢？一位哲人曾经说过：“一个没有交际能力的人，犹如陆地上的船，是永远不会漂泊到人生大海中去的。”人是社会的人，从出生就与身边的人开始发生交集，伴随着成长的过程，交往的范围越来越扩大。每个人都是生活在人群中的一员，也是构成人群的一份子，生活就是每天与他人发生交集的过程，你也不例外。在人群中我是怎样的？很多大学生都会自觉不自觉地问自己，带着这个好奇，请你跟随我，阅读接下来的内容……

人际交往面面观

人的社会性决定了人必须生活于广泛的人际关系中，从中获得物质需要和精神需要。因此，人总是生活在一定的人际关系中间的，或者说脱离一切人际关系的人是不存在的。你当然会和其他人一样，要生活在一定的人际关系之中。你可能要问，到底什么是人际关系呢？人际关系真的有那么重要吗？如果真的很重要，在大学期间到底要如何做，才能拥有良好的人际关系，为自己一生的发展，奠定良好的基础呢？

首先，你要知道的是，未来的四年乃至更长的大学时光对于你而言，意味着什么。对于进入大学生活的你来说，是真正离开父母走向独立人生的第一阶段，也是你世界观和人生观趋于成熟和完善的重要时期。在这一时期，你要做到能够正视自己，摆正心态。不仅要在探索中找到自己感兴趣的专业并为之努力，还要学习人际交往，成为一名可以在社会中从容面对和处理各种人际关系、可以应对困难和挑战的人。

虽然做到以上几点并不是一件容易的事情，但你可以在这段时间里慢慢的学习、了解、锻炼、习得。它的前提是你愿意在人际方面做出改变，希望获得更好的人际交往能力，渴望能够掌握更多的人际交往技巧。当然，并不是所有人都愿意并擅长，没有关系，可以尝试一下再做选择和判断。下面，我们来一起看一下人际关系和你认知中的一样吗？

一般来说，**人际关系是指人与人在相互交往过程中所形成的心理关系**。人际关系包括亲属关系、朋友关系、同学关系、师生关系、雇佣关系、同事及领导与被领导关系等。它涵盖了身边的亲人、学习生活中的好伙伴、给与帮助和支持的师长、以及有任何交集的社会人。除了学习活动，你还可能参加各种组织、团体，参与各种校园活动，我想要告诉你的是，大学期间的人际关系相比之前的中小学阶段，会变得复杂和重要，而在这一个阶段，人际关系的好坏、人际交往能力的高低可能会对你未来的生活带来影响。

从步入大学校门的那一刻，你要开始适应独自面对生活，学会处理各种人际关系。大多数同学和你一样，拥有的强烈的人际交往愿望，渴望得到理解和尊重，渴望得到他人与社会的认同。然而一些错误的认知和行为，可能在不经意间给你带来了困扰，比如自卑、羞怯、猜疑、嫉妒等。因此说，在这一阶段，你要不断地去学习、反思，在自己的交往能力方面有正确的认知，并不断地完善和提高交往能力，这对你的成长和未来的社会生活有着重要的意义。

★ 人际关系的重要性

为什么说良好的人际关系对你十分重要呢？因为，现在的你正处于人生成长的一个重要阶段，人际交往越来越显得重要，它是学习和生活过程中必不可少的行为之一。通过人际交往，可以交流情感，寻求理解，建立友谊，切磋学问，探讨人生。

首先，国内外许多研究证明，幼年的教养方式对于一个人的性格养成非常重要，但是如果可以正确地理解并学习，后天的环境同样意义非凡。积极心理学研究表明，一个人的幸福水平影响因素中，遗传基因占据了50%，个人可控因素占40%，环境占10%。因此，后天的努力是可以在很大程度上重新塑造、优化个人性格特点的。如果你积极努力，建立了和谐的人际关系，会有助于你提高自我认知和评价的能力，从而不断调整自己的行为，完善自己的个性，使你变得乐观开朗，积极向上，充满幸福感。同时，你也可以在这样友好的人际交往中学习他人的优良品质，获得正向的能量。

其次，处于青年期的你和大多数同学一样，面对大学生活的各种变化，容易产生陌生感、孤独感和失落感，还要面对日常学习和生活中的压力和困难，往往需要找人倾诉交谈，得到心灵上的慰藉。良好的人际关系可以帮助我们产生归属感和安全感，可以在与他人的交往中获得心理上的满足和快乐，收获友情和支持。

再者，每个人的社会化进程都是在人际交往中进行的，人际交往是社会化的起点。大学阶段是每个人加速社会化的关键时期，随着你人际交往范围的不断扩大，交往形式的日趋多样，交往内容的逐步深入，会从交往中不断积累社会经验，学到社会生活所必需的知识、技能、态度，明确自我的社会责任，促进成熟，从而为正式走向社会打下坚实的基础。

最后，我们知道“天时不如地利，地利不如人和”。美国哈佛大学就业指导小组，曾对几千名被解雇的人员进行综合调查，发现其中因人际关系不好而离职的，比不称职而离职的人高出两倍多。因此我们说，良好的人际关系是你事业成功的重要条件。

★ 人际沟通的五种类型

人与人之间的交往，其实就是一个反复沟通的过程，沟通好了，良好的人际关系也就建立了，沟通不好，则人际关系紧张或者破裂。由此可见，人际沟通在在建立良好人际关系中的重要意义。接下来，我们通过了解心理学家萨提亚关于人际沟通姿态的理论，对照自身不断完善和提升个人的人际沟通能力。

知识窗

心理学家萨提亚认为，生活中我们常用四种沟通姿态：**讨好型**、**指责型**、**超理智型**、**打岔型**。

这四种沟通姿态，萨提亚认为都是低自尊的沟通姿态，都会或多或少地给我们带来不好的沟通体验。当然，我们大多数人不会一直处于一种典型的沟通姿态之中，只要合适的机会出现，我们都会抓住机会适时地展现出另一种应对方式。而表里一致型沟通姿态是萨提亚提出的第五种沟通姿态，确切地说是一种完满状态，是我们决定成为更加完善的个体的选择。表里一致型沟通比较能给人以好的沟通体验。这五种沟通模式，都各有特点。但归根结底就是当你在人际沟通时落脚点在“情境、自我、他人”三者上的不同而已。

讨好型沟通模式的人漠视自己的价值感受，将自己的权利拱手让人，并对所有的事情点头称是。讨好型的人牺牲自我价值，否定自尊，他们认为只有让别人满意，得到别人的认可，自己才是有价值的。这一类型的人传递给别人的信息是：我是不重要的。

指责型沟通模式与讨好型的姿态截然相反。指责型沟通姿态的人的社会规则是：我们应该维护自己的权利。这一沟通姿态的人为了保护自己，不断烦扰和指责他人或者环境。指责型的人常被形容为敌意、专制、爱找麻烦，或者暴虐，会时常断绝自己与他人的亲密关系。因此，指责型的人常常感到孤单，由于不肯承认自己的脆弱，又常常会在单独一个人时酣畅淋漓的大声哭泣。

超理智沟通模式的人漠视自己和他人的价值。表现为超理智意味着仅仅关注环境背景，并且通常仅限于数据和逻辑水平。超理智的人无论说话还是思考都力求尽善尽美，会通过罗列数据、引经据典来支持自己的观点，证明自己永远是正确的。 同时，为了达到绝对的客观，超理智型的人在重述别人的话语时，例如将“我今天觉得很冷”这句话重新整合，变成“今天天气很冷”，将注意力从我们的感受转移到客观环境上。当我们表现得超理智时，我们就会退出人群，承受孤独。人们会把我们看成压力的、原则性的、令人烦闷的或者是强迫性的个体。

打岔型沟通模式是理智型的对立面。打岔型姿态的人似乎一刻也不能保持静止，他们企图将别人的注意力从正在讨论的话题上引开。打岔者不断变换想法，并且希望在同一时间做无数的事情。对打岔者来说，自我、他人以及互动的环境都不重要。社会通常会给打岔者贴上自助和快乐的标签。我们知道，打岔的人忽略了自己和他人的需求，其实他们处于一种不安中，他们很无力也感觉很混乱，同时他们也很孤单。打岔者的姿态和动作总是显得不合时宜、多动并且毫无目的。这种姿态的人往往患有中枢神经系统疾病。

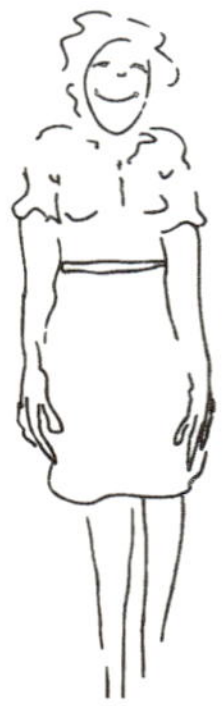

一致型沟通模式确切地说是一种状态，在这种状态下，个体既照顾了自己的感受和需求，也关注了他人的感受和需求，同时也符合了当下的情境。选择一致型沟通意味着我们选择成为真实的自己，选择与他人进行接触沟通，并与他们建立直接的联系。这一目标并不意味着一直开心没有烦恼，也不意味着在任何情境中都表现得礼貌得体。

在这种状态下，我们说出来的言语和我们的感受、身体、表情、动作都是协调一致的，是真实的。

（资料来源：（美）维吉尼亚·萨提亚，（美）约翰·贝曼，（美）简·伯格，等著．萨提亚家庭治疗模式[M]．聂晶，译．北京：世界图书出版公司，2018.）

★ 大学生人际交往特点

说到这里，相信你已经明白了人际沟通的重要，那么，在大学中应该如何去做，才能更好地与身边人相处，建立良好的人际关系呢？首先要知道，大学阶段与之前相比，人际关系发生了很大的变化。如果你有了清楚的认识，做好了准备，通过努力，积极交往，在大学中就可以拥有许多朋友，建立良好的人际关系，但是如果你没有做好应有的心理准备，踟蹰不前，可能会感觉与人交往时不那么自如，给生活带来诸多不利的影响。那么，大学期间的人际关系到底有哪些特点呢？

首先，交往具有更大的广泛性、互动性和多样性

因为大学生活阶段的生活环境和思想氛围，决定了你的人际交往较之中学时代具有更大的广泛性、互动性和多样性。在这一阶段，你可以通过交往去开阔视野、丰富知识、学会处世以表现自己各方面的才能，获得情绪的稳定，保持足够的自尊心和自信心。

其次，交往频次与密切程度增加。

在进入大学后，你走出家门，认识、结交了更多的朋友，交流更多的信息，接受更多的新思想，与社会的接触比中学时更加频繁与密切。在大学校园里，宿舍、班级、社团成为你交往的重要场所。如果说班级是你无法选择的，那么加入社团则是你主动的人际交往。形成这些社团或学生组织的原因，主要有相似性吸引、接近性吸引和补偿性吸引三类，其中以相似性吸引为主。在同一团体中的你们，往往有共同的兴趣和爱好，互相关心、互相帮助、共同进步。

再次，交往更加体现个性的见解和疑问。

进入青年期的你，不仅会理性地思考、判断、处理自身的问题，也会去关心社会，批判地接受知识，全面地看待其他事物，强烈地体现个性的见解和疑问。你在自我意识和社会关系相互协调的基础上，开始树立自我的个性，支持自己的主张，以独立的人格和态度处事，自主地开展人际交往活动。这个时期，绝大多数同学的抱负与志向鲜明，对于家庭我们往往也已不再依赖，而是以成人的眼光参与和处理各种事务，充分表现出个人的意志和性格。

最后，交往对象发生较大的变化。

在大学阶段，你的交往对象由以前的亲戚、邻居、成长伙伴转向大学同学和在校园内外认识的其他人，其中又以同学交往为主。在你与同学朝夕相处的集体生活中，你们有许多的交流机会、相似的人生经历、共同的学习任务。你们的交往对象主要选择在同寝室、同班级、同乡同学之间，交往内容则围绕学习、娱乐、思想交流、感情交流而展开。交往能力强的同学交往可能会不局限于同班同学，他们突破班级、年级范围，发展到同级、同系、同校高低年级可认识的所有同学及外校、社会上的朋友，进入各式各样的校园交际环境。不仅是同性之间的交往，异性交往也很经常。

读到这里，可能你会对人际关系有了比较全面的了解，那么，到底要如何来开启一段大学人际交往之旅呢？身边的同学来自全国各地，各有各的特点，哪些人可能成为你的朋友？结识之后，又该如何和他们进一步发展友谊？这可能是我们接下来要努力解决的问题，接下来，让我们慢慢往下看……

人际交往阶段探秘

对于人际交往以及人际关系的发展，心理学家、社会学家做了大量的研究，提出了很多理论。社会心理学家奥尔特曼等人提出了社会渗透理论（Social Penetration Theory）来解释人际关系发展的过程。他们认为人际交往主要有两个维度：一是交往的广度，即交往或交换的范围；二是交往的深度，即交往的亲密水平。关系发展的过程是由较窄范围内的表层交往，向较广范围的密切交往发展。随着交往的加深，彼此了解得越多，有的交往会继续发展，越来越融洽；有的则相反，会变得形同陌路。

奥尔特曼等认为，人际关系的发展，一般经过四个阶段：定向阶段、情感探索阶段、情感交流阶段、情感相融阶段。下面我们一起跟随这一理论，慢慢学习如何建立你的人际关系，解决各个阶段中可能会出现的问题。

★ 第一阶段：定向阶段

定向阶段包含对交往对象的认知、注意、选择和初步沟通等多方面的心理活动。在熙熙攘攘的人群里，人们并不是同任何人都可以建立良好的人际关系，而是对交往的对象有着高度的选择性。在通常情况下，那些具有某种会激起我们兴趣特征的人，才会引起我们的特别注意，我们才会有期待与之交往。

训练 1

下面我们来做一个小练习，看看你会对朋友的哪些特征比较在意，这可能会帮助你在人际交往中，找到你的交往对象，完成你的人际关系的定向。

请打开你的手机，翻看一下你的微信、QQ 好友，找到那些你比较喜欢的人，写下他（她）们的名字；然后你再想一下，在此之外是否还有一些人，与你交往中是你所认可的，请把他们的名字也写下来：

1. _____ 2._____ 3._____ 4._____ 5._____ 6._____ 7._____ ……

接下来请补充你写出来的这些人的信息，包括长相、性格特点、兴趣等：

1.____

2.____

3.____

4.____

5.____

6.____

7.____

……

接下来，请你想一下，与他们交往的过程中，你的感受是怎样的，在哪些方面他们有共同或是相似的地方（比如长相、性格等），并请你写下来：

我的感受：________________________________。

他们的相似之处：__________________________。

当然，你也可能会想到，交往中也有不少人是我所浅尝辄止的，也请你总结一下与他们交往的状况及感受，将之写下来：

____

____

通过这个练习，你是不是有了这样的感受：物以类聚，人以群分。不错，对自己交往的选择性有了大致的了解，也会比较清楚那些特征你会比较在意。

当然，人际关系建立的影响因素有很多，一般来说包括**认知因素**、**情绪因素**以及**人格因素**等。通过以上的练习，你会发现，在人际关系的建立过程中，你也会受这些因素影响的。

认知首先是对自己的认知。有无正确的自我评价，会影响人际交往中的自我表现；**其次是对他人的认知**，也就是对交往对象的认知，这一方面会决定一个人的交往趋向、态度和接下来的行为；**第三是对交往本身的认知**，交往的过程是双方彼此满足需要的过程，如果你只考虑自己的满足而忽视对方的需要，就会引起交往障碍，无法建立良好的人际关系。

在情绪因素方面，人际交往中的**情绪表现应当适时适度**，应当与引起情绪的原因及情境相匹配，并随客观情况的变化而变化。如果情绪反应过分强烈，不分场合和对象，放纵自己的情绪表达，就会让人感觉你轻浮不实；如果情绪变化过于激烈，就会让人觉得过于感情用事；但是，如果情绪反应过于冷漠，对本来可以引起喜怒哀乐的事情无动于衷，则会被认为麻木、无情。这些不良情绪反应都会影响交往。

人际交往中，**人格因素有至关重要的作用**。美国学者安德森（N.Anderson，1968）研究了影响人际关系的人格品质，排在序列最前面、喜爱程度最高的六个人格品质是：真诚、诚实、理解、忠诚、真实、可信等。而不良的人格特征如：虚伪、自私、傲慢、苛求于人等，会让人感觉不安全、压抑、紧张，这些特点反而会阻碍人际关系的建立和发展。想想你喜欢与之交往的人是不是性格比较温和、善良、体贴入微、尊重他人呢？反之，你不喜欢的人是不是有虚伪、自私自利、唯我独尊、嫉妒心强、疑心重等的特点呢？

当然，我们还要清楚“近水楼台先得月”“远亲不如近邻”，**时空邻近以及相似性因素也是影响我们人际关系建立的因素之一**。也就是说，时空距离近的人之间，可能交往的机会更多一些，因此，成为我们朋友的，更多的可能是室友、同学、以及来自同地域的人，当然也可能是态度观点、兴趣爱好相似的人。下面我们一起探索在定向阶段需要注意些什么。

良好第一印象

我们知道，在人际关系发展的定向阶段中，对交往对象的认知会影响交往继续发展，因此，给人留下良好的第一印象特别重要。对于建立良好第一印象，社会心理学家艾根建议我们使用 SOLER 模式。

SOLER 是由五个英文单词 Sit、Open、Lean、Eye-contact、Relax 的词头字母拼写起来的专用术语：

S 表示坐或站要面对别人；

0 表示姿势要自然放开；

L 表示身体微微前倾；

E 表示目光接触；

R 表示放松。

意思就是“**我很尊重你，对你印象很好，我内心是接纳你的，请你轻松一点。**”在交往之初，如果你能较好地做到以上所说，就会给别人留下良好的第一印象，就会为你的交往加分，接下来的交往就会变得比较顺畅。

在定向阶段所提及的注意和选择，都反映了人们交往某种需要倾向。比如，在一个人数较多的集会上，你不可能和所有人打招呼、交流，只会把注意力高度集中在一个或几个伙伴身上。在新的集体中，你也不可能与所有的人保持相等的距离，总有亲近的和疏远的，这就是选择。

初步沟通是人们在选定一定的交往对象以后，试图与这一对象建立某种联系的实际行动。本章开篇同学日记里提及的情境，就是人际关系发展的定向阶段。如果开始大学生活有一段时间了，想想你和舍友关系的变化，没有好坏，只是有了不同的匹配，其他宿舍也会有这样的变化，也许会和你的宿舍有一些不同，但这些都是定向不同造成的，没有好坏之分。

经常在一起的同学，人际关系会继续发展，他们的友谊逐步加深的可能性更大；不常在一起的同学，很少发生连接，难以进行充分的交流探索，他们的人际关系可能就停留在这种比较浅层的状态。定向阶段的交往，谈话也就只涉及表层的方面，例如谈谈学习、班级活动、对最近发生的新闻事件的看法等等。总之，初步沟通是试图与交往对象建立某种联系的实际行动，目的是获得最初步的了解，以便知道自己能否与之进一步交往。

就像电影《心灵捕手》中的威尔一样，他在连续换了很多咨询师之后，遇到了心理学家桑恩，在与桑恩的两次交流之后，才逐步将他们的人际关系建立起来。我们每天去上课，也会参加各种各样的活动，就会遇见很多人，你可能会比较疑惑，我的朋友到底在哪里？我又该如何去寻找到他们？你必须懂得，有些人可能和你无法第一时间“对上眼”，其中有的人正好是你特别欣赏或喜欢的类型。因此，凡事不能只看表面，有的同学看上去会让你感觉比较冷淡，有距离感，没有眼缘，可能这只是表面现象，那位同学有可能内心藏着一颗火热的心，正时你所欣赏的类型，试着主动打个招呼，坐下来聊一聊，也许会收获一段美好的友谊。

度过初遇的尴尬

好吧，让我们看一下在这一阶段大多数人的困惑。与他人初遇时，你是否面临过这样的尴尬：

1. “感觉难以找到共同话题”。

2. “与人交往的时候很拘谨”。

3. “不大好意思跟陌生人讲话”“感觉自己融不进去”。

训练 2：

请你做出思考，除了以上提及的之外，在交往中你还有那些困惑？请你写在下面：

4.____

5.____

6.____

……

你的尴尬有多少呢？其实，大多数人在与陌生人开始一段新的关系时，都难以产生和老友相见时的舒适感。下面的建议有可能帮助你缓解初遇的尴尬。

交往之初，面对比较陌生的人，请你保持适当的微笑，加上一些适当的肢体语言，这样更具有亲和力，可以拉近彼此之间的距离。适当地进行语言交流，如果发生表达不准确或者说错了话的情况要及时纠正并道歉，这样才能让对方感受到诚意，感觉到自己被尊重。尽量不要问及他人的隐私，不交流他人的敏感话题。具体应注意如下方面：

①**礼貌是任何交际中不可缺少的重要组成部分**。一个有礼貌的人，更容易得到陌生人认可，比如初次见面交流时说“您好，真高兴能认识你”。礼貌的问候最起码不会让人抗拒，这是人际交往最重要的开端。

②**赞美是拉近彼此距离的最好方式之一**。人们都喜欢被他人赞美和欣赏，抓住人们的心理需求适当地说一些赞美的话，比如从外貌，言语，动作等方面，正确且不浮夸的赞美，会让对方心情愉悦。

在人际交往中始终要记住一个道理，“学会赞赏自己，赞赏别人”，给予对方足够的赞美和肯定对方的立场，更容易得到他人的认可，这是人与人之间相处的关键。

③**尊重他人，才能赢得他人尊重**。要注意的是，与陌生人交谈时要真诚友好，充分尊重他人的感受，适当的留有让他人发表意见或看法的时间；专注于交流，他人说话的时候尽量不打断、不偏离话题，让他人感觉被充分的重视。

④**言谈凸显个人的内涵及积累**。生动切实的话相对于枯燥乏味的话，更令他人喜爱，尤其是与陌生人的交往中，言谈就需要一定的技巧，在礼貌的前提下，说话有条理、有层次，更容易让他人信服。再者，找到双方的共同点，是我们接近不太熟悉的人的重要途径，比如聊聊最近的新闻，也可以说天气等等。

⑤**举止从一定程度上展现了个人的素质及教养**。文明得体的举止表现在方方面面，比如坐姿、站姿、点头、微笑、手势等，这些都是需要注意的。与陌生人相处时，最好不过多地谈及自己的过去、弱点，不详谈自己家庭的状况、父母的职业等等，也不要询问对方这些信息。

⑥**幽默是一门大学问**。风趣、幽默的表达和处事方式能化解尴尬，能够快速拉近彼此的距离。有一则关于哲学家苏格拉底的故事，现在分享给你，体会一下幽默在化解尴尬方面的良好作用：

故事

据说，苏格拉底的夫人是一位性情非常急躁的人，经常当众给这位著名的思想家难堪。有一次，苏格拉底在和几位学生讨论某个学术问题时，他的夫人不知何故，忽然叫骂起来，震撼了整个会议室。继而，他的夫人又端起一盆凉水冲着苏格拉底泼了过去，致使苏格拉底全身湿透。当学生们感到十分尴尬而又不知所措时，只见苏格拉底诙谐地笑了起来，并且幽默地说："我早就知道打雷之后，一定会下雨的。"虽然只是一句简短的话，既淡化了矛盾，化解了危机，又不至于让自己很尴尬。而且夫人的怒气也出现了"阴转多云"到"多云转晴"的良性变化。他的学生听了之后都欣然大笑起来，不得不敬佩这位思想家的智慧与宽广的胸襟。

⑦**结束语一定要说好**。第一次与陌生人交谈完后，结束语很重要。道一声亲和的"再见"，会让别人感受到你是可以继续交往的人。

通过以上方面的努力，你的人际关系发展的定向阶段基本可以完成，看上去你的"人缘"很不错了，你的身边就会聚集一些未来可能与你成为朋友的人。

注意人际效应的影响

在定向阶段，我们也要注意人际效应，不能很好的处理这些因素，也容易对人际关系的建立造成不利影响。人际效应是指人们在交往中产生的、较为常见的心理现象和规律；是某种人物或事物的行为或作用，引起其他人物或事物产生相应变化的因果反应或连锁反应。常见的人际效应具体主要有：

（1）首因效应

所谓首因效应，是指当人与人初次接触进行的时候，首先被反应的信息，对于形成人的印象起着强烈的作用。简单地说，首因效应即是人对他人的第一印象。首因效应之所以会引起认知偏差，就在于认知是根据不完全信息而对交往对象作出判断的。首因效应一旦形成，就会直接影响到交往中的态度，从而影响我们的行为。首因效应留下的印象是深刻的，但有时是不准确的或者与现实不大相符的，有可能是偏差的。

（2）晕轮效应

晕轮效应又称"光环效应"，是指当认知者对一个人的某种人格特征形成好或坏的印象之后，人们还倾向于据此推论该人其他方面的特征。如果认知对象被标明是"好"的，他就会被"好"的光圈笼罩着，并被赋予一切好的品质；如果认知对象被标明是"坏"的，他就会被"坏"的光圈笼罩着，他所有的品质都会被认为是坏的。晕轮效应往往是在悄悄地却又强有力地影响着我们的相互知觉的评价。

（3）近因效应

个体对最近获得的信息留下清晰印象，其作用往往会冲淡过去所获得的有关印象，这就是近因效应。首因和近因效应都是使个体认知发生偏差的心理因素，只不过个体获得的信息对认知情况的作用条件不同，首因效应产生在陌生人之间，近因效应大多产生在熟人之间。假如关于某人的两种信息连续被感知，人总是倾向于前一种信息，并形成深刻的印象，这是首因效应；假如人们先知道某人第一信息，隔较长时间后才了解第二个信息，人们则偏向于对第二个信息，即最新的信息，产生较深刻的印象，这即是近因效应。

（4）投射效应

投射效应是指在交往的过程中，总是假使他人和自己有相同的倾向，即把自己的特性投射到他人身上，从而形成对他人的印象。有时候，人们对他人的猜测，无形中透露的正是自己，“以小人之心度君子之腹”就是投射效应的典型写照。

（5）刻板效应

刻板效应又称“定型效应”，是社会上对于某一类事物或人物的一种比较固定、概括而笼统的看法。在人际交往中，我们有时会把对某一类人物的整体看法强加到该类的每一个个体上而忽视了个体特征。

刻板效应有利于总体评价，但对个体评价会产生偏差。比如：老年人是保守的，年轻人是爱冲动的；北方人是豪爽的，南方人是善于经商的；英国人是保守的，美国人是热情的；农民是质朴的，商人是精明的等。刻板效应说的是概括的情况，我们在实际的交往中，交往对象并不一定就是这样的，会有个体的差异，因此，我们要多观察、多感受，才会对他人形成比较准确的评价。

我们清楚了人际效应对交往的影响，就应该有意识的去克服这些效应的干扰，辩证的看待自己和他人；再者，在人际交往中我们应该做到的就是克服人际效应的消极影响，注意自己的言行，从而赢得他人的赞赏、尊敬以及信任，进一步建立和谐的人际关系。

★ 第二阶段：情感探索阶段

回顾自己的人际交往历程，你是否有过这样的感受：我和身边人的关系看上去还行，能够与他们交流一些观点、感受，可是有时我又感觉不愿意继续交流，有时想要拒绝别人，又担心会令别人不开心，不小心还会成为“话题终结者”。如果没有，那么恭喜你，这说明你在情感探索阶段能够轻松应对。如果你有这样的困惑，也不要担心，我们一起来探索人际交往情感探索阶段的奥秘。

随着双方共同情感领域的出现，双方沟通的内容也会越来越广泛，自我暴露的深度与广度也逐渐增加。在这一阶段，你和交往对象的话题仍然避免触及彼此私密性的领域，自我暴露也不涉及本质内容。尽管在这一阶段，你们在双方关系上已开始有一定程度的情感卷入，但双方的交往模式仍与定向阶段相类似，都希望给对方留下良好的印象，以便以后双方的关系能够顺利发展。如果在定向阶段双方有好感，产生了继续交往的兴趣，那么就可能有进一步的自我表露，例如谈谈工作、学习中的体验和感受，并开始探索在哪些方面双方可以进行更深的交往。这一阶段的目的是彼此探索双方在哪些方面可以建立真实的情感联系，而不是仅仅停留在一般的正式交往模式上。在这一阶段，双方的沟通越来越广泛，但不涉及彼此私密性的领域，自我暴露也不涉及自己的根本方面，属于正式的交往特征，比较注意自己表现的规范性。

在电影《心灵捕手》中，当威尔开始固定去找咨询师桑恩时，他们只是聊聊文学、艺术，聊聊过去的生活。在这个时候，他们都有一定的感情带入，但并不涉及私密性领域。他们的交往受到角色的规范、社会礼仪等方面的制约，比较正式。这就是人际交往的情感探索阶段。

在这一阶段，因为交往层次的加深，彼此了解得更多，可能会出现分歧，甚至冲突，你也不要过于紧张，因为这是交往中的正常现象。虽然人际冲突对人际关系有很大的负面影响，但冲突也可以有正面的意义，它能提供一个机会，使彼此能澄清自己的看法，并讨论双方在关系中所扮演的角色。一般来说，冲突能指出问题的症结，能使我们有改变，帮助我们更清醒地认识自己，使彼此有情绪宣泄的管道。人际冲突是人际关系中的普遍现象，一旦引发一些小型的人际冲突，就要拿出“**立即**”与“**尊重**”的态度，处理当下的事件，以免“积怨太深”，造成令人束手无策的痛苦回忆。

理智面对人际冲突

人际冲突一般包含以下四个阶段，你往往不能预知和控制它的发生，却可以恰当运用并引导其朝向建设性方向发展：

（1）潜伏期

当从内心知觉到有冲突发生，就已进入人际冲突的阶段，虽然它尚未到爆发的那一刻。这一阶段需要加强对潜伏期的侦测，尝试预知或控制冲突的方向及程度，进而采取措施减缓冲突，使大家以较平和、理性的态度解决冲突。

要想侦测可能存在的冲突，你可能需要先来了解一下冲突的类型，因为不同类型的冲突，产生的客观条件是不一样的。布瑞克（H.B.Braiker）和凯利将冲突分为三个层次：

第一层次是特定行为上（Specific Behaviors）冲突。即双方对于某个具体问题存在不同意见，例如，两人一起外出时，对乘坐什么交通工具有不同意见，一个想坐公交，一个想骑单车。

第二个层次是关系原则（Relational Rules）或角色上的冲突。即双方对于如何处理两个人的关系，在关系中各自的权利、义务有不同的理解。例如，宿舍同学可能在宿舍公共劳动怎样分工上存在分歧。在人际关系中，有些角色规范比较明确，也有一些角色规范比较模糊，如果两个人对于规则看法不同，就难免发生冲突。

第三层次是个人性格与态度上（Personal Characteristics and Attitudes）的冲突。这种冲突大多会牵扯到双方人格与价值观的差异，因此是比较深层次的冲突。例如，宿舍可能因为性格不和而闹矛盾：在周末，一方很喜欢找一大堆朋友来宿舍玩，另一方则喜欢单独呆在宿舍。

在人际交往中，这三个层次的冲突有可能交织在一起的。行为上的分歧，可能一起关系规则上的矛盾，并进一步导致个性上的冲突。一般来说，冲突层次越深，涉及因素就越多，情感卷入程度越高，矛盾就越复杂，解决起来也越难。

当然也有例外，有一种冲突是虚假的冲突。在这种冲突中，双方有分歧，但是这种分歧并没有客观的基础。比如，你的同学召集聚会，因为没有受到邀请，你很不高兴；而他也正因为你没有去参加聚会，对你有很大的怨言。事实上，他本来有去邀请你，因为你不在，拜托其他同学转告你，但是同学却忘记了这回事。双方的冲突纯粹是因为误会，解释清楚，说开了就没有问题了。

（2）爆发期

冲突爆发期也叫“公开冲突阶段”，或者被称为“冲突行动阶段”，是冲突行为的公开化。冲突爆发时，可能的表现有冷战，社交软件上或者当面言语的互相嘲讽、辱骂、打斗等，这都会对双方造成伤害。在这一阶段，如果没有妥善的冲突处理方法，不如暂时不去处理；这个时候，更应该去设法控制情绪，让自己冷静下来，暂时“不处理冲突”可能就是最好的处理。

（3）扩散期

人际冲突一旦“爆发”后，不要责备它、阻断它或否认它，我们应该思考接下来可能的对策，也许双方内心都有悔意，也许还会余震不断。给双方留一些时间、空间，让彼此有个缓冲，也许当时大家都不冷静，现在清醒了，或许可以向对方释放出你的诚意，或者看看对方的反应再做打算。

（4）解决期

冲突解决的结果，包括双方均满意的“双赢”结果，也包括“不解决的解决”，甚至结束一段关系。总之，这是一个做抉择的时机，以便让事情暂时告一个段落或有一个结束。所谓的“双赢”是“你好，我也好”，双方都能获益，这是最理想的结局。“不解决的解决”，其实就是学习接受无法接受的事情，所谓“无欲则刚”就是这个道理。当然，因为价值观的不同，相处起来会有不舒服的感觉，采取保持一定的人际距离，避免更大的冲突，也不失为明智的选择之一。

人际冲突的处理原则

在日常生活中，人际冲突是难以避免的，我们往往就是因为不知道如何正确处理人际冲突，才使人际关系状况恶化。其实，发生人际冲突并不可怕，如果处理得当，人际冲突有时也可以成为双方增进了解的切入点。

另外，当你遇到人际冲突时，以下几条原则可以为你应对冲突提供指导：

（1）对事不对人

在发生冲突或争执时，将焦点放在事情本身上，客观分析冲突的起因与双方对错，不将冲突扩大化。一般来说，人际冲突大部分是因为一些生活琐事，常见的情况是双方都有责任，很难分清谁的责任更大。如果将冲突归咎于哪个人，结果就会导致双方相互攻击，从而激化冲突。

（2）合理的让步

在发生人际冲突时，双方都处于一种情绪的应激状态中。在这种状态下，很容易说出伤害彼此的话，从而造成无法挽回的局面。此时，做适度的让步，不适为一种明智的选择，让步并不代表忍气吞声，只要把握好尺度，就是一种智慧。

（3）把冲突解决在当下

发生人际冲突时，面对出现的问题，双方坦诚相待，立即处理，切记不要暗自较劲，更不可以记仇。前文我们提到过，人际冲突的起因多半是一些小事，在当时如果双方直面冲突，彼此说出自己的真实感受，一般都可顺利的解决。如果选择逃避，在几次逃避之后，小问题可能会积攒成为大问题，到那时发生人际冲突就是“算总账”了，陈年旧事都有可能会翻出来，此时再处理就是难上加难，“清官难断家务事”说的就是这个道理。

担心完全没必要

还有一种情况，在朋友交往一段时间之后，你会出现这样那样的担心：“担心喜欢的朋友不喜欢自己，还怕自己的朋友和别人好”、“不大会拒绝朋友的请求，当自己有困难时，又不一定能得到帮助，感觉很受伤。”这是在交往中常有的顾虑，面对这样的困境，我们要怎样突破自己呢?

对于担心朋友不喜欢自己的同学，我们建议：一切顺其自然，不要想那么多，因为无论什么时候都不能左右别人对你的看法，所以只要自己认为对就做，错的就不要去做。世上没有十全十美的人,真诚面对你的朋友,只要你用心待人，就可能有助于你们之间关系的发展。

怕自己的朋友和别人好的同学，我们建议：想想那句老话“朋友多了路好走”，一个人可以有很多朋友，如果你特别在意和朋友的这段友谊，就请你努力做好自己，真诚交往，彼此尊重。当然，第七章“亲密关系与恋爱训练”中的情况另当别论，因为友情是多多益善的，而爱情却是独占的、唯一的！

在交往中我们有时会碰到别人寻求帮助，而我们因为种种原因不想或者对提供帮助有困难时，建议你按照以下原则去做：

首先，要礼貌待人。不管是什么原因，都要对人有礼貌，这样才不至于使双方都处于一个比较尴尬的境地。

其次，不要借助于中间力量。有时别人向我们寻求帮助，我们本身根本办不到，还要求别人才能办成这件事情，那么与其是这样，最好不要答应对方，会给自己带来一系列不必要的麻烦。

再次，直截了当拒绝。我们也曾经被很多人直接拒绝过，那么我们对他人的拒绝不要拖泥带水，就要直接一点，这样也是对别人负责任的表现。

最后，如果有困难，请把自己的苦衷直接说出来。自己真的无能为力，或者有些事情已经超越了你的范围。

★ 第三阶段：情感交流阶段

当人际关系发展到感情交流阶段，双方的表现已经超出正式交往的范围，关系的性质开始出现实质性变化。此时双方在人际关系上的信任感、安全感已经得到确立，谈话也开始广泛涉及自我的许多方面，并有较深的情感卷入，双方相互提供真实的评价性反馈信息、建议，彼此进行真诚的赞赏和批评。如果关系在这一阶段破裂，将会给人带来相当大的心理压力。

界限：边界不可冒犯

在这一阶段，你可能在交往中有时会有这样的困惑：“很多真心话不知当讲不当讲”、“总感觉在交往中被别人侵犯了，不知该如何面对？”碰到这样的问题，可能是你们彼此的界限不清楚造成的。那么，如何去做，才能比较好地保持恰当的界限呢？

案例

大学生小A与小C是同寝室一队很要好的朋友。两人之间几乎是无话不说，这样一直持续了两年的时间。直到有一天，小A交了女朋友。两人之间多了一个“第三者”，关系就不可能像以前那样亲密了。小A由于要经常约女朋友去约会，与小C在一起的时间自然就减少了许多。有时与女朋友约会回来后感觉很对不起小C，小C也有时会吃小A女朋友的醋。时间长了，小A感到比较困惑，在女朋友与小C之间周旋，感到有些身心疲惫。

我们不妨学习一下刺猬的智慧。两只刺猬，由于寒冷拥在一起，可由于身上的刺，不能亲密接触，只好离开一段距离。但由于寒冷，禁不住又凑在一起，因为满身的刺又分开。这样反复好几次，最终双方选择了一个合适的距离：既可以不刺到对方，又可以相互取暖。

我们所说的高手就是让人感觉舒服，在舒适的基础上营造良好人际交往圈子的人。而人际交往问题的元凶大多是心理边界模糊不清。在比较亲密的人际关系中，应该保持一种边界感。建立心理边界，能帮助我们清晰地知道自己和他人的责任和权力范围，区分想象与现实的世界，才能更好地做到疏者密之、密者疏之。我们羡慕初次见面就能很快融入在集体当中的个人，也曾经见识到口误后机智地化解尴尬的社交达人，其实只要我们慢慢学会并做到知深浅、懂进退、有边界，也可以成为别人羡慕的对象。

空间距离

还有一种观点，需要大家了解一下，那就是人际空间距离。距离可以分为空间距离和心理距离，而空间距离一定程度上也反映了两个人之间的心理距离，彼此的关系。在心理学上也有四种空间距离，代表了不同关系之间的安全距离。

（1）亲密距离

涵盖了大约50厘米范围内的实际身体接触。通常这一距离涵盖了你的亲密朋友、爱人或者与你感情深厚的人。工作中通常不提倡身体亲密，但是也有一些例外，例如，人们可能会在亲密距离范围内低声传达某些秘密信息。

（2）私人距离

覆盖了 50 ~ 120 厘米的范围。在这一区域内进行友好的谈话和讨论是非常自然的事情。还有一种情况也容易进入私人距离，那就是当人们进行激烈的争论时，会无意识地将空间距离拉近到私人距离的范围。

（3）社交距离

覆盖 120 ~ 360 厘米的范围。在商业或者非个人化的交流互动中，人们一般会保持这样的距离。我们通常会与陌生人之间保持这样的距离。

（4）公共距离

覆盖了 360 厘米以外的距离，直到听不到为止。在大会上或教室里面对听众讲话时会保持这样的距离。但有一些感觉较为迟钝的人可能会通过在房间里大声喊叫来传递普通的信息。

以上就是心理学上所说的四种空间距离，大部分时候我们都可以通过空间距离判断人们的关系。当然，有时人们也会因环境所限而调整个人空间，然而当我们进入他人所不能接受的距离范围时，他人往往会感觉不舒服，因为这时，他们会认为这是对他们个人空间的侵犯。

想象一下搭乘电梯的场景：如果只有你一个人，你一般会站在中间位置；如果又进来一个人，你可能会自觉地向旁边移动一点；人越来越多，你会不断调整自己的位置，这个时候我们的眼睛总是会不自觉地往上看。其实这就是因为自己的空间被侵犯，他人进入你所不能接受的空间距离，而你又暂时无法逃离，所以只能通过眼睛来躲避或想确认自己是否已经快到达想到达的楼层了。

训练 3：

下面请你做一个小练习，看一下你的人际空间里，各个距离上都有哪些人：

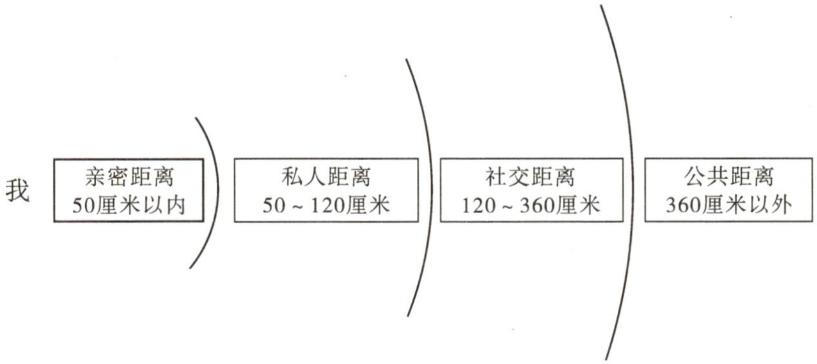

请你在此写下他们的姓名或称呼：

1.______________________________；2.______________________________；

3.______________________________；4.______________________________。

怎么样，通过这个小练习，你是否已经清楚了人际的空间距离？是否也对自己和他人关系，也有了比较清楚的认识呢？

★ 第四阶段：情感相融阶段

在这一阶段，人们心理上的相互包容、相互理解会进一步增加，自我暴露也更为广泛和深刻。此时，人们已经允许对方进入自己高度私密性的领域，分享自己的生活空间和物品。如果双方都没有发现对方有不可接纳的行为，小的毛病是可以容忍的，那么在求大同存小异的基础上，双方的友谊将继续发展。你也许和很多同学一样，期待能拥有更多的“密友”，但是在现实的生活中，达到这一友谊深度的关系是很少的，大多数人可能是在第三阶段这一水平上重复。中国有句老话：“人生得一知己足矣！”说的就是这个道理。

通过跟随人际关系发展的四阶段理论，积极交往，克服各种可能出现的问题，我们大致可以在建立良好人际关系这一问题上，做到心中有数了。

训练 4：

请回顾自己的人际交往，思考下面的问题：

1. 你认为自己在人际交往的哪个阶段具有重要优势或比较多的经验呢？

____。

2. 你的优势或经验有哪些？

____。

3. 在这些阶段让你能够做到游刃有余的重要原因是：

____。

4. 你认为自己在人际交往的哪个阶段存在一些困惑？

____。

5. 你的困惑是什么？

____。

6. 面对这些困惑，你能想到的对策是什么？

____。

学习了这些以后，你是否对如何与他人建立良好关系有了一些心得？也许你对提升自己的人际交往能力还有一些期待，希望下面的内容能够帮到你。

人际交往能力提升

★ 掌握交往技巧

通过前面的学习，你已经知道，在交往过程中，自我表露、内心交流、情感性的支持和互助，是促成关系往较深层面发展的关键行为，良好的人际关系必须靠这些相互依赖的活动来维持。想必你已经对建立良好人际关系有了一个大概的了解和准备。接下来我们再来看一下，有哪些技巧可以帮到你。

信任很重要

下面是两个大学同学的对话：

案例

下面是两个大学同学的对话：

小 D："我总是很难交到朋友，没人说话。"

小 E 叹了口气，"这么和你说吧。有一晚上你给我打电话，我有事没接。第二天，你一直在埋怨我不接电话，是不是没有把你当成朋友；有一晚你前男友来接你，迟到了三分钟，你质问他是不是不重视你，是不是爱上了别的女人；你爸妈来看你，问了下你最近手头紧不紧，你反问他们是不是来质问你又乱花钱的。如果是你，你愿意和这样的人交朋友吗？"

小 D 听了小 E 的话，恍然大悟。

很多人觉得，这些不过是生活中的小事。事实上，最能击溃人心、给人沉重打击的，可能不是别人居心叵测的算计，而是身边人一刻不停的猜疑。信任原本是很简单的事，快乐也并不难得，只是平时太过敏感，对亲人、同学过于苛求，患得患失，难免提心吊胆。可反过来想想，如果你对一个人付出了真心和感情，却总是遭到怀疑和试探，是不是也会觉得心累？

事实上，信任才是两个人维持感情的基础，才是真正意义上的珍惜。

不轻易说"你错了"

在人际交往中，"你错了"三个字，拥有超强的破坏力。它通常不只会带来一场不快、一场争吵，甚至能使朋友变成对手。这是因为，每个人都有固执己见的毛病，还或多或少有武断、嫉妒、猜忌和傲慢等缺点，所以很难向别人承认自己错了。有时候，即使明知有错，也决不会轻易认错。

发现对方犯了错，不懂得说话艺术的人，常常喜欢直言，通常会毫无犹豫地说："你错了。"而那些交往能力强的人，则懂得给人留面子，尤其是在有其他人在场的时候。当你的观点与别人发生冲突的时候，不要着急说自己是正确的，即便你有确凿的证据证明自己是对的，也不要企图引起争论，而是要欢迎不同的意见，并表示感谢。

就这样安慰你的朋友

当朋友伤心难过时，很多人要么好言相劝："别哭了，坚强点儿。"有的人则帮忙分析问题："你应该做……"还有人会批评对方："我早就给你说过……"

其实，安慰人是要要讲究技巧的，要根据对方的心理活动，给予最贴心的抚慰才行。

首先，要学会倾听对方的声音，做到感同身受。由于生活体验、家庭背景、所受的教育等不同，形成了每个人对于事情的不同理解。因此，当试图去安慰一个人时，我们首先就是要试着理解他的苦恼。

安慰朋友时，倾听比劝说更重要。一颗沮丧的心需要的是聆听的耳朵，而非逻辑敏锐、条理分明的大脑。聆听是用我们的耳朵和心去倾听对方的声音，这个时候，不要追问事情的前因后果，也不要急于作判断，要给对方时间和空间，让他能够自由地表达自己的感受。

聆听时，要做到感同身受，也就是共情。如果我们对他的遭遇能够"悲伤着他的悲伤，幸福着他的幸福"，对被安慰者而言，这可能就是给予他的最好的帮助。

其次，要试着接纳对方的世界，站在对方的立场上看问题。安慰人最大的障碍，常常在于安慰者无法理解、体会、认同当事人所认为的苦恼。人们容易将苦恼的定义局限在自我所能理解的范围中，一旦超出了这个范围，就认为是"苦"得没有道理了。由于对他人所讲的"苦"不以为然，安慰者容易在倾听的过程中产生抗拒，迫不及待地提出自己的见解。安慰者需要放弃自己根深蒂固的观念，承认自己的偏见，真正站在对方的角度去看他所面临的问题。

心理专家常说"放下自己的世界，去接受别人的世界"，就是这个道理。如果你能暂时放下自己，走入对方的内心世界，与对方共情，用他的眼光去看他的遭遇，而不是妄加评判，你就会成为一个更受欢迎的人。

训练 5：

请把你在现实生活中，使用过的或者听到过的，安慰别人的话，写在下面的横线上：

1.____________________________________

2.____________________________________

3.____________________________________

4.____________________________________

5.____________________________________

……

诚如以上练习中写下的那样去做，注意倾听，与人共情，站在对方的立场上考虑问题，你就会越来越受欢迎！

★ 抓住交往要点

你是否留意，身边有的人会说话、会做人，大家都很喜欢 TA；然而，有的人虽然也很想和大家搞好关系，却经常在无意间得罪人而不自知。在此分享 6 个小贴士，Get 这些交往要点，就可以帮助你有效地提升人际交往能力，开启幸福人生。

责人先责己

我国宋朝林逋的《省心录》中提到：以责人之心责己，则寡过；以恕己之心恕人，则全交。意思是以责备他人的心责备自己，则过错少；以宽恕自己的心宽恕别人，则交情深。

通常情况下，我们对自己过错的审视，往往不如看待别人所犯的过错那么严重。正如肯比斯所言："我们很少用同样的天平去衡量邻居。"这是因为，我们对导致过错的背景了解得很清楚，以至于我们对别人的过错不能原谅，对于自己的过错就比较容易原谅，从而使我们常把注意力集中于人家的过错上。即使有时我们不得不正视自己的过错，也总觉得是可以宽恕的，这是因为，无论我们自己是好是坏，我们只能容忍自己。

可是轮到评判他人时，就完全不同了。我们会用另外一付眼光去品评，往往一点不留情面，使别人体无全肤。试想一下，当发现别人说谎时，我们的谴责是何等严酷，可是，我们有哪个人能说自己从没说过一次谎呢？

其实，我们应该清楚，责备别人并不那么容易，因为责备他人时，首先得保证自己的立场是对的。如何才能保证自己的立场对呢？可能就得要求我们要先自我反省一下了。而且，即使自己做得对，想要别人心悦诚服的接受也不容易，因为每个人的立场可能是不同的。你认为对的，对方不见得赞同，因此，责备别人通常会招来怨恨。所以，不如我们先好好做一下自我反省，把自己端正好了，再去要求别人；即使要去“责人”，也要懂得“忠告善导”的道理。当然，我们在这里说的“责人先责己”，主要还是侧重于“修己”，多做内省。遇到问题，不要先想着这件事情对方哪里做错了，然后责怪别人，把责任推到别人的身上。而是要先从自己身上找原因，多用关心的口吻去和别人说话，这样才能把互相的关系处理好。

遇事不找借口

有位心理专家曾说过这样的话：“问题的本身不是问题，问题的关键在于如何解决问题。”所以，遇到了问题，解决的办法就好比开门的钥匙，只要能有钥匙就能把门打开，只要有办法就肯定能解决问题。

案例

离期末考试只有3天的复习时间了，一个同学在宿舍里发着牢骚：“学校真是太过分了，这考试安排得太没有水平了，课程才刚刚结束，就安排考试，一点复习时间都不留，这不是故意想让我挂科吗？最最让我无语的是，这个学期要考5门课，每科之间的间隔时间也太短了，只有1天，这怎么能复习的过来，这...这简直是不想让人活啊……”

这时，舍友过来对他说：“你牢骚发得这么来劲，连复习都不复习了，学校要是知道了，肯定会调整考试时间，再也不会这样安排了。”

“哼，要是学校能调整考试时间就好了！可是，我知道，即使他们听到，也不会有一点作用。”牢骚者气呼呼地答复。

“既然如此，那你为什么还在那儿空费劲呢？”舍友反问。牢骚者无话可说了。舍友继续说：“与其在这儿对学校发牢骚，不如先计划一下接下来几天如何复习，再向我借笔记看看，划划重点，提高一下复习效率，要么去自习室，要么现在就在宿舍，安安静静地学一会儿，总是对通过考试更有帮助，你说，不是吗？”

不找任何借口，不去怨天尤人，你就会比别人有更多可以思考的时间。利用这个时间，你可以去积累你的经验、设想你的未来、认认真真地做事；不找任何借口，你就可以更好地挖掘自身的潜力，朝着自己的目标前进，你的做事效率会更高；不找任何借口，你成功的机会也会越来越多！

不打断别人说话

假如你和朋友们正在津津有味地谈论着某件事的时候，冷不防地半路杀出个程咬金，让别人猝不及防，不得不偃旗息鼓而退，你会怎么评价打断你们说话的人？有时他插话时却不管你说的是什么，而将话题转移到自已感兴趣的话题上去；有时把你的结论代为说出，以此得意扬扬地炫耀自已的光彩。无论是哪种情况都会让说话的人内心不满，因为随便打断别人说话的人不懂得尊重他人。

培根说过：“打断别人、乱插话的人，甚至比发言冗长者更令人生厌。”打断别人是一种无礼的行为。

在集会上，你时常可以看见你的朋友和另一个你认识的人聊得起劲，此时你可能就会有加进去的想法。这个时候，请先耐心倾听，了解他们交流的内容，然后再就谈论的话题加入讨论。如果不知道他们的话题是什么就贸然加入，可能会令他们觉得很不舒服，请你谨慎为之。

如果他们正在进行一项谈判或者思索和讨论一个重大的问题，因为你的贸然加入影响了他们正常的谈判和思路，大家往往会觉得你没有礼貌，导致社交失败。其实，所有人都是不希望自己说话时被别人打断话题，特别是突然打断，这样会连说下去的欲望都没有了。当然，有的时候可能因为一些客观原因不得不打断，请试着在打断前先说一下，“不好意思，我打断一下”；

等你的话说完了再说一句，“不好意思，我说完了，请您继续”。

真诚赞美别人

赞美别人，是一种美德。赞美不是敷衍，不是夸大，而是从心底里的赞美，能发现别人的美，也是一种能力。人性最深处的需求是得到别人尊重与重视，得到别人的欣赏和认可，从而体现出自己的重要性，在内心里感觉到自己的优秀。而他人的赞美，正好能够满足人们的这一内心需求。

赞美别人，一定要出自真心、真诚，要真心实意地找到对方的优点并加以赞赏。如果言不由衷，那么这样的赞美有可能会打动别人一时，但不能长久地打动别人，甚至导致关系的恶化。

案例

某同学小 H 在 KTV 唱歌时，跑调跑得厉害，最后连他自己都唱不下去了。他摆摆手说：“哎呀，不行了，献丑了。”谁知他的一个同学小 K 却马上说：“唱得很好呢，简直和某某歌星不相上下。”小 H 听了，不但没高兴，还很奇怪地看了他一眼，然后不冷不热地说：“我还是有自知之明的。”弄得小 K 十分尴尬。

小 K 在赞美小 H 时就没有遵循真诚的原则。他的赞美之词明显是随口说出的，所以会让人觉得不舒服。虽然人们都喜欢听赞美的话，但并非任何赞美都会让对方高兴。

那么，如何去做才是真诚的赞美别人呢？

真诚赞美别人的前提是欣赏别人，如果赞美掺杂了很多目的性，那就动机不单纯了，一旦被人识破，就会遭人鄙视和厌弃。

赞美别人时，可让语言更具体一些，这样更能体现出你的真心，而不是在随口敷衍。赞美越具体，越说明你对他的了解，对他的长处越看重，让对方感到你的真挚、可信。如果只是含糊地赞美对方，说一些“你太好了”“你真是个好人”，难以让人感受到你的真诚。

赞美的语言越具体越明确，它的有效性就越高。比较一下下面两个例子：

甲：“你的论文非常有创新性，比如某某问题，提得非常好，这一点很少有人能想到，而且你还有针对性地提出了对策建议，很完整，我读了以后觉得很受启发。”

乙：“你的论文写得真是太好了，我觉得非常好。”

很明显，甲乙两人虽同时在表达对别人论文的赞美之情，但甲的赞美更实在、更真诚，所以更易于以此建立起良好的人际关系。。

再比如，你看见一位女士今天很漂亮，就可以说：“你今天看起来真美丽。衣服很合身,发型也很符合你的气质！”这肯定比“你今天真漂亮”更打动人心。

微笑待人

微笑能够感染身边每个一人，你对别人微笑，是对别人最好的认可。在与他人交流时保持微笑可以给对方留下亲切、友善的好印象，在他人遇到挫折的时候，总是希望得到鼓励，如果这个时候，你对他微微一笑，这也许会成为改变别人命运的一笑。面带微笑，表明对自己的能力有充分的信心，以不卑不亢的态度与人交往，使人产生信任感，容易被别人真正地接受。另外，微笑可以表现真诚友善，反映自己心底坦荡，善良友好，待人真心实意，使人在与其交往中自然放松，不知不觉中缩短了彼此的心理距离。

希望本章内容对你的交往有所帮助，衷心祝愿你能够在交往中表现自如，真诚对待身边的每一个人！

◎ 参考文献

[1] 侯玉波．社会心理学 [M].2 版．北京：北京大学出版社，2007.

◎ 推荐阅读

[1]（美）马歇尔·卢森堡．非暴力沟通 [M]．阮胤华，译．北京：华夏出版社，2018.

[2] 宋璐璐．人际交往心理学 [M]．北京：光明日报出版社，2017.

第三章

乐学意识与品质提升

$a^2+b^2=c^2$ 勾股定理
cosA
cosB
cosC
Y=sinx
$E_{light}=\phi+K_{max}$
$\Delta x>\lambda$
$\Delta p>\frac{h}{\lambda}$
$\Delta x\cdot\Delta p\geq h$
$E=\frac{p^2}{2m}$
$h=6.63\times10^{-34}$
奋斗!
学无止境 气有浩然

亲爱的朋友，请你静下心来，不要做过多的思考，诚实地回答一个问题，只凭第一感觉来回答即可。

你喜欢学习么？

Yes？　No？

喜欢？不喜欢？

有多喜欢呢？有多不喜欢呢？

如果 0 分代表根本不喜欢学习，100 分代表极其喜欢学习，你给自己的喜欢程度打个分数，你会打多少分呢？请将分数标记在下面的数轴上：

0 分 ———————————————————————— 100 分

你想过为何会给出这样一个分数吗？

或许对“学习”一词的理解会影响你的分数。如果你看到“学习”二字，脑海里出现的是上课、做作业、准备考试……这样一些任务型的内容，或许你的分数不会那么高；如果你脑中出现的学习是指掌握一种自己喜欢的技能，比如，学习期待已久的滑板车、开始制作陶泥作品，你的分数可能就会比较高。每个人对学习的理解千差万别，这使得我们对学习的态度也会有很大的不同。在本章中，我希望跟你一起聊聊有关学习这一主题有趣的方面，希望通过本章的阅读，你能够拓展对学习的理解，从而发现自己的学习乐趣，享受学习的幸福感。

什么是真正的学习

如果我说，只要你理解了什么是真正的学习，你就会爱上学习，你相信么？而且，一旦你爱上学习，找到了持续学习的动力和科学的方法，你就能够享受学习的乐趣。

请你看看下面的一些词汇，在这些词汇旁边作出你的判断，属于学习活动的你就在这个词的旁边打“√”，不属于学习活动的打“×”

看　书	听课	做作业	复习	考试
观察蚂蚁	开车	制作糕点	辩论	试验

上面第一行活动描述的是我们传统意义上的狭义的学习，也就是书本知识的学习，第二行描述的是广义的学习，也就是人在生活过程中，通过获得经验而产生的行为或行为潜能的相对持久的行为方式。从某种程度上来说，尽管我们的教育一直在提倡素质教育，但由于国情所限，现实中我们从小学到高中的学习活动,还是以书本知识为主。也就是说,我们的学习多年来以狭义学习为主。广义的学习也有，但并未能够大量地进入我们每日的活动中。现在，当你来到大学，进入到人生的一个新的阶段，尽管你的角色还是学生，但学习的内涵和外延已经发生了巨大的变化。

从现在开始，你需要学习的可能就不仅仅是课本知识、专业知识，而是所有跟人类活动有关的内容。比如，你要学习如何适应大学生活，要学习怎样照顾自己的身体和心理，要学习跟同学之间友好地相处，要学习寻找到自己的方向和兴趣点，要学习如何成长为自己想要成为的那种人，凡此种种，都是学习的内容。所以，请你不要将学习限定在特定的领域里或活动中，而是将学习作为一种生活方式，一种你与这个世界相处的方式，向所有一切存在着的事物学习，是你需要拥有的新的观点。

这个观点将会让你看到更为广阔的世界，让你体会到学习是跟你的生活密切相关联的，小到向同宿舍的同学学习如何合理布局书桌和床位，大到向你专业领域的“大牛们”学习专业思维，这些都是学习。学习的内涵是如此的丰富，足以让我们重新思考学习对我们的意义。或许，看到这里，你会感到更困惑了：“天哪，什么都得学，那我还怎么快乐啊？那岂不是压力更大了？”

我国自古就有关于学习是苦还是乐的争论，既有“书山有路勤为径，学海无涯苦作舟”这样的名句，也有“学而时习之不亦说乎”“知之者不如好之者，好之者不如乐之者”这样形容学习之乐的乐学思想。“苦”或“乐”是人的一种主观体验，并不总是一成不变的。通过对学习的探究、讨论和体验，结合心理学的研究结果，我们发现了可以让学习变得快乐、有趣、好玩和高效的方法，具体而言包括永葆好奇心、开放思想、发展成长型思维以及善用时间和增强行动力。接下来，我邀请你跟随我一起踏上愉快的学习之旅，在这个旅途中，你会发现有几个重要的关键点，是帮助你快乐学习的法宝。现在，请你集中精力、开放思想、用心体会。

永葆好奇心

积极心理学家们通过阅读大量名人著作，归纳出了人类拥有的美德，在此基础上提出了被广泛认可和支持的六种美德，第一大类便是跟学习有关的内容，他们将此概括为“智慧与知识”。具体包括以下的内容:即好奇心、创造力、开放的思想、热爱学习等（具体可见第一章知识窗部分）。这些心理品质与我们获得智慧和知识有关，是人类进行学习的重要基础，如果不具备这些品质，我们将难以发展知识，增长智慧。

我们先来看看好奇心的部分。

请你闭上眼睛，将记忆拉回到小时候，比如当你 3、4 岁，或是 5、6 岁，或者更大一些的时候。那时候你还是个小孩子，你对一切都充满了好奇心：你可能会蹲在地上看蚂蚁如何搬家，一看就入迷了，一个多小时也不会感觉枯燥；你也可能正在盯着树上的知了，心里想着这知了怎么会发出声响呢？你会在脑中不断地思考这个问题，想着知了的“嗓子”为何与人类的不同，发出的声音那么响亮持久？或许你每次放学回来都要跑到同学家，看看你们一起养的蚕宝宝吐丝了没有？你跟同学看着蚕宝宝吃桑叶，就那么一个简单的动作，会让你一直驻足很久……你对周围的一切充满了好奇心，你总是会发现好玩的事情，你不惜一切力气地探究，想要尝试更多的活动……

好奇心是我们每个人与生俱来的品质，它是你跟这个世界的连接方式，它的存在让你快乐无比。有了好奇心，你就会想要去探索、去发现，去尝试解决问题，这也正是我们学习的动力和出发点。好奇心是那么的有力量，它可以帮助我们克服诸多困难。

★ 找回好奇心

当我们长大，进入学校学习，有时候学的内容并不都是自己感兴趣的。我们有时还要完成不得不完成的作业，尽管你知道这也是学习的一部分，但你仍然会对于自己感兴趣的事物，投入更多的精力和热情。有时候，标准答案以及老师的讲解，慢慢让你的好奇心减弱了，你会等着老师讲，等着完成老师布置的作业，等着准备考试……你感觉这些就像任务一样要完成，但却并不完全是你所需要的。（标准答案限制了你的好奇心和奇思妙想）

现在，你进入了大学，你在慢慢获得新的知识和技能，在这个新的人生阶段，你需要重新寻找自己的好奇心，让好奇心带领你去发现自己内在的动力和志向，让好奇心给你的学习，带来源源不断的动力和乐趣。让好奇心给你的学习，带来不一样的体验！

还记得你小时候最想了解的是什么吗？请你试着写下，那些驱动你去行动和自觉学习的事情吧？

你曾经特别想要了解或想去尝试的事情：

1. ______________________________
2. ______________________________
3. ______________________________
4. ______________________________
5. ______________________________

现在你特别想去了解和尝试的事情：

1. ______________________________
2. ______________________________
3. ______________________________

4. ______________________________

5. ______________________________

无论你写下的是什么（比如你小时候曾经非常想爬上树去看看鸟窝），现在，我邀请你试着去做做这些事情，带着愉悦的、兴奋的、尝试的心情，完成那些你没有完成的心愿，体验你的好奇心带来的真实感受！

★ 让好奇心促动学习

试想当你体验到了好奇心所带来的全新感觉，我建议你将好奇的心态，应用到自己的各个领域，去获得新的认识。你可能会担心：仅凭我的好奇心去做事情可以么？尝试新的领域，探索未知，确实并不是那么容易的。心理学研究证明，人类对于外部事物的认识可分为三个区域：舒适区（Comfort zone）、学习区（Stretch zone）和恐慌区（Stress zone）。

舒适区

从字面意思我们就能看出来，舒适区就是让我们感到安全、轻松、可控、能够愉悦自己的区域。但是，舒适区并不会引发我们的行动和改变：在舒适区我们得心应手，每天处于熟悉的环境中，进步缓慢，一旦跳出这个领域，面对不熟悉的环境及变化，你可能会觉得有压力，无所适从。

学习区

学习区的关键词是：信念、信任、成长、扩展、挑战、富有成效、新鲜、令人兴奋等。在学习区的我们充满信心，能够收获成长，愿意接受挑战，每一次挑战都能获得经验。在这里我们可以充分地锻炼自我，从而得到精神上的不断满足。

恐慌区

顾名思义，在这个区域中人们会感到忧虑、恐惧、不堪重负。恐慌区意味着认识的内容，超过了我们现有的基础太多，我们还没有做好充足的准备，或是欠缺太多的前期规划。

当我们在某件事物上具有了强烈的好奇心，接下来就需要培养长期的计划，我们就要保证自己处于学习区的状态。在这个区域把任务划分明确，拆解成多个小任务，一般不会是自己完全熟悉的，也不能让挑战难度太大。每当我们把任务完成后，就会体验到成就感和充实。想要培养一种兴趣或者学习一门新的本领，就要保证自己一直处于学习区的状态，让好奇心变成实际行动，使得兴趣和爱好持续下来。

“我们的爱与真诚与生俱来，我们天生就渴望懂得更多，渴望不断学习”，这句话出自意大利著名物理学家卡洛·罗伟利。我们的好奇心是与生俱来的，如果你现在感觉找不到自己的兴趣和爱好，那么就去追溯过往，找到一个点，由这个点开始不断的向外延伸，探索自己的能力，让自己处于学习区的状态，不断地成长。

开放的思想

在积极心理学中，开放的思想意味着喜欢用不同的方法解决问题。具有开放思想的人在做出一个决定时，会考虑每个选择的好处和坏处，愿意听取别人的意见，做最后的决定前，考虑所有的可能性。这样的一种思路，往往能够得到较好的解决方案。

★ 这个世界有无限的可能性

如果说这世界上最为宝贵的东西，或许就是我们的思想了，一个人只要思想是自由的，人生就将永远充满无限的可能性。这里，我们说的自由思想指的是不限制自己，不固定于一种想法。试想，无论发生什么，我们都会有很多不同的想法来应对，那么解决问题的可能性就被扩展了。当今世界的发展，已经远超我们的想象，越来越多的想法在被实现，或许你现在所拥有的一种超现实的想法，在不久的将来都能够实现。举例来说，随着网络技术的发展，网络的便捷性是过去几代人不曾料到的，十年前，有谁能预知我们只需要手机，就能买到日常生活所需的商品呢?

当然，有一个我们不得不面对的困惑是，我们通常更愿意做自己熟悉和已知的事情，按照固定的、熟悉的方式去思考和行动，这是较为安全的做法。为了这样的安全感和可控感，不去接受和尝试新的事物和方法，是很多思想僵化的人的惯常做法。当尝试接纳新的思想时,我们需要面对未知,需要勇气和信心,有时也需要放弃自己较为习惯的思维方式，去冒险。开放思想去接受别人的看法时，也可能会展现自己的脆弱性，暴露自己的无助，但，这一切都是值得的！因为我们终将获得与之前不同的体验，拥有更多的可能性。这就像是打开一个新世界那样地新鲜和有趣！

★ 促进思想开放的小策略

思想开放意味着不会用一成不变的视角，看待这个世界。思想开放的人过着兴奋、平衡与充满好奇心的生活，稍微努力一下你也能成为其中一员。如果你想知道应该怎么做，可以尝试以下的一些策略。

策略 1　调整视角，拥抱未知

如果你想接纳新思想，你要做的第一件事就是接受陌生的事物。当然，这听起来有点宽泛，你可以试着从一些生活中的细小事情开始。比如从改变去上课的路线，穿一双彩色的袜子开始……“未知”可以简单到，接受邀请和同学一起，去听一场陌生领域的讲座，或者看一部你从未听说过的导演拍的电影。你是不是从未了解过学校附近，新开的那家拉面馆?现在去试试吧。你是否因为害怕自己表现不好，没有报名参加自己感兴趣的英语课?现在去吧。你是否因为担心舍友嘲笑你四肢不协调，而故意不去上健美操的课程呢?试试看，你可能就会发现，或许这些没有你想象得可怕，舍友也会逐渐习惯，你不那么协调却享受其中乐趣的健美操。

策略 2　不轻易否定自己

有时我们的思想不能开放，是因为从未去尝试。不知你是否会有僵化、固定的思维？比如在某家餐厅，吃过一次不好吃的米线，之后你就拒绝所有的米线，这就是一种僵化的思维。遇到同伴提议去吃米线，你本能地拒绝：我才不吃呢，米线有什么好吃的！或许你去尝过某家每天有人排队的米线店时，这种僵化的思维就被打破了，后来你也才可能发现，原来米线有那么多种类啊！有的人从未尝试过打羽毛球，就说打羽毛球有什么好的，或许他从未感受过，大汗淋漓地跟队友拼杀之后的快乐。所以，下一次你发现自己在拥护某一事物的消极观点时，扪心自问一下，有什么证据支持你的想法。如果你发现完全没有证据支持自己的观点，那么你应该在开口之前，先去体验一下。即使就如你所愿地并不喜欢，这也是你自己亲身实践过，感受到的，当然，当你打开心扉，准备接受新事物时，你通常会获得意想不到的收获！

策略 3　用接受代替拒绝

如果你想要开放思想，那么你需要接受一些以前你所拒绝的事物。这可能是朋友邀请你去爬山，老师建议你读一本书，餐厅服务员给你推荐一款新菜品。不要再一直拒绝了，应该开始说：“我愿意尝试一下。”你会惊讶，这样做能很快改变你的视角。下一次你拒绝某件事的时候，问一下自己，产生这种念头的原因是什么？是害怕未知的事物吗？是不愿意走出自己的舒适区吗？请你直面自己的感受，哪怕有一丝丝的不安，当你实际去做的时候，你总能找到解决方法。

策略 4　从多种角度看事情

说起来容易做起来难，出于心理上的安全感和自恋的需要，我们一般会认为，自己看问题的角度是对的，是好的。但真相是什么呢？真相是这个世界如此复杂，很难有唯一的答案或解决方案。每个人都发展出了自己看待问题的视角，如果你能了解其他人的看法，你就是在开放自己的思想。你多了解一种，你就多了一种解决问题的方案，就像感冒，西医和中医的看法差别很大。你了解的越多，就越能针对自己的真实情况，找到更适合的方案。学会从不同的角度看事情，并不意味着改变自己的想法，但是这有助于你开放思维。

策略 5　遇到一个消极事物，想出三个积极事物

尽管思想封闭不一定等同于思想消极，但是很多思想封闭的人会把世界上大多数事物看成消极的或不安全的，坚持他们已知的看法。这或许是我们的思维习惯。比如，你发现自己在说："今天好冷。这天气太糟糕了！"那么，你能不能想出一些关于天冷的好处呢？试想一下：天冷的时候，没有什么比在最喜欢的咖啡馆里，喝上一杯暖饮更惬意了！或者对自己说：也许一会儿就下雪了，我喜欢下雪！积极的想法会有助于你接受自己讨厌的事物。针对抱怨也一样：如果你发现自己在抱怨某事物，用对该事物的赞美或兴奋之情，对付你的抱怨，你可以在任何情境中，找到好的事物！也许你讨厌上下班从城市的一端，坐车到城市的另一端，但是你可以享受一个人独处的时间，听你最喜欢的有声读物！

策略 6　培养一种全新的爱好

这是另一种调整视角开放思想的好办法。试试徒步旅行、绘画、空中瑜伽、摄影或者你从未尝试过的、不了解的、甚至认为自己一定不擅长的任何活动。你会遇到同样对这件事感兴趣的人，也将学会以新的方法看世界，也许你会对新的爱好，产生极大的热情！如果你发现自己对某种新事物有极大热情，那么，你的视野就会有所开阔。比如，对摄影的爱好，可以改变你看待世界的方式。不要每天吃一样的早饭，试着吃点别的；下课或放学后不直接去餐厅吃饭，和好朋友一起去操场逛逛等。当你改变习惯时，你会惊讶于自己看待世界的方式发生的变化！

以上的这些策略都是具有行动化的、改变性的方案，在你阅读之后，扪心自问一下，有哪些是你一直在做的？哪些是你想尝试的？我们现在来做个小小的自我探索，请你选择适合自己的活动进行尝试吧。

发展成长型思维

★ 你具备成长型思维吗

假如给你布置一些逐渐升级难度的拼图游戏，需要你在特定的时间内完成，而你总是难以在时间结束的时候完成任务，这时你的脑子里会出现什么想法呢？

请你在下面的横线上写下你脑海中出现的第一想法：

请你检验一下自己的想法与下面哪一系列更为相近？

A 系列

我怎么这么笨啊！

我的记性太差啦！

这一点也不好玩！

这么难，直接放弃算了！

B 系列

我喜欢难度增加，我想要接受挑战！

拼图越来越难了，我得更加努力试试！

刚才那一版，我差一点就完成了！

上次我能拼出来，这次我或许还能行！

这太好玩了，难度又增加了！

如果你的想法与 A 系列类似，那么你的思维方式可能是固定型思维；如果你的想法跟 B 系列相似，那么你或许是成长型思维模式。你可能会问，这两种思维模式代表什么呢？

我们先从一项研究说起，1978 年，美国心理学家罗尔·德韦克发起了一项研究，她以一群孩子为被试，给他们出了一系列难度递增的智力拼图。很快，这些孩子的反应，表现出两种类型。第一种类型的孩子，在尝试失败后，开始责备自己，“我越来越迷惑了”“我记性一直不好”；当拼图的难度不断提高，他们会说：“现在一点也不好玩了”；最后，这些孩子终于受不了了，他们一再说：“我放弃了！”有的甚至会沮丧到把拼图扔到地上。对于这样难以接受挑战、逃避困难，轻易放弃的这类孩子，德韦克认为，这是他们的固定型思维（Fixed Mindset）在起作用，导致出现了一系列否认自己的想法。这些孩子由于缺少认真思考、努力寻找解决方法的体验，难以培养出解决问题的能力，他们的思维也就得不到进一步的锻炼和提高。

而第二种类型的孩子，与之完全相反，他们不仅能坦然接受失败，甚至非常喜欢失败。当拼图变得越来越难，他们不但没有责备自己，还会说："我喜欢接受挑战！""题目变得越难，我就应该越努力地尝试！"；当题目变得越来越难，他们不是抱怨游戏变得不好玩，相反，他们还会给自己非常积极的心理暗示："差一点点我就能做出来了！""我之前就成功做出来了，我还可以再成功一次！"。像这样遇到挑战时，会自信地认为自己一定能克服困难，因此越战越勇，最终走向成功的思维方式就是"成长型思维"（Growth Mindset）。拥有成长型思维的孩子做事不易放弃，勇于挑战，更能从过程中享受到乐趣，抗挫折能力更强。

由于成长型思维这一概念的提出和相应的后续研究，卡罗尔·德韦克于2017年被授予教育奖项——"一丹奖"。德韦克在她的书籍《看见成长的自己》（英文版原名：Mindset: The New Psychology of Success）中详细地描述了成长型思维的特点、影响以及如何训练提高的方法。在她看来，一个人拥有成长型思维，将乐于接受挑战，并积极地去扩展自己的能力，而这也是未来发展最需要具备的能力。

★ 成长型思维与固定型思维的不同

根据德韦克的论述，她认为两种思维模式对人的影响，主要体现在以下两方面。

第一，两种思维模式对努力和能力的看法不同。

固定型思维模式者认为，努力是一件坏事，因为努力暴露了自己的不足，证明自己没有足够的能力去完成某项任务。努力和失败一样，意味着自己不够聪明，不够有天赋，如果自己足够聪明，根本就不需要努力！固定型思维模式者，对努力的消极态度令人瞠目结舌，对努力和挑战充满恐惧，因为他们觉得万一努力或挑战失败了，就再次证明自己不聪明。

在成长型思维模式者看来，自己的基本能力是可以通过努力来培养的，尽管人们先天的资质或性情存在差异，但每个人都可以通过努力来改变和成长。人类真正的潜能是未知的，在经过多年奋斗后，能够取得什么样的成就是无法预知的。

第二，两种思维模式对成功与失败的看法不同。

固定思维的人往往害怕失败，担心自己看起来不那么聪明，拒绝接受挑战和面对困难，因此他们的发展潜力会受到限制。他们会做出更安全的选择，认为这样能够确保成功。他们把很大一部分的精力，用在了“我看上去是聪明还是愚蠢，像成功者还是失败者”这样的评判中，从而把自己圈在了这个牢笼里，限制了自己的发展。固定型思维模式者成功后，感到的除了自豪之外，他们还会产生一种优越感：认为自己的成功，证明了他们的个人能力比其他人要强。

对成长型思维模式的人来说，失败也是一个痛苦的经历，但这只是自己需要面对和解决并能从中学习的过程。如果自己犯了一个错误，就去把它改正过来，不用失败的经历去定义自己，获得的是掌控权。如果我们认为所有的事情都离不开个人努力，这个世界上充满了那些帮助我们学习、成长的有趣挑战，我们拥有的就是“成长型思维模式”。拥有成长型思维的人，在人生遭遇重大挑战时，依然可以发展成长。

德韦克提出的“成长型思维”，探讨了不同的思维方式对世界的影响。在她看来，人的思维方式其实蕴含了无限的能量，一个拥有“成长型思维”的人，未来更有可能取得成功。这个结论，曾被《大西洋月刊》等媒体评价为“考试驱动型社会的一股清流”。因为个体学习的内驱力被忽视了太久，而德韦克的这个观点，恰恰让人将重点重新放到自己的学习动机和心态上。学习并不是为了成功，证明自己的能力；学习是一个过程，一个了解自己的优势与不足，一个看到自己需要成长的过程。具备了成长型的思维，我们才会在终生成长学习的道路上，积极、乐观、充满兴趣。

★ 发展成长型思维的小策略

了解了以上的内容，你肯定会非常想知道，成长型思维这么重要，我们可以怎样在生活中训练呢？结合德韦克的理论，很多学者提出了可以操作和练习的方法，具体来说你可以通过以下 3 个策略，帮助自己发展成长型思维。

策略 1　创建一个“成就文件夹”

请你为自己准备一个文件夹，这个文件夹代表你的成就集合。文件夹的封面上写上自己的名字，在封面上画上一幅画，用这幅画表现自己最想要实现的目标。请你分时间段，比如每学期、每个月，或是每个周，把自己的“成就”收集起来。这些成就，一定要是一个具体的进步，比如真正掌握了一个难懂的知识点，完成了一个原本以为无法实现的目标等。尽可能每天都更新、增加。一周以后，或一个月以后，你再翻看自己的成就文件夹，仔细回顾，这不仅能帮自己寻找到获得成就的原因是什么，还能唤醒更多成长型思维。有了这样的肯定和欣赏，相信你会在接下来更长的一段时间里，表现得更出色！

在做这个成就文件夹的过程中，请你不要吝啬对自己的表扬和赞美，有时今天的成就是“成功地在极其困盹的状态下起床了”也要记录下来，这代表着你克服了自己的惰性，这是你对自己负责的表现。不断地累积，慢慢你就能看到自己的“成果”，用这些成就来激励自己，不断地进步和获得成长。

策略 2　建立一个“成长型评估系统”

把实现目标前需要满足的所有条件，你能想到的都列举出来，建立一个细致的清单。检查自己是否在逐步完成这些条件，这样你就有了一个可以监控的、朝向目标实现的多维度管理的进度。每当你完成一个清单上的任务，就在这份表上标记出来，这样你能更清晰地看到自己的实力和弱点。当然，这个核查评估系统，你也可以请其他人帮助一起完善，也能让他人在必要的地方提供更好的指导和反馈。

策略 3　用“暂时不行”代替“就是不行”

德韦克在她的书中提到，美国芝加哥的一所高中，学生毕业前要通过一系列课程考核，如果某一门课没有通过，成绩就是“not yet”（暂未通过）。试想，如果成绩是“failed”（不及格），学生就会想：“我失败了，完了！”而换成了“not yet”，学生们就会明白，“学习没有到此为止，应该继续努力。”这是一个对自己来说，非常具有积极暗示性的好方法。所以，如果哪一天，你发现自己“学不好英语”，你就可以试着改成“我只是还没有把英语学好。”要给自己留有余地，再不满意的结果，它也只是暂时的，你永远有机会继续为之努力！

★ 成长型思维的小训练

成长型思维模式的转变并不能瞬间实现，需要一个训练和适应的过程，我们来做个小练习，看看你是否已经掌握了成长型思维的方式。

平时的语言习惯会影响到我们的思维模式。以下是一份行动清单。这个清单取自培养成长型思维里最经典的几个场景，要我们在遇到问题的时候：

换个说法，换种思维（Change your word，change your mindset）

示例：

1. 当我们犯错的时候

与其说：我做错了。

不如换成说：错误让我了解到哪些是可以改正的。

与其说：我搞砸了，我是个失败者。

不如变成：这次错了，以后就知道这么做是错的，又 get 一招，yeah！

2. 当遇到挑战的时候

与其说：我不擅长这个。

不如换成说：我正在提高。

与其说：我做不好这些

不如改成：我现在可能做不好，但没关系，不断挑战和学习后会越来越擅长。

接下来，请你写下自己的思考：

3. 当遇到困难的时候

与其说：这太难了。

不如换成：a____

与其说：这太复杂了，我不可能完成。

不如换成：b____

4. 感到困惑的时候

与其说：我不明白

不如换成：c____

与其说：这对我来说太难理解了。

不如换成：d____

5. 当我们想放弃的时候

与其说：我放弃了

不如换成：e____

与其说：我的能力达不到，只有放弃了。

不如换成：f ____

6. 当我们否定自己的时候

与其说：我阅读不太好。

不如换成：g____

与其说：我没有读书的天赋

不如换成：h____

7. 当我们觉得自己不够聪明时

与其说：我不可能像她一样聪明。

不如换成：i____

与其说：别人比我聪明，我就是不如她。

不如换成：j____

8. 当我们觉得已经足够的时候

与其说：已经挺好了。

不如换成：k____

与其说：我做得已经足够好了，就这样吧

不如换成：l____

9. 当我们觉得已经做的很完美时

与其说：我不能做得更好了。

不如换成：m________________________________

与其说，我的能力只能做这么多，这件事这样就足够完美了。

不如换成：n________________________________

怎么样？感觉容易么？或许你已经掌握了成长型思维的诀窍，那就请你在生活中慢慢去践行。当然，你也可能觉得，嗯，不容易掌握呢，那我就邀请你慢慢来，多尝试，你总能找到适合自己的方法的。下面我将参照的成长型思维列在下面，请你核对，请注意，这并不是标准答案，只是给你一个思路来对照一下，学习一下，你可以根据这样一种思维方式，不断地改进自己，将成长型思维模式发展成自己的习惯，由此，你就能慢慢具备成长的能力。

参考答案：

a. 可能需要更多的时间和精力才能搞定。

b. 只要花足够的时间和精力，一切皆有可能。

c. 我忽略了什么吗？

d. 只要把漏掉的信息找出来，肯定能搞明白。

e. 我得试试学过的其他方法。

f. 问题没有方法多，此路不通，换个方法就好了。

g. 我要训练我的阅读能力。

h. 只是训练不够而已，不如坚持练习一段时间看看！

i. 她是怎么做的，我也要试试看。

j. 学习她的方法，并且认真做，我可以变得更聪明。

k. 这真的是我最好的表现吗？

l. 也许再努力一点，我就能再提高一些。

m. 我还能做得更好，我要继续试试！

n. 还要看看这件事有什么可以完善的，只要不断尝试和努力，肯定还能再提高！

善用时间

每天，我们都在进行所谓的学习，但实际上未必是真正的学习。如果每人除去工作外，每周平均学习 10 小时，一学年以 40 周计算，那么每年每个人要花 400 小时用于学习。听起来这是非常宝贵的时间投资！然而，你的学习时间是否得到了合理的安排和充分的利用呢？

★ 一生的时间

我们的生命是有限和珍贵的，如此短暂而又珍贵的生命时间应当如何度过呢？为了更好地规划和使用自己的时间，我邀请你一起来做个小游戏，这个游戏的名字叫做“我的生命线”，我们将要探寻的是生命该如何渡过更有意义。

生命线就是每个生命走过的路线，是你我都有的东西，这个游戏就是画出你人生的路线图。请准备好一张白纸、一支红蓝铅笔（彩笔也可以，最好一支较鲜艳，一支较暗淡，目的是用颜色来区分心情）。先把白纸横放摆好，写下“× × × 的生命线”

在纸的中部，从左至右画一道长长的横线。然后给这条线加上一个箭头，让它成为一条有方向的线。请你按照你为自己规定的生命长度，找到你目前所在的那个点。

× × × 的生命线

请在你标志的左边，即代表着过去岁月的部分，把对你有着重大影响的事件用笔标出来：如果你觉得是件快乐的事，你就用鲜艳的笔来写，并要写在生命线的上方，如果你觉得快乐非凡，你就把这件事的位置写的更高些；如果你觉得是不快乐的事，你就用暗淡颜色的笔，写在生命线的下方，越痛苦的事情，越在生命线的相应下方留下记载。

请你看一看，数一数，在影响你的重大事件中，位于横线之上的部分多，还是位于横线之下的部分多？上升和下落的幅度怎样？

在你的坐标线上，把你这一生想干的事，比如想做什么工作、想生活在哪里、等等都标出来。如果有可能尽量把时间注明。视它们带给你的快乐和期待程度，标在线的上方。如果它是你的挚爱，就请用鲜艳的笔墨，高高地填写在你的生命线最上方。

当然，在未来的生涯中，还会有挫折和困难，比如职场或事业方面，可能出现的挫折、失败等，不妨一一用暗色的笔，将它们在生命线的下方大略勾勒出来，这样我们的生命线才称得上完整。

你要看看你亲手写下的这些事件，是位于线的上半部分较多还是下半部分较多？也就是说，是快乐的时候比较多，还是痛苦的时候比较多？如果你的所有事件都标在了水平线之上，也并非就是一件值得恭贺的事情。因为承认自己的局限，承认人生是波澜起伏的过程，接纳自己的悲哀和沮丧，都是正常生活的一部分，犹如黄连和甘草，都是医病的良药！

生命最宝贵之处，并不在于它的长度，而在它的广度和深度。如果我们能很精彩地过好每一分钟，那么这些分钟的总和，也必定精彩！

生命线不是掌握在别人手里，它只有一个主人，就是你自己。无论你的生命线是长是短，每一笔都由你来涂画。

你可能会问：我现在画出了自己的生命线规划蓝图，以后还会不会变化呢？可以肯定的告诉你，眺望永远是需要的，改变也是需要的！不要因为将来的改变，而不肯在今天做出决定。生命线只有一条，而且它时时刻刻地在你毫无觉察的时候，悄悄地行进着。别总盯着树上最丰盈的果子，专心致志地做好当下的事情更为重要。

★ 时间管理小策略

以上我们规划了自己的人生时间，清楚了自己的未来蓝图，但这些还不足够，我们每天都处在忙碌中，时间不停歇，我们需要管理好自己的日常时间，才能更好地实现人生蓝图。接下来，请你来试着使用一些时间管理小策略，看能否帮助你更好地利用日常时间。

时间管理策略 1　时间馅饼

合理安排时间，你就可以享受生活的美味“馅饼”；但如果没有计划和合理安排，时间或许会让你品尝到最苦味的“馅饼”。

那么，怎么才能充分利用时间呢？第一要素是善于安排时间。我们需要学会利用精力最好的时间，来做最重要的事，学会选择恰当的时间做适合的事。

请你跟着以下的指导语，翻到附录 3，制作自己的时间馅饼图。

第一个圆圈代表着你现实中的一天的时间，请你根据实际情况填写一下自己的时间安排，比如，你一般睡眠 8 个小时，那么，1/3 的部分就是睡眠，休闲娱乐有 2 小时，学习时间 2 小时等等，按照比例来划分这个“时间馅饼”，这样你就能够清楚、直观地看到自己的时间是如何分配的。画完了这个时间馅饼之后，请你看一下，你对自己一天的时间分配满意吗？满意的是哪里？不满意的地方是什么？接着，再请你在第二个圆圈中划分一下自己理想中的时间分配。对比这两个图，你就能发现自己需要在哪些地方做出改善。需要延长的是哪些活动，需要减少或压缩的是哪些？这就有了具体的行动方向。

充分利用时间的第二要素是要学会制订学习计划。计划应该怎样写？写哪些内容？这并没有什么固定的格式。但是，有几个要点你需要掌握。首先，要按照自己的实际情况来制订计划，这个计划是自己确实需要做的，也是自己能力范围内能够完成的；其次，时间安排要明确，预估任务时间，尽量找到规律；第三，计划要达到的目标应明确、适中。

充分利用时间的第三个要素，就是要做到当天的事情当天完成。有些同学往往寄希望于“明天”，把今天的事情留下来占明天的时间去完成。今天推明天，明天推后天，连锁反应，每天该做的事情都完成不好。所以坚持“当天的事情当天完成”很重要。

时间管理策略 2　时间四象限法

时间四象限是指把工作按照重要和紧急两个不同的程度，进行时间划分的一种方法。美国的管理学家科维提出，至今被众多世人使用。把工作按照重要和紧急两个不同的程度进行划分，基本上可以分为四个“象限”：既紧急又重要（如立即要上交的材料、即将到期的任务等）、重要但不紧急（如准备申请出国深造、想要考研究生、建立良好的人际关系等）、紧急但不重要（如电话铃声、不速之客等）、既不紧急也不重要（如上网、闲谈、邮件等）。

按处理顺序划分：先是既紧急又重要的，接着是重要但不紧急的，再到紧急但不重要的，最后才是既不紧急也不重要的。“四象限”法的关键在于第二和第三类的顺序问题，必须非常小心区分。另外，也要注意划分好第一和第三类事，都是紧急的，区别就在于前者能带来价值，实现某种重要目标，而后者不能。

时间四象限法看似很简单，但我们在应用时，依然要注意一些问题：

①第二象限重要但不紧急的事，是最需要关注的

第一象限是很容易被我们完成的。这里面分为两种情形：

第一种：这件事真的很重要！比如你的目标是成为一个作家，对你来说，每天阅读和写作对你很重要，但对于具体一天，你又觉得偶尔不阅读写作又影响不大，但这种情况多了，必然会影响你目标的实现。 第二种：这件事容易被忽视。对于重要又紧急的事，我们自然会在第一时间去完成，比如三天后考试，这三天你肯定会认真复习应考。但重要不紧急的事，比如你想要考一个更高的雅思分数，你想在四年后考研究生等，这样的事我们就要提高它的优先级，提前谋划并实施。

②一件事是否紧急、重要并不好判断

判断一件事是否紧急、重要是一个很主观的行为，取决于你的价值观和认知。比如一件事本身很重要，但因为你知识经验的欠缺，认为它并不重要而没有去做，这种情况下，你就需要多学习，多向别人请教，提高自己的知识和判断力，学习一些他人的好习惯。

③不要因为做了第三、四象限的事而感到不安

一般来说，我们要尽量少做第三象限的事，不做第四象限的事。但现实中，你往往不能完全掌握你的时间，有时候，老师给你分配的某项紧急任务，你认为根本没必要做，事实上也可能就是如此，但你还是要做，人要学会妥协。有时候，你看了一会儿电视综艺节目，这件事既不紧急也不重要，你因此自责浪费了时间，其实，人不能一直绷得太紧，偶尔的娱乐反而有好处，只是不要太多。

以下是时间四象限的图，请你根据自己的情况制作出不同时间长度的计划和安排，你的这个时间四象限图可以是一年的规划，一个月的规划，也可以是一周或者一天的。根据重要性和紧急性的程度，将事情写下来，比如：考研对大三的同学来说是重要且紧急的事情，可以写在第一象限的上方。对于有考研打算的大一同学而言，考研或许是重要但不紧急的事情，就可以写在第二象限的某个地方。因此，我们可以根据自己的实际需要和认知来确定事情所在的位置，按照自己的标准来制定属于自己的四象限图。如果你能够持之以恒地执行，那么你每天甚至每周、每月的时间都是在自己的理性分析和应用中的，长期累积，你就能越来越清晰地利用好自己的时间了。

随着时代的发展，各种时间管理小工具也应运而生，大家也可以借助新兴的小工具来帮助自己管理时间，如比较流行的番茄时间、forest 小程序等，都是可以尝试的。

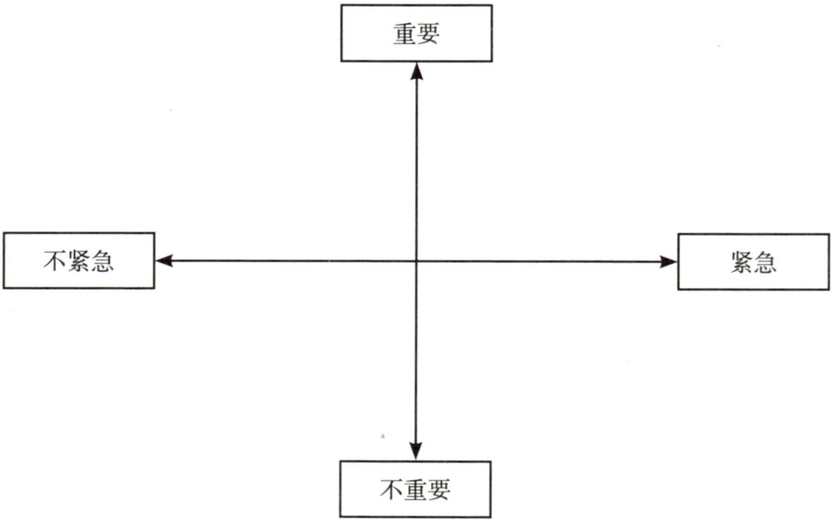

增强行动力

明白再多的道理，没有行动，一切都是零，在学习领域，这也是亘古不变的真理。前面我们对促进学习的重要方面进行了梳理，现在我们要谈一谈最为重要的方面——行动力。现在有很多同学称自己的“懒癌症晚期”患者:有目标，有想法，就是做不到，这其实就属于行动力不强所导致的。怎样才能将计划和目标落实到行动上呢？最为重要的就是要行动。

★ 你的行动力为何受阻了

大多数的成功者都是能够快速行动、尽一切力量去争取和做到的人。与之相反，每日在脑中分析各种利弊可能、思虑过多的人，最后都很难实现个人愿景。这与“有没有梦想”无关，也与“行动的意志”无关，而是取决于“行动的效能”。

有一个我们不得不承认的现实是——多数人都是不折不扣、如假包换的“过度思考派”。有个参加了阿富汗战争的美军士兵接受采访，记者让他说说自己的生存法则，他冷静地说：“很简单，先开枪，再瞄准。”哪怕计划尚不完善，未来仍不明朗，我们也要在行动的过程中思考最佳的解决之策，而不是等万事想好了再行动。遗憾的是，几乎所有“资深的拖延症患者”的身上都存在着一些阻碍行动力的问题

第一个阻碍：信息过载——选择太多，无所适从。

我们每天都在做出大量的决定，每分每秒都在做不同的、大大小小的选择题。仅仅一个“下顿我要吃什么”的问题，我们一天要为此思考很多次；其它诸如“身上的衣服是否合适”、“我要听一首什么歌曲”、“现在有没有好的电影或电视节目”这些琐碎的问题，我们一天也要思考更多次。你能想象吗？这些不可思议的很多次的思考，甚至是你自己不曾意识到的！

我们所面临的选择项并不仅仅局限于A和B，可能还有C、D、E、F、G，等待着大脑去考虑，这比从有限的选项中做出选择，都更耗费心神。选项越多，大脑的工作量就越大，它会将主要的精力，都用到对信息的辨识与选择上，推迟了行动的时间。

第二个阻碍：完美主义——对自己、对环境的要求太高了！

许多人是显性或隐性的完美主义者，他们在脑海中存在一个完美主义模型：“我必须做好某件事，并且我要按照某种步骤完成它！”这种想法会让一个人严格地要求自己，甚至到了无比苛刻的程度。他们容易走极端：要么一点不做，要么全部做好！他们对自己的要求极高，对任何环节都存在不容一点瑕疵的完美理念。

当你极度追求完美，“恐惧”便会产生。这体现在你害怕挫折，十分恐惧发生失败的可能性——只要有一点点风吹草动或失败的可能，你都有可能终止行动，停下来继续“设想”。这就阻碍了你的行动力。

第三个阻碍：不擅长规则——不知道如何将想法变成“可行方案”。

在缺乏行动力的人中，许多人有一个明显的特征：走一步算一步，对目标缺乏规划。这导致了今天还干劲十足、明天就偃旗息鼓的现象，缺乏规划就会让人不清楚前面的行动步骤，并对任何短暂的停滞感到忧虑。想法可能是好的，却没有一个可行的方案，大部分人都虎头蛇尾，无法将计划贯彻下去。

根据积极心理学的研究，我们给大家三个小贴示，请你尝试其中的一些方法。

★ 增强行动力的小策略

策略 1　获得足够多的情绪体验，并形成内隐记忆

尝试各种不同的事情。带着“可以做好，做不好也要学习经验”的态度去尝试各种事情——运动，烘焙，旅游，阅读，音乐，义工，诗歌，舞蹈，恋爱，工艺等等，看起来有点意思的事情，都试着去做，去体会其中的酸甜苦辣，积累成功、失败的各种感受。把这些情感积累梳理，添加标签，分门别类放在自己的记忆岛中。回忆就像一座宝藏，没事就去挖两铲子，不论是理性的总结人生，还是唤起情绪体验，都能让自己更清醒。

请你记录一下自己一天中的体验，看看你做了哪些事情，获得了哪些情绪体验

今天是　年　月　日　星期

我的行动清单　　　　这个活动给我带来的体验

1. ______________________________
2. ______________________________
3. ______________________________
4. ______________________________
5. ______________________________
6. ______________________________
7. ______________________________

请你核对一下自己的行动清单，它足够丰富么？你满意吗？你在做的事情带给你的体验多样么？你打算怎样改善它呢？如果你发现自己的清单比较单一，比如，大多数时间都在上课，那或许你就需要在下课之后花一些时间来做些不一样的事情。你想要增加什么样的体验呢？如果想要获得这样的体验，也需要你发动起来,去做一些不同的活动,请你尽可能地尝试吧。生活的喜怒哀乐，都是调味品，它丰富着我们的经历，也带给我们成长！

策略 2　获得越来越多的积极体验，能够激发你的行动力

积极心理学的研究证明，信心来自实践，来自以往做事的体验，所以反思自己经历中正面及负面的体验很重要。怎么建立信心呢？归纳一句话就是：一小步，可操作，及时奖赏 。当我们树立了太大的目标，而我们目前还不曾达到时，很容易有挫败感，挫败感很容易就将一个人的行动力消耗了。我们需要反其道而行之，建立小小的目标，一小步能到达的目标，去行动，体验成就感和掌控感，及时地赞美自己、肯定自己，体验到积极的情绪，我们才会更加喜欢去做。

接下来，请你每天都给自己一个小目标，这个目标可能是比昨天多跟一个同学交流，也可能是今天要阅读两篇英文文献，这个目标一定是比之前只前进一点点。

案例

有位同学小 A，他提出自己想要进步的“一小步”是“下周每天早上都要早起跑步”。这听起来是个很不错的计划哦。但这对于他来说，是不是一个能够执行的事情，要看之前的基础。

在提出这个计划之前，小 A 没有一天能够做到早起跑步！看，我们经常出现这样的错误，我们总是以为，改变是很容易发生的，为了让自己变的更好，必须要彻底改变，就像这位同学一样。制定了“好”的计划，但是一下改变太多的话，很容易体验到的是挫败感，而挫败感的累积会导致行动力丧失。因此，这个目标对他来说，就不是一小步。恰恰相反，这是一大步呢！

后来经过讨论，这位同学把下一周的小目标设定为：“一周中有两天在7点起床，到操场跑两圈”。这或许是不错的一小步。那他还需要做的行动方案是：怎么能够保证自己能做到？有谁可以帮忙？如果看到哪个行为，就意味着自己更会去实施。

小A说宿舍里有一位舍友每天都6点多起床背单词，可以请他帮忙。而且，还会邀请全宿舍里的人监督，如果做不到，就要请舍友吃饭。做到了，会奖励自己买一只喜欢的钢笔。如果他下一周能早起两天并跑步，他会对自己有一个新的认识：“我是可以早起的”，有了这样的积极暗示，他才能越做越好。

“不积跬步，无以至千里；不积小流，无以成江海。”只有善于积累，善于从小做起，才能实现最终的目标！

接下来，我邀请你来设定一下自己的“一小步”。请你在一天的清早来做下面的小练习，这能带给你一天的好心情和行动力。

我们先从一些小问题开始。

今天天气如何？

你现在感觉怎么样？请你在下面的线段上表示出自己目前的心情位置，哭脸代表心情很不好，笑脸代表心情非常好，你现在在哪个位置呢？

如果用一种颜色代表的心情，你现在的心情是什么颜色？

接下来，请你列举你热爱的三样事物，写在下面的三个方框中。

今天的你，处在下面坐标的哪个地方？

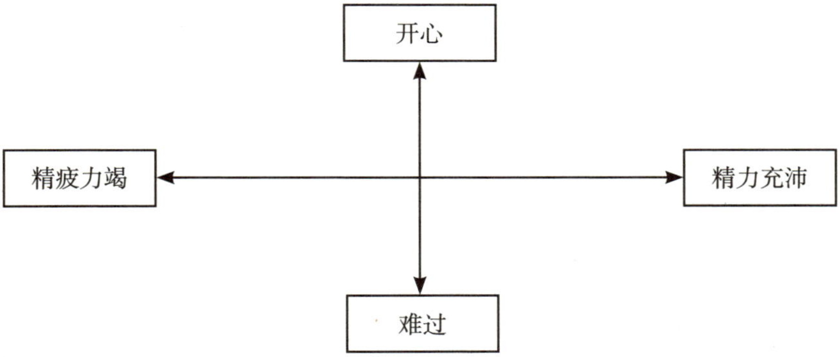

今天，你的一小步目标是什么？

你准备如何完成它？你准备用什么策略完成？如果需要他人帮助，可以写下来他/她的名字。

如果你做到了今天的一小步，你准备如何奖赏自己呢？

带着这样明确的方案，怀着对自我奖赏的期待，信心满满地开始今天的行动吧！今天晚些时候，请你回来再看看今天的“一小步”，记得对自己的规划和承诺，按照这样的方式来执行，一个星期、一个月之后你就能发现“大变化”！

策略3　调动意志力资源，在任何情况下都要执行

习惯的力量是强大的，无论发生任何困难，只要我们不惧怕坚持去执行，多做一点点，我们就会习惯完成，从而获得成长。在学习中，一定也是要付出艰辛的努力的。在遇到困难时，请你回想一下以前的经历，尤其是自己曾经觉得很困难但又坚持下来的经历，提醒自己具备解决问题的能力，只需要再次去做到就可以。同时，不要总是给自己寻找借口，一旦意识到拖延，就立即喊停（有关拖延的内容请见第四章）。

亲爱的朋友们，一起走完这场乐学之旅，你是否已经蠢蠢欲动了？我们在这一章中所提及的内容,是与广泛的学习活动相关的。其实,学习这件事情，本身就充满了乐趣和满足感，我们需要做的只是放下那些外在的标准和评判，寻找到自己内心深处的声音。我们需要的是展现出我们本来就有的，对这个世界的好奇心和探索欲，当你回归到学习的本质，你就能体验到学习的美妙感受，每天在心中欣赏自己的这种态度吧，打开心扉，学习之乐就会丰盈你的身心！

◎ 参考文献

[1]（英）乔·欧文．成长型思维——从平凡到优秀的七种思维模式 [M]．傅靖瑛，译．北京：人民邮电出版社，2018.

[2] 毕淑敏．心灵七游戏 [M]．长沙：湖南文艺出版社，2018.

◎ 推荐阅读

[1]（美）芭芭拉·奥克利．学习之道 [M]．教育无边界字幕组，译．北京：机械工业出版社，2018.

第四章

拖延行为改善与自控力提升

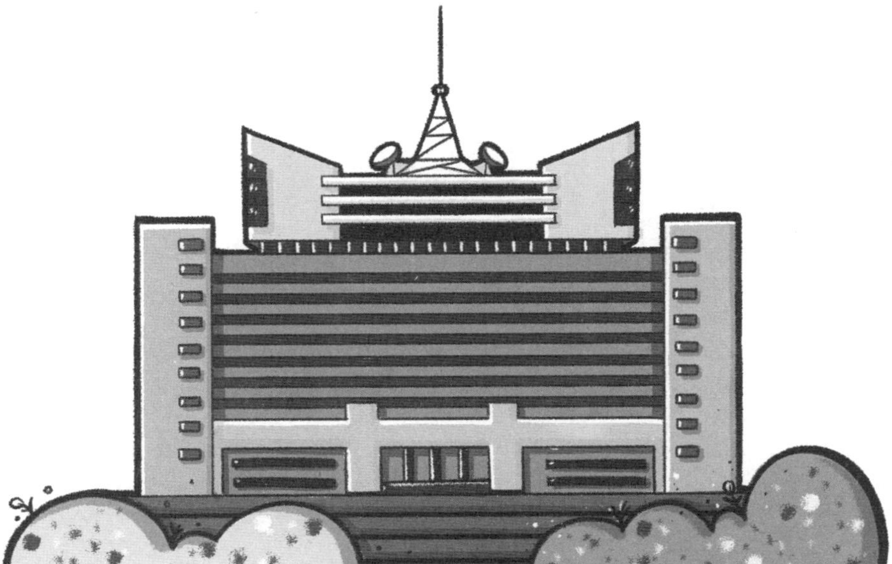

RUNDLL
剩余任务量为100%，
是否现在完成？
现在
10分钟后

常常听到人们说“我有拖延症”或“我希望变得有效率一些”，甚至现在很多小学生的家长都头疼孩子的拖拉问题。中国社科院做的一项调查显示，中国有 80% 的大学生和 86% 的职场人都患有拖延症，50% 的人不到最后一刻绝不开始工作，13% 的人不催不能完成工作。看起来，拖延似乎成了社会的一种普遍现象。

拖延初探

有个说法，我们大脑每小时会产生 500 个想法，那一天下来，这个数量是很惊人的！即使我们有时间和精力，甄选出对我们有意义的想法，我们能把每个想法都付诸实践吗？从这个角度来看，似乎每个人都会拖延。而且，我们身处其中的这个世界，发展愈加多元化，科技日新月异，我们大脑接受着越来越多的外在刺激，似乎永远有尚未落实的想法和尚未完成的事情在等着我们。

★ 我拖延吗

明明想做事，但就是不想坐到电脑前；打开书，看不下去，或刚看两眼就开始走神；一刷手机半天过去了。你也许想知道，自己的行为算不算拖延，严不严重？

首先，我们通过一个拖延小测试来检验一下。

请你细心阅读下面的一些描述，每个描述有 5 个选项，请在你认为最符合自己情况的对应数字上划勾。1 ～ 5 代表：

1 非常不符合　2 比较不符合　3 不确定　4 比较符合　5 非常符合

1. 我经常在做几天前就已经打算要做的事情。　1 2 3 4 5

2. 不到快交作业的时候，我是不会写的。　1 2 3 4 5

3. 读完借阅的书籍之后，不管是否到期，我会立即归还。 1 2 3 4 5
4. 早晨该起床时，我会立刻起床。 1 2 3 4 5
5. 信件写完后，我可能会纠结很久后才发送。 1 2 3 4 5
6. 我总是迅速回电话。 1 2 3 4 5
7. 即使是非常简单、容易完成的工作，我也很少会在几天内做完。1 2 3 4 5
8. 我通常能迅速作出决定。 1 2 3 4 5
9. 我总是推迟必须要做的工作。 1 2 3 4 5
10. 我通常匆匆忙忙才能按时完成作业。 1 2 3 4 5
11. 外出时，我总是提前做好准备。 1 2 3 4 5
12. 为最后期限做准备时，我经常浪费时间做其他事情。 1 2 3 4 5
13. 我喜欢提前赴约。 1 2 3 4 5
14. 我通常在任务布置之后很快开始做它。 1 2 3 4 5
15. 我经常提前完成任务。 1 2 3 4 5
16. 我似乎总是在最后一刻才去选购生日或节日礼物。 1 2 3 4 5
17. 即使是必须品，我也通常拖到最后一刻才买。 1 2 3 4 5
18. 我通常会完成一天内计划好的所有事情。 1 2 3 4 5
19. 我经常说“明天再做”。 1 2 3 4 5
20. 在晚上娱乐休闲之前，我通常会处理好必须完成的所有任务。1 2 3 4 5

请把你选择的答案填入下表：

题号	1	2	3*	4*	5	6*	7	8*	9	10	11*	12	13*	14*	15*	16	17	18*	19	20*
选项																				
得分																				

计分方法为：

带 * 号的为反向计分：选项 1=5 分，2=4 分，3=3 分，4=2 分 ，5=1 分；

其余的选项即分数。

请把你各题的分数相加得出总分：你的总分 =______________

看看你的总分属于下面哪个范围?

如果小于53分，恭喜你，你不拖延；

如果处于53～63，你属于轻度拖延；

如果大于63分，你可要注意了，你的拖延程度比较高。

（资料来源：魏怡.调节模式对拖延行为的影响：时间管理倾向的中介效应［D］.武汉：武汉大学，2017.）

当然，这只是一个测试，一个分数并不能让你真正了解拖延到底是怎样的。那么接下来，给大家举一个例子，我们来判断一下她是否属于拖延。

案例

大学生小王前一天晚上就为今天做好计划，但当她上完一天的课程，进入自习室准备着手完成自己的计划内容时，收到辅导员的一个短信，让她这个团支书统计一下班里每个人的基本信息，并把整理好的信息发给他。在班级群里发布这个任务后，她不断收到同学们发回的信息，其中有一部分是因不明确来询问的。除了回复这些信息她还要不断催促那些未及时回复的同学。她把陆续收到的这些信息录入一个EXCEL表中。当录入所有人的信息并发送给辅导员后，她发现已经很晚了，她计划的几项内容一项都没完成。她非常沮丧，这种情形已经不止一次发生了！

请问，小王是真正的拖延吗?

由上述情况来看，小王虽然推迟了计划，但这个推迟主要是因为突发状况，临时任务使她不得不推迟自己的计划。这个推迟有实际的原因，而非自愿推迟。因此，她不是真正的拖延。同理，如果你的任务安排得太满了，让你无暇顾及其他对你来说也比较重要的事情，这也算不上拖延。所以，我们这些号称自己拖延的人，要好好辨别一下，自己是否真正拖延。

一句话，真正的拖延是一种不必要的自愿推迟。具体来说，是一种明知会影响自己做事效果或做事态度，却仍然自愿推迟既定事项的行为。从这个概念中我们需要进一步知道，拖延的三个核心特征为：自愿、不必要和非理性。这个自愿并非表达你愿意拖延，而是每次推迟行为没有外力强迫，都是你自己作的选择、自己的决定。而且这种选择是不必要的，本可以继续坚持下去，却选择了推迟，这也是拖延者自责的地方。所以，很明显，你的理性未在这里发挥作用呢！

拖延有没有相似且典型的一个心理过程呢？我们来看以下案例：

案例

小楠几天后要交一篇课程论文，她心想：还有好几天呢，从明天开始写吧。到了第二天，她突然想起来还有衣服未洗，把衣服洗完后，她发现手机上有一条朋友发来的微信，她回复了短信，并继续与对方聊天。等再次意识到时，这个时间段已经过去大半，只剩二十几分钟她要去上课了。她觉得这么短时间也写不出什么了，算了吧。于是继续和人聊天，直到上课。第三天在原定的时间，她坐下来准备写，但总是进入不了状态，没写几个字开始走神，她又拿起手机开始看……直到还剩一天的时间，小楠感觉到巨大的压力和危机感，她怀疑自己还能否完成任务，但这个论文是一定要交的。她已顾不上深思熟虑，依照手中现有的材料，看到或想到什么她就输入什么。即使进行查询也是浮于表面，顾不上深入思考。她在心里嘀咕“只要完成就好”，她顾不上吃饭、休息，也不再与别人互动，几乎在交上去之前的最后一刻她还在写，终于她码完了最后一个字，这时已经没有时间仔细检查了。她匆匆上交后，长长地舒了一口气。她对自己说：下次一定要早点开始。

你对这样的过程熟悉吗，你的拖延过程是怎样的？

对于那些有截止日期的任务，这是一个典型的拖延心理过程。有些任务或目标虽然截止日期未在眼前，但如果你继续拖，总有一天它也变成紧迫的了，你终究还要经历这样的过程。

那既然你知道要经历这样痛苦的历程，你能否在开始前发现它的迹象而及时中止呢?

练习：

请在下面写下你最近推迟进行的 1 ～ 3 件事情，来判断一下它们是否属于拖延。

1.____ 是 否

2.____ 是 否

3.____ 是 否

★ 拖延类型

根据得分和定义，你已了解到自己是否属于拖延，接下来，我们来看一看你属于哪种拖延类型。

每个人拖延的领域是不同的。想一想在学业、工作、健康、财务和社交上，你容易在哪个方面拖延?你拖延的是细小的杂务，还是重大的事情?你容易拖延自己的事情，还是为别人做的事情?你推迟的是你所擅长的事情，还是自己不熟悉的事?

下面，请根据下面描述来做个选择，看看自己是什么拖延类型：

如果你拖延的是你所不熟悉的、有难度的事，并且你觉得每次表现都体现了你的能力和价值，那么你是“畏惧失败”类型。请跳到（1）

如果你在事情进展顺利时，常会停下来，导致自己无法正常推进，可能你是“回避成功”类型。请跳到（2）

如果你不喜欢遵从规则，不愿意遵从权威（如父母、老师等）或你认为“职位”比你高的人交给你的任务，那你可能是“摆脱控制”类型。请跳到（3）。

接下来，请看这几种类型的具体描述：

（1）畏惧失败

人人都害怕失败，但每个人对失败的定义不同。有的人把重大的挫折当作失败，有的人把一次考试失利当作失败。不同的人对失败认定的标准不同。在他人看来，只是完成一个任务的情况下，我们这种类型的人却十分紧张和在意，很容易感受到挫败感。为什么呢？因为在我们的内心，表现等同于能力，而能力与自我价值相连，因此每次表现得好与不好就代表了我们自身价值的高低。也就是说，我们内心存在这样一个公式：

$$自我价值感 = 能力 = 表现$$

你感受到了吗？看看以下观念，有没有适合你的一款：

平庸招致轻蔑

优秀无需努力

一切都得自己来

总有一个正确的解决方法

……

从上述观念你能看出什么？告诉你吧，我们这类人其实是完美主义者，可能你第一次听说，拖延的人还能是完美主义？别急，心理学家说了，完美主义有两种类型，适应性的和适应不良的。而拖延的完美主义者悲催地成为了后者。我们给自己设立了很高的目标，但并不期望能达成……等一等，那咱们设定目标是为了打击自己吗？表面看确实如此。但从这个角度想一想，如果我们定的目标这么高，那我们达不成是否也可以原谅啊。嘿嘿，从这个意义讲，你是不是内心有点明白了。拖延恐怕让那个公式不能成立了：

$$自我价值感 = 能力 \overset{拖延}{\neq} 表现$$

因为拖延导致我们只用了很少时间来完成目标，所以，要怪只能怪拖延咯。

所以下次因为害怕失败而踌躇不前时，请告诉自己：

tip1：一次表现并不能代表一个人的能力和价值。

（2）回避成功

正如前述人人不想失败一样，每个人也都期待成功。你会相信有不愿意成功的人吗？你可能不假思索地立刻回答“NO”。但在以下场景中，如果你能看到自己的影子，你可能就是一个“回避成功”的人：

你会不会在一个进展顺利的工作中放慢脚步？当你得到认可或赞誉时，会不会感到焦虑？当老师要重用你、提拔你时，你是否开始希望自己变成一个隐形人？别人的称赞是否让你感到尴尬，或让你感到担忧和谨慎？当事情一切都进展顺利时，你是否会认为坏事马上要上门？如果你在某一个领域取得了成功，你是否会把另一个领域搞得一团糟？如果自己比其他人（也许是家人或朋友）有更多成功的机会，你是否担心失去和他们的良好关系？这些还只不过是回避成功的一部分经验。总之，成功似乎是一条通往未知的路，让你无所适从。

也许有以下原因让你回避成功：

成功需要太多付出，这令我望而却步。

成功会让别人受挫。

成功会招致嫉妒。

成功会让我远离自己的家庭和亲人。

也许成功并不像你想象的那么可怕，去看一看在你心目中认为成功的人，并多和他们以及其他人，聊一聊他们是如何看待成功的。

请记住：

tip2: 未知的未必都是不好的。

（3）摆脱控制

也许我们大多数人，都有小时候被妈妈催促的经验，无论妈妈怎么急，我们都不急，甚至有时本来要去做，妈妈一催，我们反而不想做了。

长大以后，我们发现生活中存在各式各样的规则，有些来自父母和老师，有些是公共规范，还有一些规则是我们自己制定的。我们往往觉得那些规则都是约束和限制。

比如我们想减肥，给自己规定不能吃高热量食品，但当定下规则那天，这个规则就变成了束缚我们的东西，我们内心开始对美食更加渴求。在某个时刻，我们终于无法抵挡诱惑："就吃这一次"，我们不知不觉间又打破了自己制定的规则。我们开始给自己制订每天的学习计划，当刚刚顺利执行一两天后，我们接下来却要放纵好几天。参加一个活动，我们觉得主办方定的规则不合理，去跟他们理论，并常常抱怨，最终规则未改变，我们却失去了很多准备的时间……

好吧，确实有很多应该的、现实的东西，总在我们生活中恼人地跳进来，让我们感到不能自由地发挥，感到束缚，因此我们总想打破它。但你要知道，基于反抗的行为，往往并不是真的自由，不一定是你真心想要的。

所以你要记住的是：

tip3: 基于你自身的情况去选择的，才是明智和独立的。

如果上面没有适合你的分类，那么接下来还有其他分类方法。以下是认知科学对拖延的分类：

拖延类型	定义和说明
期限拖延	指面对那些有最后时间节点限制的任务时产生的拖延
个人事务拖延	习惯性地推迟你早该进行的方面，它通常是和自我提升有关的。比如你的阅读、健身、提高英文水平、提升人际交往能力等
简单拖延	就是一种不作为的拖延方式。当某一任务不顺手、做着不开心的时候，对其产生抗拒、退缩的反应，就是简单拖延
复杂拖延	包含多重因素的拖延，常常伴随完美主义、自我怀疑等其他因素

（资料来源：（美）威廉・克瑙斯．终结拖延症［M］．陶婧，等译．北京：机械工业出版社，2015.）

另外，还有一种分类，是按照拖延对象分为学习拖延、日常事务拖延、做出决定拖延和习惯性拖延。

在以上列出的分类中，你属于哪一种？这些分类是不是让你对自己的拖延有了更加细致的了解？

★ 拖延的后果

根据上述分类，你对你推迟的方面有了了解，它们对你的影响有多大呢？

如果你在细小的琐事或对你来说不重要的事上拖延，其实这对你影响不大，你无需给自己扣上一个拖延的帽子，所谓的“人人皆拖延”，实际上应该说每个人都有拖延的方面，但只要不影响你生活的正常运行和目标的实现，你可以保留它，或许它的存在还为你提供了一个适当放松与休憩的机会。但你也不妨继续读下去，因为拖延与不拖延之间的界限，并不那么清晰。而且从积极的角度来说，如同我们都有拖延的方面一样，我们也都追求做事的效率。

也许你还不能清晰地意识到拖延对你的影响。那么让我们再重回这个过程中，当你拖延时，你在做什么？是像前述小楠一样，突然想起来还有其他事情没有做，于是开始转向它，还是你突然发现其实你有其他感兴趣的事？也许这时别人一叫你出去，你就坐不住了。想一想你去做的事情，对你当前来说真的重要吗？在做这些事情时你感觉如何？

或许你能暂时忘却该做的事，享受短暂的轻松和快乐，但当这种感觉结束时，你的意识中是否闪现出："我还没做该做的事"，焦虑感瞬间来袭。不仅你焦虑的事没做，你还失去了一些宝贵的时间。你会不会对这种拖延行为懊悔起来，通常还会深深的自责：我到底在干什么？这不是浪费时光吗？如果这种情绪也无法阻止这个过程一再重演，你是否还有无力感，感觉自己似乎对生活失去了控制：我还能实现我的目标吗？这个坏习惯还能改变吗？

此外，偶尔拖延一些事，如果工作量不大的话，可能也只是损失一些睡眠来熬夜完成工作，不会带来太大的实际伤害。但如果拖延成为习惯了呢？

当我们重走这个内心的历程，你能真实地感受到拖延对你的影响了吗？

如果从情绪、自信心、成就和健康几方面来看，它的影响是什么？也许你还能想到其他的方面，也请写在下面：

	短期影响	长期影响
情绪	________________	________________
自信心	________________	________________
成就	________________	________________
健康	________________	________________

如果你能看到拖延的实质影响，你是否还愿意坚持它？为了防止这样的过程和结果一再重复，我们还需透彻了解拖延，否则你可能在尝试改变的过程中，被它的表面迷惑，难以推进下去。所以，请继续往下读。

拨开拖延的迷雾

★ 盘点拖延的影响因素

你是否想知道，哪些因素促使你容易陷于拖延的泥沼。如果你并不拖延，你是否了解，你本身具备的哪些特点，可以让你远离拖延。记住，这些特点也是你该好好保护、保持的部分，以便让它们继续发挥作用。

人们对影响拖延的相关因素进行了大量研究。研究表明，有一些因素对我们的拖延行为造成了促进作用，有的因素对拖延起抗衡的作用。我们把它们分为主观因素和客观因素。请浏览下图，看它们都包括什么。

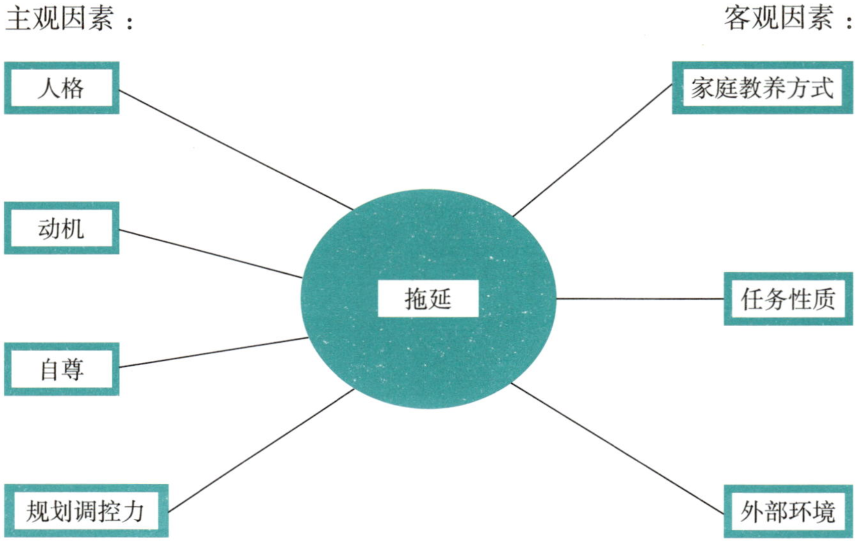

（资料来源：纪芳．大学生拖延行为的影响因素分析[J].社会心理科学，2013(1)：49-50.）

好啦，现在你已经知道了它们都是哪些方面，你想不想了解这些因素对拖延的作用，评估一下它们在你身上的表现。

那么，请跟随每个因素和它在拖延中的作用说明，做一下自我评估。

主观因素

请看指导语：每一特质或因素下有它的含义说明及它与拖延的关系，并给出相应描述，请从“一点儿都不像我”到“非常像我”（1 ~ 10 分）来如实选择你觉得这个描述与你的相似程度。

（1）人格特质

国外最多的研究是关于五大人格与拖延的关系研究。五大人格的五大特质包括严谨性、随和性、神经质、开放性和外向型。下面列出的这些特质是与五大特质相关的。

①严谨性：严谨性强的人，一般被描述为有责任心的、一丝不苟的、坚持不懈的、挑剔的或者爱整洁的人。严谨性强的人，出现拖延的概率较小，这一特质可以当成一个抗衡不必要延迟的弹性因子。

我是一个非常有责任心的人。

1　2　3　4　5　6　7　8　9　10

②情绪稳定性：情绪不稳定是神经质这种特质的另一种说法。在情绪不稳定方面，得分较高的人常表现为焦虑、紧张、担忧。情绪不稳定的人，容易陷入负性情绪中，而无法有效地行动和规划，因此，情绪不稳定是拖延的一个风险因子。

与别人相比，通常我觉得自己是一个更神经敏感或更情绪不稳定的人。

1　2　3　4　5　6　7　8　9　10

③ 冲动性：冲动也是神经质特质的组成部分，冲动反映出思考某个行为后果的能力不足，这个方面得分高的人，倾向于在思考前就行动。这个特质同时又反映出自我控制能力较弱，可能在一些潜在有回报的活动中难以坚持。因此，

这个特质与拖延的关系是双重的。但由于拖延者往往拖延那些需长期规划和坚持的任务，因此我们认为这个特质更多与拖延呈正相关，即冲动性强的人容易拖延。

通常，我觉得自己非常冲动。

1 2 3 4 5 6 7 8 9 10

（2）自尊

④自我效能感：这一特质代表我们有能力做必要的事情，并且能取得满意的结果，它反映出自信心和胜任力。低自我效能会降低个体对成功的期望，损害动机，最终妨碍任务的启动及坚持性，因而表现为拖延。

我感觉自己很有能力，很有自信。

1 2 3 4 5 6 7 8 9 10

⑤自尊：自尊就是我们对自己的整体感觉。它是对自我价值的评估，包括我们是否觉得自己有价值，是否喜欢自己。高自尊的人不容易拖延。

总体来说，我的自我感觉不错。

1 2 3 4 5 6 7 8 9 10

（3）动机

⑥完美主义：动机包括追求成功的倾向和回避失败的倾向两部分。完美主义者害怕出错，常常为自己设定过高甚至不切实际的目标，然而却因为不能正视无法达成目标的挫败感，而以拖延为手段开脱责任。完美主义者更容易拖延。

做事时，我通常为自己设立很高的标准。

1 2 3 4 5 6 7 8 9 10

此外，与非拖延者相比，拖延者还常常难以抵御分心刺激和外界诱惑，尤其是娱乐方面诱惑的干扰，使得自己难以集中精力，从而导致拖延行为。

以上种种，你哪些中招了？

经过以上总体评估，你是否容易拖延？哪种情境下你更容易拖延？

当了解了影响我们拖延的各种主客观因素，我们应该学会，任务当前时，要有意识地运用我们的积极资源，调整我们的不利因素或倾向，从而更有效地完成任务。

除此之外，我们还需了解，拖延有自己的运作模式，常常让我们不知不觉跟随它的步调，掉入它的陷阱，这也是我们虽有意识但无力改变的地方。所以，让我们继续探索下去，穿越表面的迷雾，揭秘它的运作模式。

★ 识别拖延的运作模式

下决心不再拖延，但一次次沦陷，是我的意志力薄弱，还是我出了什么问题？ 难道我只能乖乖地束手就擒？有人戏称拖延为“间歇性踌躇满志，持续性混吃等死”。接下来，让我们来揭露和识别拖延的伎俩，看它是如何把我们拖入拖延的惯性轨道中的。

喜欢即时满足

明明要做事，时间却不知不觉溜走了；特别想改变，下一次却依然如此。怎么回事？似乎有某种阻碍，让我总不能做自己想做的事，或者有某种动力在驱使着我这样。到底是什么呢？

18 世纪，萨缪尔·约翰逊（Samuel Johnson）一语道破，将拖延描述为：每个人多多少少都具备的重大弱点之一。

即使大师也难以逃脱这个弱点。比如达芬奇，《蒙娜丽莎》画了 4 年；《最后的晚餐》画了 3 年；最终传世的画作还不到 20 幅，其中还有五六幅到他去世还压在手里没能交付。而雨果在写《巴黎圣母院》期间，让管家把自己的衣服藏起来，使自己赤身裸体，甚至下狠手把头发和胡须各去一半，好让自己没脸见人。通过用这种方法，强令自己集中注意力。

拖延，甚至被称作“人类的基本冲动”。其实，我们有这个冲动，归根结底是因为人们共有的一个倾向，那就是：我们都喜欢即时满足。可以这么说，人的天性就喜欢及时行乐，只想着怎样让现在的自己更舒服、更愉悦。

而且，你知道吗？这种倾向是有生理基础的。形象地说，大脑包括理性脑和情绪脑。理性脑负责决策，而情绪脑是大脑中比较原始的部分，它只想要简单和快乐。

情绪脑就是带给我们拖延冲动的生理基础，当我们想去工作的时候，它总是跳出来说：我们玩一会吧。TED 的演讲者蒂姆·厄本（Tim Urban）把它形容为“及时行乐的猴子”。如果你不够坚定，这只猴子就会抢过你的方向盘，成为你行为的主导。这也是我们慢慢丧失自我的过程，本应是决策者的我们，被想要及时行乐的情绪控制住了。

那么，为什么理性脑往往发挥不了作用呢？那是因为大脑的两个特点。首先，情绪对大脑的驱动更为强劲。还有一点便是，情绪脑反应远比理性脑快。也就是说，还没等理性脑回过神来，情绪脑已迅速做出了反应，尤其在面对困难、复杂的情境时。

对喜欢的接受，不喜欢的排斥，这就是情绪脑的态度，而那些困难、挫折、压力和稍微复杂点的东西，统统都是它不喜欢的。面对一项有难度的任务，它会本能地回避；面对两条不同的道路，它总会选择更简单的一条。进一步的研究也支持了这一点，相对于长期、回报比较遥远的任务，我们更倾向于选择短期有回报的任务。

这些听起来让人绝望，我们还有办法改变吗？不要急，你要知道，我们从小到大慢慢学会了推迟满足，我们逐渐不贪图眼前的一时快乐，而追求长远一点的目标。所以想让理性脑掌控方向是可以达成的。但是，如何才能达成呢？

从生物层面讲，理性脑是可以和情绪脑进行沟通的。这种沟通在心理层面上表现为，通过看到、尊重情绪脑的需要，向它展现理性的视角，来说服它，从而发挥作用。但有时理性脑也会很困惑，因为一不小心，它可能会认同情绪脑的选择，这就涉及接下来的内容了。所以这个过程中，觉察非常重要。

此外，不要认为情绪脑毫无用处，它在面对伤害时，能作出迅速反应，使我们免受伤害，所以从生存层面来看，它是非常有用的一部分呢！所以我们还是要尊重这一部分的存在和价值，充分发挥理性功能，方能使我们成为理性、感性兼备的人。

善于编织借口

想写论文时，“我得再多做些研究”；要做选择时，“我得再多了解一些情况”；这些语言听起来是不是很熟悉？一般情况下，它们听起来确实有道理，于是我们不假思索地听信了它们。它们正是利用了我们的弱点发挥了作用，也使得我们无法立即行动。为什么这么说呢？

这貌似理性、实际会让情绪脑得逞的借口，最容易蒙骗我们。虽然我们有时候确实状态不好，累了需要休息，做决定前需做很多前期准备工作，而且人生并不总是工作，但你要重视——结果。如果它让你总是一拖再拖，并没有因此做了更多准备或合理的放松，你就需要对它持怀疑态度了。

我们人类是如此地善于编织借口，以至于在这方面，我们都可以拿创意奖了。来看下面的借口，如果你曾使用过，请你在后面打钩，或者你也可以在下面写出一些新的：

我现在状态不好，等状态好了再去做。

我需要收集更多的资料，才能写出来。

我现在没有思路，我得好好想想、找找思路。

现在太累了，我该休息一下了。

今天做了不少了，明天再做吧。

今天不是做这个的好时候。

时间还长呢，再找机会做。

对我们来说，健康最重要。

跟别人打成一片更重要。

这么早做完干嘛，交过去也没人看。

明天有大块的时间，我再去做。

不要辜负眼前大好的时光。

我已经完成大半了，剩下的很简单了。

____

____

____

____

正是它们让我们止于行动。今天就让我们来识破它，揭露它。通常这些借口会借助现实中一些真实的运作，并通过逻辑的思维方式运作产生。为了更好地识别，让我们看看都有什么思维方式，请睁大眼睛来看：

（1）“明天再做”的思维

“明日复明日”的陷阱，精巧而复杂。在大多数“明天再做”思维的外衣下，你执行一项任务的条件依赖于先完成另一项，因此你就有理由推迟那些原本紧急的任务了。通过这种条件化的思维方式，你就成功地把一项任务与另一项绑定在一起，然后通通把它们推迟！

比如你想在大学期间拿到双学位，你认为它对你非常有好处，你相信大学期间通过这样的学习，可以学习到另一学科的知识，在求职时优势更多，且有更多选择的机会。但是你告诉自己，你得先收集一下双学位项目学习的信息，并进行选择，然后你在搜集这些信息的时候拖拖拉拉。当你拿到相关材料后，你又拖着不去看它们，最终错过了最新一期的报名。面对这么紧要的事情，你却通过这些细枝末节，去回避真正的挑战，这就是一个典型的“明日复明日”情节。

（2）倒推策略

拖延者常在拖延改变上使用“倒推策略”，我们认为要想战胜拖延，得先知道我们自己是怎样变得拖延的，不然肯定会不断重复这一模式。因此我们跟自己说，等到有时间完成自己内心的探索后，才有可能最终从拖延中解脱。好吧，我们确实找到了一个永远拖下去的完美借口。但实际上你可能从没做过这方面的功课。

倒推策略很唬人，它听上去像是经过深思熟虑的行为，但是就如其他应急策略一样，它造成的结果也是逃避、逃避、再逃避。

（3）自设障碍

“自设障碍”一般是为了避免让他人失望，避免自己被否定，而产生的一种维护形象、疏导紧张状态或逃避的权宜之计。比如你准备参加一个辩论比赛，于是你开始去准备辩论材料并练习，但你内心觉得你根本无法胜任，尤其了解到辩论对手多么优秀时，你更加觉得自己不可能获胜。于是你开始没日没夜“努力”地练习，结果你的嗓子在辩论赛前一天哑了，话都说不出来了，你真的无法参加了。自设障碍的例子非常多，我们总是因为某个“障碍”，不能发挥出我们的实力，所以即使输掉了，我们也是有原因的。

（4）反事实思维

“反事实思维”针对的是并没有发生的事件，简单来说，就是你认为如果你采取了另一种方案，结果就会发生改变。“反事实思维”通常存在两种类型，一种类型是向上的反事实，它是针对过去已经发生了的事件，想象如果你采取不同的做法，有可能出现比真实情况更好的结果。比如，获得竞赛第二名的大学生，陷入了“假如自己当初怎样，就可以获得第一”的想法中。

另一种是向下的反事实，我们会想：幸好当时我那么做了，即使结果不那么好。但是如果当时我没那么做，结局可能会更糟糕。比如，考试考了 60 分的同学想“幸亏怎样，才让我不至于考不及格”。

在焦虑的环境中，向上的反事实思维会造成更严重的拖延。但如果你认为，下一次自己也无法取得更好行动时，那么你将会选择向下的反事实思维，来帮自己保存颜面。

除以上几种典型的思维模式外，还有几种易让我们陷入麻烦的思维倾向：

- 易于低估未来回报
- 喜欢当下感觉良好
- 比起今天更倾向于明天
- 低估做事的时间，且高估我们的能力
- 通常使用情绪解决策略而不是问题解决策略

哇，看到这么多复杂精巧的思维模式、固定的思维倾向及它们运作产生的借口，我们该怎么办？难不成要和它们逐点辩论？不用，只要我们不陷入它们貌似逻辑的陷阱中就行了。那如何做呢？请学会以下两点：

①保持觉察。觉察这些思维模式的目的、造成的后果及我们当时的状态，而不是被它们的具体内容所迷惑，我们就不容易入坑。如何增加我们的觉察呢？本章最后一节将为你介绍正念的方法。

②借口当成我们立即行动的开始。这也可以？是的，但你首先要清晰地知道，正是借口导致我们选择了岔路，而没有选择立即行动的正途。其次，如何把借口转换成立即行动，其实有一套简单有效的操作方法。

知识窗

美国纽约大学的动机心理学家格尔维茨，提出了一个简单有效的方法，叫作执行意图。这个方法极其简单，就是思考你会在哪些时间、地点或条件下，做哪些能推进目标达成的事情。然后用“一旦……就……”的表述方式，把触发条件和采取的策略联系起来。总之，执行意图是将目标意图转化为行动的有力工具。

我们如果把它用于拖延，怎样转化借口呢？“一旦”是刺激行动因子，“就”是行动本身。我们的借口就可以当作这个刺激行动因子。举个例子，我们可以像下面这样做，你可以告诉自己：

一旦我对自己说类似“待会再做”或“我现在没有状态”的话，我就立刻开始做哪部分任务。

（资料来源：（加）蒂莫西·A. 皮切尔 . 战胜拖延症 .[M]. 金波，译 . 北京：文化发展出版社，2014.）

下面，请你依照上面句式填写下面一段话，把你常找的借口代入第一个空中，把立即开始行动或做某件事情代入第二个空中：

一旦我对自己说______________________________，我就______________________________。

这样真的有用吗？它是怎样发挥作用的呢？心理学家发现，根本原因是因为："一旦……就……"这种句式，是我们大脑能听懂的语言。通俗地说，我们的大脑就吃这一套。

所以请常备这套武器，需要时千万别忘了拿出来使用，以保证我们一直行走在实现目标的康庄大道上。

这些准备就够了吗？这只是一个启动程序，克服拖延可不是这么简单，只要按一下"PLAY"的按钮就可按预定的航线自动航行，路途中我们还需配备更多的武器装备，才能保证不偏离航线。所以请继续往下看，看看我们还需配备什么。

战胜拖延，培养自控力

★ 好的开始是成功的一半

俗话说：万事开头难，尤其对我们习惯拖延的人来说更是如此。好的开始便是成功的一半，而好的开始是你充分准备的状态，就像出征前备好粮草、兵马，做好战斗计划，万事俱备、只待出发。那么，怎样才能有一个好的开始，我们又该为开始做哪些准备呢？

一份改变的信心和决心

如果我们不打算改变，任何武器都不会奏效，因为我们根本不会使用它们。保持原样是比较舒适和安全的方式，只要是改变总会带来一些痛苦。也许你可以这样活下去，只要你不在乎你的目标达到与否，因为"我们无法唤醒一个装睡的人"。但只要你还心怀梦想，还愿意醒过来，你就可以调动和焕发你内心的能量。接下来，你才会真的付出努力，使用各种武器与拖延作战。

如果你有改变的意愿，那就越早越好。如何更早地唤醒自己，推动你的改变之旅呢？回忆你曾有过的梦想，想象一下你想要的未来的模样，再设想并体验一下，拖延对你的生活、你的梦想、你的各方面造成的影响。

当你能够唤醒自己，你便可坚定信念，决心改变了。

请在下面画出你未来生活的场景：

一个可操作性目标和可行性计划

新年刚刚开始时，立了好多目标，可是半年要过去了，好多目标还没开始呢！怎么办，我该做的准备已经做了啊！且慢，看一看你制定的目标，如果是这样的："我要写一篇论文""我要改变拖延行为""我要减肥""我要提升自己的人际交往能力""我要变得自信"等，对不起，这样的目标太模糊抽象了，执行起来非常难。我们需要的是一个可操作性目标。

一个可操作性目标须具备以下特征：

（1）**可观察性。**

它指的是你的行为别人是可以观察到的，也就是必须能够外显。就像有一个录像机在拍摄你一样，拍摄下来的行为才算数。所以内心的想法、计划再丰富、再多也观察不到，必须要落实到行动中。

（2）**具体性和特殊性。**

具体性指的是你一眼就能明白，下一步你要做什么事情，而不是看完以后还要思考我应该做什么。比如你为自己制订读书计划时，模糊的目标是：今天读某本书。而具体的目标是：今天阅读某本书40页，并做好笔记。这个目标越具体越好。

（3）可以分解成几个小的步骤。

小的目标与遥远的目标相比，会更加清晰和生动。我们把总体目标分解成若干个小目标来完成，对我们来说将更有推动作用。每个小目标再分解成具体的步骤，可让我们明确地知道下一步要做什么，来一步一步达到目标。

比如我为自己制订了一个读书计划，一年读50本书。首先我会把计划进行分解，一年有12个月，因此每个月至少需要阅读4本书，每周至少阅读1本书。同时提前把自己要阅读的书籍划分好，再把每周的目标，细分到每天读多少页。当分解完后，我们只需执行就可以了。小目标完成了，大目标自然也会实现。

（4）第一步可在五分钟内完成。

我们常迟迟不能开始，而拖延就这样发生了。所以行动的启动很关键。当你对自己说“我先做5分钟”，你现在面对的仅仅是5分钟的任务，而不是一项巨大的任务，所以你可以很轻松地开始了。而一旦开始，你会发现你的感觉会神奇地发生改变，原来一切没你想的那么困难！

从容易分心的习惯模式，转化为富有成效的工作模式过程中，计划细分是关键的一步。不做准备的话，你可能陷入不断作出承诺，却无法兑现的拖延模式。细分计划能帮助你跨越从“想”到“做”的边界。

下面，请先选择一项简单的任务，按以上原则列出你的一周计划，并把它落实到你的行动中：

一周计划

请按以上标准，为自己下周找到一个小目标，并列出你具体的分解步骤：

目标：________________________________

具体步骤：____________________________

1.____________________________________

2.____________________________________

3.____

4.____

5.____

6.____

立即行动

“种一颗树，最好的时间是10年前，其次是现在。”想太多，不如动手去做。计划做得太好，没有行动都是纸上谈兵。立即行动，不给大脑任何侥幸或偷懒的机会。

演员张钧甯是一个特别自律的人，她平常坚持跑步，所以在她36岁时，状态甚至比20几岁时都好。有一次，主持人问她是怎么做到一直坚持跑步的。她说：“在你犹豫的时候，你先穿上跑鞋下楼，这样当你还没作好决定的时候，可能已经跑回来了。”这就是立即行动非常好的例子。

不给自己找任何借口，立即行动，或者你还可以如前一章所述，通过执行意图这个利器，利用借口，把借口转化为行动。当你做任何事都立即行动，并且养成一种习惯时，你会发现好多事情都不会再拖延了。

★ 善用意志力

我们难以开始行动，我们在行动过程中总受到外界的诱惑和干扰，都代表了我们意志力的不足。拖延本身就是自律或意志力未发挥作用的结果。意志力本质上是一种推迟满足。我们在成长的过程中，必须学会忍受当前的不适，学会推迟满足，从而可在以后获得更大的满足。我们的意志力品质或叫自控力就会逐渐形成，这也是我们慢慢习得且适应社会所必须的一项重要能力。

相比在期末突击的人，平时好好学习的人就更自律一些，因此拿到奖学金的概率也会更高些。这是推迟了平时的享乐，换取了奖学金的奖励和假期的安逸。

我们常常听到一句话：“不要在奋斗的年纪选择安逸！”它就是鼓励我们

推迟满足，利用最好的时光，实现自己的梦想。而我们现在努力学习，不断完善自身能力，正是牺牲当下的享乐来换取未来更大的满足！

但意志力其实是有限的资源。比如我们常常在开始实施计划时踌躇满志，对计划贯彻得很好，有时甚至超出预期，但过一阵子突然不行了。这可能是因为你消耗了你的意志力资源。

此外，意志力还受到一些因素的影响，比如疲劳时和情绪不好时意志力会下降。所以常见的现象是精力充沛时，我们可以坚持自己的计划，而疲惫时我们做一点就会对自己说：今天就这样吧。

那么根据上述特点，我们该如何更好地运用意志力呢？

（1）增强执行意图

我们再次提到执行意图，是因为执行意图可以预先设定正确的选择，它是一种不管你意愿如何，都能促进你行动的方式。

作为一种策略，也许你一天之内不得不运用它好多次，甚至是在同一任务上，还包括在沉思时，我们也可使用它将自己的注意力转移到焦点上来。这种方法可以保障我们随时回到正常的轨道上。

（2）减少干扰

有的干扰来自诱惑，我们在生活中常常有太多的诱惑。想学习时，有人叫你出去看电影；刚打开书本，手机上跳出一个你感兴趣的活动消息；刚做好假期学习计划，好友约你出去旅游。

我们往往抵挡不了这种诱惑。正如当你决定减肥时，面前放着一个诱人的蛋糕一样。你可能告诉自己：不管了，先大快朵颐。或者你终于艰难地作出了选择：“我的坚持更重要！”但当坐下来时，你的心思会不会被牵跑了？怎么办呢？

最好的方法是通过减少与诱惑的接触来减少干扰和精力消耗。比如我们可选择在学习或做一件重要的事情时，不带手机，远离人群，通过这种方式减少与外界的联系，从而保持专注或做真正想做的事。

此外，找一个适合的环境或时段，也是减少干扰的方式。比如小王发现在宿舍中学习，常会受到其他人或他们做事的影响，而在图书馆比较安静的环境下可以更加心无旁骛。早晨是个英语晨读的好时段，而在其他时段就不易进行。

（3）精准自律

意志力有限的特点可以给我们提示，局部自律要比全程自律容易得多。因此在关键的地方，使用自律绝对是个好策略，这就是精准自律。在具体细微的关键节点上，你做出简单有效的精准自律，达成率会大大增加。

所以首先，根据前面提及的现象，需要提醒我们自己，在贯彻长期计划时，不要开始时过分投入，因状态好就铆劲去做，停不下来。我们要避免开始时消耗过多的意志力资源，以免后劲不足。其次，就是在关键的地方运用有限的自律。当你要做功课时，你得提前分析一下，要做的任务过程中哪些是关键点。“执行意图”其实也是围绕关键节点，进行预先编程的好工具。

此外，前面章节提到的番茄工作法虽然是一种时间管理的方法，但由于它的原理是每学习或工作 25 分钟就休息 5 分钟，并在 4 个时段后休息更长时间，这种方法不但可以帮助我们高效运用时间，也可以保证我们在有效的意志力资源下进行工作。

★ 巧用时间管理工具

想不想成为这样的人，不论当前面临多少千头万绪，可以心中有数、从容面对，且可有条不紊、不急不躁地行动。这种状态是习惯拖延的人缺乏的一种状态。也许我们可以朝这样的方向迈进一步，只要你善于运用一些方法。下面将提供两种不同的时间管理工具，供我们选择使用。

（1）四象限法

想到要做的一堆事情就感觉头大，不知从何做起，像个没头苍蝇一样碰碰这个戳戳那个，哪个都进入不了状态，真要命，时间在混乱中匆匆溜走！但如果你往头脑中，放入一个分类小工具或排序小工具，不管你的头脑里涌入多少内容，自动归类，你就不容易被它们淹没。这是高效管理人士常用的小工具，前面一章已经介绍过。它把当前的工作或任务，以“重要”和“紧急”两个维度，分成四种类型：

I. 重要又紧急；

II. 重要但不紧急；

III. 紧急但不重要；

IV. 不紧急也不重要。

表格如何使用请参考第三章。

那么，你知道我们最容易拖延哪一类任务吗？恭喜你，答对了！是第二类，即重要但不紧急的任务。这一类任务由于当前并不急迫，我们往往忽略它。就像我们计划的英语考级，如果没有之前每天的积累，随着考试时间临近，这件事就变得越来越急迫，而且短时间难以完成得很好。

对于“习惯性拖延”的人来说，他们甚至常常选择去做不重要的事情，而否认那些真正重要且紧迫的事情。比如，刘同学在开始考试复习前，发现自己的桌子很乱，所以决定先整理桌面（急迫但不重要），然后又上网买收纳工具（不急迫也不重要）。在做这些的时候，复习这件事的紧迫性和重要性就被否认掉了。

所以，掌握、善用这个小工具，你将变得更加清晰和高效。

（2）每周非计划日程表

计划做了一堆，但常常搁置下来，重复的次数多了，挫败感油然而生，甚至会产生无望感：“我还能改变吗？”如何让我们重拾信心，甚至还可获得小小的成就感呢？

要知道，我们生活中已有一些固定安排，比如你的课程、你的一日三餐，还有一些内容是必须要做的，如写作业、复习等。如果我们有想要实现的个人目标，不可能不考虑那些实际的安排，而去凭空地做计划。就像本章最初的那个例子一样，我们实现不了计划，很多时候是因为未考虑那些已有的安排。

这里要介绍的这种方法有点无为而治的感觉，通过不刻意、不强制，而对你的目标自然推进。这种方法就叫“每周非计划日程表”，是不是听到这个名字，就少了很多受限感。

知识窗

请看下表，一个小时是一个时间段，每天的时间从你早晨起床算起，如果你起的比表中的晚，那就相应延后。现在开始填写，把你下周周一到周日从早晨到晚上休息之间已安排和必做的事情全部填上，包括你吃早饭、上课、听讲座等与学习有关的事情，以及跟别人约好的社交活动、锻炼身体，甚至购物、洗衣服等休闲、运动、生活等事项统统填在预定的时间里。

时段	周一	周二	周三	周四	周五	周六	周日
6:00							
7:00							
8:00							
9:00							
10:00							
11:00							
12:00							
13:00							
14:00							
15:00							
16:00							
17:00							
18:00							
19:00							
20:00							
21:00							
22:00							
23:00							

填完后再想一想，还有没有哪件事情你落下了，请继续填到相应的时

段中。好，现在我们把能想到的都填上了，那我们先浏览一下这张已经填好了的表格，看看填的格子以及空格有多少。

（资料来源：(美）简·博克，(美）莱诺拉·袁．拖延心理学[M]. 蒋永强，陆正芳，译．北京：中国人民大学出版社，2009.）

你的第一感觉是什么？也许你感觉它太满了，一看到它就有点焦虑。或者还好，尚有不少空余的时间。如果太满，那你恐怕留给自己实现目标的时间太少，请进一步认真审视一下，是否清理一下那些不必要的安排？让自己感觉不那么压迫，还有空间去处理更多的事情。

接下来，请你仔细端详一下，你是如何管理自己时间的，你的安排是否合理？举个例子，你每天早晨 7 点起床，你在吃早餐前为自己安排了半个小时读英语的时间，然后 8 点准时去上课，这样的安排可能会落空，吃早餐、读英语再加上洗漱、走路，很难在这一个小时内完成。因此这样的安排是需要调整的，要么你提前半个小时起床，或者把读英语安排在其他时间。

现在，我们已经调整好这个表格了，你可以清晰地看到，你还有多少时间可用于完成你的目标，也就是空着的那些格子有多少。

接下来，是我们的实践过程，我们要使用这个表格来记录你的进步了。当你在朝目标的方向上完成工作半个小时后，你可以马上或当晚涂掉相应的半格（用你喜欢的颜色），如果达到一个小时，你可以涂掉整个格子。

当这一周结束后，你可以看到这份表格完整的使用状况了。请把所有你用来完成目标的时间相加，看看你在完成目标上总共用了多长时间。

当我们完成这一周的涂涂画画后，我们就可以直观地看到我们的进步了，这对一个拖延的人非常重要！我们过去总关注未完成的计划或部分，现在看着这五颜六色的格子，我们终于看到，我们为实现目标投入了多长时间。

看到本身就会带给我们激励。而且，随着我们涂掉的格子越来越多，我们做事的积极性也会愈加高涨。此外，这种方式会让我们学习到，即我们不必等到有大块完整的时间再去行动，即使工作半小时也是非常有价值的。

所以请好好利用这个有用的工具吧！

知识窗

时间管理小技巧

（1）练习判断时间

学会准确地判断时间非常有用，我们知道，当我们沉浸于某件事时会感觉过得特别快；相反，当我们做一些有难度、感觉不那么愉悦的事情时，感觉时间过得很慢。所以这往往让我们产生判断上的偏差。我们需要在做事的中间不时判断时间，并观察实际的时间，从而不断调整我们的主观时间。

（2）学会利用零碎时间

非计划表格也是利用较为零碎的时间完成学习的一种方式。我们可以随时利用零碎的时间，它可能是更短的时间。比如你可以利用等公交的时间背英语单词。

（3）找出你的最佳时间

习惯拖延的我们常会陷于焦虑中，可利用的时间未利用，在期限到来之前，又没日没夜地开始工作，无法清醒觉察自己的状态及存在于自身的规律。每个人都有自己的最佳时间，可能有人在清晨的时光头脑清醒，适合读背英语，有人到了夜深人静的时候，才能静下心工作。我们需要观察自己这一天通常什么时段可以有效地做事，那我们用这个时间段来完成那些比较艰巨的任务，而在通常静不下心来的时段，去完成那些事务性的工作。

（4）享受你的"自由"时间

虽然我们都有自己的目标，追求效率，但我们也没必要把日程表安排得没有一点空隙，那样的安排容易让人想逃避。而且，我们也需要休闲和放松。在这些自由时间里，我们可以自行安排一些让我们轻松、放松或有兴趣的活动，并尽情享受这样的时刻。有时大脑需要接受不同的刺激，从一种模式转换到另一种模式，才能放松下来。

★ 运用多种推进策略

你是否以为一旦开始，你就可以一往无前了？事实上，在推进的实际过程中，你会遇到各种各样的困难或阻碍。一不小心，也许你又滑入了拖延的深渊，因此，使用多样的武器和策略，来应对可能面临的各种情况非常重要。

此外，心理学家斯蒂尔综合了几百项相关研究成果，总结出最可能强化拖延倾向的四个因素。这四个因素是：对自己取得成功的能力缺乏信心；回报遥不可及，感觉不到其真实感和价值感；预计过程和结果令人讨厌；难以自我约束，包括容易冲动或分心。

针对以上主要的影响因素，下面我们提供更多策略供你选择使用：

（1）预先决策

我们知道，性格特征常决定了我们的惯性反应，如果你预先了解了你性格中可能会导致拖延的特征后，你可以根据这种了解，提前决定如何处理惯性反应。比如，如果你很冲动，那么当你想要工作时，尤其应该减少周围环境的干扰。同样，如果你做事不是很有条理，那你应该有意让你的任务有一定的阶段性结果，这都有助于减缓拖延症。总之，我们要了解和认清自己的性格中的弱点和界限，在行动时更有前瞻性，更有意识地调节这些方面，以减少它们发挥破坏作用。而执行意图就是预先决策的一种。

（2）对外公布

对外公布计划会有什么作用呢？对外公布将增加我们做事的压力，我们将会为了维护自我形象而坚持下去，所以对外公布比默默地想，更有促进坚持的作用，有助于我们实现我们的目标。所以，选择一种方式宣布你的计划吧！也许在朋友圈，也许在与你的朋友聚会时正式公布。

（3）形成互助小组

一项长期任务可以同时搭载一件你可以获得满足的事情一起做，比如形成学习小组（满足社交），或与一个你愿意互动的人，分享你做事的进度，会使这件事情变得有趣一些。此外，对于不喜欢的工作，也可以与他人凑在一起做，比如需要填一些你们都不喜欢填的表格时。甚至在改变拖延行为上，你可以选择有同样意愿的一个人或一个组织，大家一起制订目标，通过相互监督和激励来促进行为的改变。社会支持是很棒的，群体的力量是无穷的。

（4）自我奖励

在拖延的时候，我们常不自觉地转移到其他的事上，尤其那些我们觉得轻松、有趣的事。那我们不妨调整一下顺序，把造成拖延的事情放在这件事之前做，这种安排通常能起到自我奖励作用。此外，我们可以主动为自己安排完成预定任务后的奖励，可以是吃个大餐、聚会或其他休闲活动。其实完成任务本身对拖延症患者来说，也是心理上的一种奖励。

（5）多做五分钟

前面提到制定可操作性目标的第一步要求 5 分钟内完成。而当我们想停下时或开始找借口时，我们不妨再多做 5 分钟，5 分钟对于每个人来说比较容易坚持。你总是多做 5 分钟，积累日久将是一段可观的时间。而且当你多做 5 分钟，你的心态也许会发生改变，所以，无论什么时候，请再来 5 分钟。

知识窗

对于如何根治拖延，达到高效工作，Facebook（脸书）有个内部分享，现摘抄如下：

（1）时间常有，时间优先

你这一天是如何度过的，你希望自己的时间如何度过呢？根据你的希望安排自己的时间，要有重点，有主次。

（2）时间总会有的

每天只计划 4 ~ 5 小时真正的工作。

（3）当你在状态时，就多干点，不然就好好休息

我们总有状态好及不在状态的时候，不在状态时不要假装在状态，你可以先放下它，去做点别的，可能状态会改变。

（4）重视你的时间，并使它值得被重视

想象你时间的价值，具体到每小时，所以动起来。

（5）不要多任务同时进行，这只会消耗注意力

不要同时做多件事，不如排一个顺序，逐个去做。要保持专注，一心一用。

（6）养成工作习惯，并持之以恒，你的身体会适应的

习惯成自然，当成为习惯以后，一切变得容易。

（7）在有限的时间内，我们能保持专注且有效率

（8）进入工作状态的最佳方式就是工作

从小任务开始做起，让事情运转起来。开始很重要，我们前面也提到过这一点。

（9）放弃“完美主义”

动手做，胜过任何完美的想象。

（10）按重要性安排工作，提高效率

把思考和执行分开，可以更快地执行和更好地思考；把不费脑子的工作和有策略的工作分开将变得更有效率。

（11）有会议就尽早安排

用于准备会议的时间往往都浪费了。应用于大学生身上也是如此，即做事尽早安排。

（12）把零散的事物结合，创造不间断工作时间

因为一个小会，可能会把下午撕成两个较小的时间段，以至于啥也干不成。但如果你把会议和你与别人沟通（通过电话、邮件）的时间结合起来，可以更好地利用时间。

（13）把不切实际的任务分割成合理的小任务

只要每天都完成小任务，你就会越来越接近那个大目标了。

（14）从来没有两个任务会有相同的优先级

总会有个更重要，仔细考虑待办事情列表。

（15）必须清楚白天必须完成的那件事是什么

只去做那件有着最大影响的事情。

（16）把任务按时间分段，会感觉它快搞定了

（17）授权和擅用他人

如果某件事其他人可以做到八成，那就委派给他做！

（18）只考虑今天和明天

把昨天翻过去，过去的已经过去。

（19）给所有的事情都设定一个期限

不要让工作无期限地进行下去。

（20）设置结束时间

针对时间紧或有压力的任务，设置结束时间，万事皆可终结。

（21）进入高效工作后，记下任何分散你注意力的东西

比如那些灵光乍现的想法、新点子、网站等，如果你把它们记下来，它就不会再蹦来蹦去影响你了。

（22）休息，休息一下

（资料来源：麦东东.Facebook 内部分享：25 个高效工作的小技巧［EB/OL］.（2015-02-10）.http://www.woshipm.com/pmd/137253.html.）

相信你自己也有一些有效的方法，请不吝分享一下：

____

____

____

____

★ 培养成长心态和自控力

前面虽然介绍了各种战胜拖延的方法和策略，但如果我们努力培养某些积极的心态和品质，它们将成为对拖延具有强大抗衡或免疫作用的弹性因子，使

我们远离拖延。而对拖延来说，哪些积极的心态和品质对其有强大的作用呢？我们认为以下两个方面非常重要：

培养成长心态

在面对失败时，人们有两种心态：一是固定心态，二是成长心态。固定心态的人认为：智力和才能是与生俱来、固定不变的。成功不过就是要证明你的能力，而失败只是证明了你没有能力，所以固定心态的人特别害怕失败。

而拥有成长心态的人，会把所有的困难都视为挑战，乐于寻找新的解决方式，喜欢试错，渴望更高的挑战。对这样的人来说，失败是一个好东西，因为可以发现自己哪里不够好，从而有针对性地提高。

你是否可以看到两种心态的差距了。固定心态只会让我们不敢面对困难和失败，做事容易逃避。而拖延的人遇到压力时，通常使用的方式就是逃避。因此我们特别需要培养成长心态，那么，如何培养成长心态呢？

（1）表扬自己的努力

有一种“习得性勤奋”，当你赞赏自己的努力时，努力本身就变成了一种价值，并具有自我增强的作用。

（2）和自己竞争

看到自己这一刻和前一刻的不同，你会感受到自我成长与进步的喜悦。

（3）从失败中学习

当跌倒时，看到自己这次失败是怎样导致的，从失败中学习，渐渐地，你会觉得不论什么经历都有意义。

形成自控力

在自控力的具体形成上，请参看畅销书籍《自控力》，在这里，我认为有两点对自控力的形成非常重要。

（1）开放的觉察

当我们不知不觉为自己找理由不去行动时，当烦躁、焦虑的情绪袭来时，当我们内在出现担忧、恐惧时，当我们已经开始行动，却又开始被其他事物吸引或停下来时，我们需要的是觉察。觉察不仅带来对拖延方方面面的了解，还可以带来对自己更多的发现，包括我们想要的、担忧的、期待的以及我们如何与世界互动的，这是我们获得成长的主要途径。觉察力高的人总是能获得更快的成长。

那如何提高觉察力呢?

首先，每时每刻关注自己的内在，聆听内心的声音、捕捉头脑的念头、感知身体的反应。

其次，在与他人互动中，观察他人言语、肢体信息，并反观自己的行为模式。

最后，有一些方式可帮助和训练我们，比如静坐、冥想等，通过它们来关注自己的呼吸、念头和情绪。下面将介绍一种正念的方法。

知识窗

正 念

正念源自佛教禅修，于20世纪80年代初第一次由麻省理工大学卡巴金教授引进到心理咨询和身心健康的多种领域。那正念是什么呢？我们可以看看“念”字，上面是今，下面是心，也就是一颗处在当下的心就是一个念的状态。我们的心，常常要么活在过去，受过去的事件影响，为过去发生的事情后悔或难过，要么会跳到未来，担忧或焦虑一些还没有发生的事。而正念可以让我们活在当下，享受当下。

正念的定义为以一种非评判性的方式关注此时此地的体验。这里的不评判指的是：

第一，不分析。当念头升起时，不去分析它从哪里来，为什么来，它代表着什么。念头升起了，就是升起了，不迎不追不拒。

第二，不分别。对发生的一切或是截然不同的体验，平等看待，平等接纳。

第三，不贴标签。不给自己的体验贴上好与不好的标签，还体验以本来面目。

通过这个定义，我们就可以发现，正念可以减少我们内在的冲突，因为我们常常对自己的体验进行评判，而这会造成内心冲突，困扰我们。有人总结，正念可以带给人们如下益处：帮助人们更多地控制自己的思想，如忽视干扰的能力；提高对自己身体的觉察；提高对自己的情绪的控制以及应对不愉快情绪的能力；最后是一种视角，关注于自己的变化的视角。此外，正念训练可能有益于人们的注意力控制和工作记忆，还可以减少焦虑和增加生活意义感。所以正念不仅仅能带给我们觉察力的提高，它对我们有诸多的好处。

正念训练的技术有：正念冥想、身体扫描、三分钟呼吸空间和正念瑜伽。它们通常是利用我们关注呼吸、关注身体的方式来进行的。我们每天可以留出 10 分钟，找一处安静的地方，去做这样的训练，非常简单易行。你可以从网上或喜马拉雅听书上去找到这样的音频，时间长了，你自己都可以随时做这样的训练，我们只需秉承非评判的原则。经常做这样的训练，将大大有助于觉察力的提高，带来平静，减少冲突，增加专注，有助于对行为的控制，因此非常有助于自控力的形成。

此外，还有系列的正念疗法。正念疗法是对以正念为核心的各种心理疗法的统称，目前较为成熟的正念疗法包括：正念减压疗法、正念认知疗法、辩证行为疗法和接纳与承诺疗法等。正念减压疗法最初就是由卡巴金设计的，它是用来缓解压力的一套严格、标准的团体训练课程。如果你想了解，可以购买相应的书籍。

我们不仅可以经常做正念训练，还可以把正念的理念引入生活中，去看待生活中的问题和万事万物。当你长时间这样做时，有助于形成正念的特质。有证据表明，那些更留意正念的人，往往比不喜欢正念的人更具优势。例如，有着更多正念的学生有更高的自尊，具备更多正念思想的员工工作效率更高，更具胜任力。所以请时刻保持正念的思想和理念，活在当下，拥抱生活吧。

（2）长久的动力

“不论你如何富有，你都赚不到更多的时间，你也回不到过去。没有那么多的假如，只有指针滴答的时光飞逝和你应该好好把握的现在。”

——Facebook 内部分享

我们如果上网搜索“如何治疗拖延”，会出来一大堆方法。现实中也存在相当多与我们一样处于“水深火热”“叫苦连连”的盟友。但当你问一个已经不再拖延的人有什么好办法，也许 TA 不一定能说出来。但可能 TA 会告诉你，某一天醒来，TA 觉得不能这么下去了，否则这辈子就这样子了。不知道你是否有午夜惊醒的时刻，你会思考什么？你要继续这样下去吗？

有了这样的时刻，也许你会思考你到底要什么？如果你没有去寻求并找到值得自己一生追求的目标，也许你还在反反复复、无法根治的拖延状态中。

如果你还没有这样的时刻，你不妨尝试画出你的生命日历。请你为自己预估一个生命的长度，然后用一个格子代表一个月或一周，画出代表你所有时光的所有格子。首先，把代表已过去时光的格子涂掉，请问，你现在看到这个日历有什么感觉？然后，你在接下来的日子里可继续使用它，请每过一个月或一周划掉一个格子。

当你这样做下去，也许某一天你就突然惊醒，开始思考自己的人生目标了。

如果我们知道自己是谁，自己看重什么，自己的兴趣和自身具备的资源，并找到我们最终想要实现什么，那这个目标将会给我们提供源源不断的动力，给我们更多坚定的感觉。

长久动力将保证我们的理性脑发挥作用，我们将更容易看到长远的收获、价值，而不是眼前的安适和利益，就不容易分心和拖延。在长久动力推动下，我们会更坚定地行动，并在行动中逐渐形成自控力。

当然，在建立和实现长远目标的过程中觉察也是非常重要的。首先需要我们不断地觉察自己、探索自己，需要学会对自己所有的经验持开放、不加评判的态度，不断地根据自己对内外环境的观察，去体验、去思考和总结，找到我们最终的目标。 在行为实践中，要时刻觉察我们当下所思考的和所做的，是否朝向实现目标的方向，有没有偏离路线、偏离目标。

所以，请探索并寻找你愿意为之付出和奋斗的梦想和目标，去努力实现它，从中建立起对自己一生有益的品质——自控力，它就是你面对生活挑战的强大武器，为你实现梦想保驾护航！

◎ 参考文献

[1]（美）威廉·克瑙斯.终结拖延症［M］.陶婧，等译.北京：机械工业出版社，2015.

[2]（美）简·博克，（美）莱诺拉·袁.拖延心理学 [M].蒋永强，陆正芳，译.北京：中国人民大学出版社，2009.

◎ 推荐阅读

[1]（加）蒂莫西·A.皮切尔.战胜拖延症 [M].金波，译.北京：文化发展出版社，2014.

第五章

情绪管理与提升训练

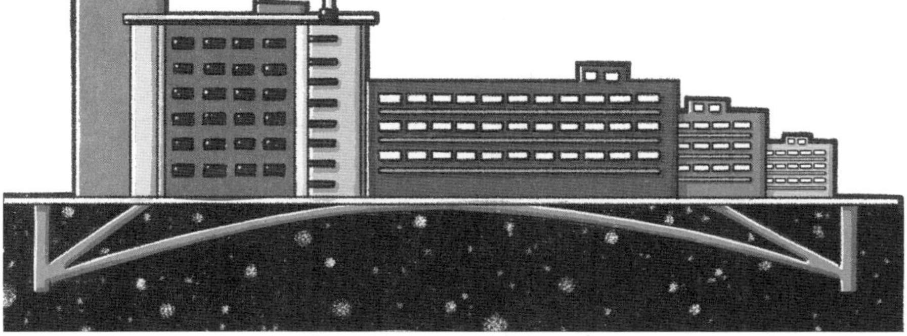

你现在的心情如何？是欢乐、烦恼、生气、担心、害怕、难过、失望或者是平静呢？还是你根本不懂自己的心情？一早起来，也许你会因艳阳高照而心情愉快，也可能因为细雨绵绵而心情低落；你也许因为逃课没被点到名而高兴，然而即将到来的考试又让你担心；发现你喜欢的人也喜欢你时，你可能会心花怒放，恋爱中的你也会因为各种各样的误会而垂头丧气……

我们拥有许多不同的情绪，而它们似乎也为我们的生活增添了许多色彩。然而，你有没有思考过下面的问题：有情绪好不好呢？渐渐长大的我们应不应该流露情绪？应该在什么样的时候流露情绪？又该在什么时候管理情绪呢？带着这些问题，让我们开始这一章的自我探索：情绪是什么？我们又该如何管理自己的情绪？

揭开情绪的面纱

在开始探索之前，我们先来做一个小小的测试。

测试 1：入门小测

以下四个场景，每个场景有三个选项，请你凭第一直觉快速诚实地选择一个，答案最后会揭晓。

1. 你在咖啡店点了一杯咖啡，当坐着等咖啡的时候，你发现坐在你隔壁桌的姑娘正在哭泣，你会怎么做？

A. 很想过去了解情况，并安慰她，但是却不好意思过去

B. 主动过去问她是否需要帮助

C. 选择换一个座位，离她远一些

2. 你和几位好朋友聚餐结束后，你其中的一位朋友和他的恋人在你面前发生争吵，你会怎么做？

A. 心里不痛快，又不知道怎么帮忙

B. 选择直接离开

C. 上前劝阻

3. 你被朋友误解了，并且他还在生你的气，你会怎么做?

A. 主动联系他，和他解释清楚

B. 不做解释，等朋友自己醒悟过来

C. 找个机会和朋友联系，但对误解的事不做解释

4. 参加学校的比赛，你感觉到被评委老师不公正地对待，你会怎么做?

A. 当场向老师表达不满，要求知道评分细节

B. 虽然有些生气，但先看看情况再说

C. 比赛完找机会和评委老师沟通，询问自己的不足

题目做完之后，先来对照一下你的选项的分数：

	第 1 题	第 2 题	第 3 题	第 4 题
A	3	3	5	5
B	5	1	1	3
C	1	5	3	1

得分合计：______ 分

下面根据总分看一下结果分析：

4 ~ 10 分：你的情绪表达较为理智。你很少因为什么事情而冲动，遇到事情常常表现得十分冷静。但有时会对他人的情绪缺乏反应，感情生活略显平淡。你需要学着感性一些，适当放松自己。

11 ~ 16 分：你的情绪表达属于平衡型。你会适当地表达你的情绪，但不会感情用事，能够克制自己不过于冷漠。即使遇到了很棘手的事情，你会冲动地握紧拳头，但是你会很快地控制住自己，从冲动的情绪中走出来。因此你很少与人发生激烈的争吵，与你相处会很愉快，很轻松。

17 ~ 20 分：你的情绪表达略显冲动。有的时候你会容易冲动，对他人情

绪反应十分激烈。对待身边的人往往十分随和、热情，有时候感情脆弱，有时候又多愁善感。你需要提醒自己管理自己的情绪，试着关注情绪并与自己的情绪工作，会让你更为舒适。

当然，测试结果只代表你现阶段的情绪表达特点，可能受你最近一个阶段的状态影响。但通过上面的测试，会让我们理解到情绪是人与生俱来的心理反应，日常生活中我们难免会与情绪不期而遇，下面我们通过小波的故事来共同探索我们的情绪。

故事

小波是大学三年级的学生，刚接任某社团社长的他，最近忙于社团的纳新。虽然纳新活动该准备的事项都进行得差不多了，但是不知怎么搞的，他心里头就是觉得不太妥当，一会儿想“纳新那天不知会不会下雨”，一会儿又想“不知道有多少新社员会加入”“如果加入的人少，其他会员会不会觉得我没能力”。一颗心就是放不下，坐立不安，呼吸困难。回到宿舍看到上铺同学上床时不小心把自己床单弄脏了，对方还没来得及道歉，一向好脾气的小波顿时感觉受到了侮辱和侵犯，心跳加快、血压升高，暴跳如雷的他冲上铺同学发了一通火。争吵过后，小波意识到是自己的情绪出了问题。

那么，小波认为的情绪是什么呢？让我们一起来看看。

★ 情绪的线索

情绪是我们对客观事物态度的体验，是我们的需要获得满足与否的反映。当客观事物能够满足我们的需要时，就会产生积极的情绪体验，如高兴、喜悦、满意；反之则会使我们产生消极的情绪体验，如悲痛、愤怒、生气等。我们如果仔细体会观察会发现，当情绪发生时，一般包含生理唤起、情绪体验、表情三种成分，俗称“情绪的三要素”。

生理唤起

在一些文学作品和影视作品中，我们经常会看到警察在破案的过程中运用测谎仪。你是不是觉得很神奇，通过一个仪器就知道人们说没说谎？那么，测试仪的基本原理是什么呢？情绪产生时，由于自主神经系统活动，人体会发生一系列的生理变化，这些变化就是生理唤起。任何说谎的企图或实施都会提高其生理唤醒水平，同时，为掩盖谎言，人们通常需要较多的智力努力，这也会在情绪指标上有所反映。也就是说我们嘴上可以说谎，但情绪不会说谎。测谎常用的生理指标是皮电反应、呼吸、血压和手指运动等，这些指标同说谎时的情绪变化有较大的联系。虽然作为破案的辅助办法是无可非议的，但由于情绪影响因素的复杂性，测谎仪的结果目前不能成为法庭上的证据。

情绪体验

当你在愉快或悲伤，愤怒或惧怕的时候，是不是会有不同的体验？这种体验就是情绪体验，情绪体验是我们在主观上感受、知觉或意识到的情绪状态，是个体对不同情绪和情感状态的自我感受。因情绪的复杂性、多样性及它在认知和生理变化之间的复杂的相互作用，会产生多种多样的情绪色彩，也叫“情感色调”。

表情

还记得美剧《Lie To Me》(《别对我说谎》) 中的情节吗？主人公通过对人的面部表情和身体动作的观察，探测人们是否在撒谎，从而还原事件真相，这就是运用了人在情绪产生时的表情。表情指外在的情绪表现，具体指面部表情、言语表情和体态表情。表情在情绪活动中具有独特作用，是情绪本身不可分割的发生机制，也是传递情绪信息的外在表现，如有的人遇到伤心、悲痛的事就捶胸顿足、呼天抢地，遇到高兴的事就眉开眼笑、手舞足蹈。

看到这些，你是不是迫不及待地想要体察自己的情绪了呢？要知道，当你的心跳如小鹿乱撞时，你可能产生了情绪；当你感觉到有难受的体验时，你可能产生了情绪；当你照镜子发现自己皱着眉时，你也可能产生了情绪。在日常生活中我们要善于通过一些线索观察自己的情绪，及时了解自己的状态。觉察是管理情绪的开始，像前面故事中的小波一样，通过一些线索判断自己有情绪，才可能进一步进行调节，而非任由情绪泛滥，影响身体健康。

训练 1：我最近的情绪

在学习完了相关理论知识之后，是时候给自己的情绪做一个扫描了，请跟着下面的提示一步步做下去，或许你会发现许多以前没有留意过的部分。

1. 选择一个舒适的姿势，轻轻地闭上你的眼睛，平心静气，让自己放松，回想最近一段时间发生的事情，并注意自己情绪上的变化。

2. 最近让你感觉高兴的事情是________________________。当时你的情绪是______________________，现在想起来，你的情绪是________________。

3. 最近让你感觉不高兴的事情是____________________________________。当时你的情绪是______________，现在想起来，你的情绪是_______________。

4. 每当高兴的时候，你会觉得____________________________________。

5. 每当不高兴的时候，你会觉得__________________________________。

6. 你情绪变化的特点是____。

看到自己情绪变化的特点，此刻你有什么样的想法，请写在下面：

____

____

____。

★ 理解情绪

上面的练习做得怎么样？如果感觉做得比较顺畅，说明平时你有留意自己的情绪。如果不知道要写什么，可能因为你不太在意自己的情绪。毕竟，在你从小到大的成长过程中，经常被提起的是听老师的话、好好学习、和同学好好相处等等。家里人在提起情绪的时候也大多会说“考试的时候不要太紧张”“跟朋友闹了矛盾不要太生气”“考试考好了不要太兴奋”……然而，“紧张”“生气”“兴奋”……到底是什么？它如何产生？每一种情绪又意味着什么？这些似乎没人告诉你。接下来，我们一起花些时间看一看情绪到底是什么。

聚焦消极情绪

提起消极情绪，让你想到的是什么呢？不开心、愤怒、沮丧、悲伤等等，当这些情绪出现的时候，身边的人又会对你怎么说？

“嘿，哥们，开心点。”

“出去走走，别难过了。”

似乎很多人都不希望待在消极情绪里，以至于他们在产生消极情绪时会觉得很不应该，想极力摆脱，却很少会静下心来思考消极情绪本身。

心理学有一个流派叫进化心理学，试图从人类进化的角度，思考各种心理现象。其代表人物普拉契克认为，情绪在发生上处于心理活动前沿，是我们身体及时的反应和信号。情绪的变化为我们提供了生理准备，情绪生成的表情和外显行为便于个体之间的信息传递，这也就解释了不同语言的人通过表情和比划就能进行简单的交流。普拉契克认为情绪是个体在进化过程中为生存斗争产生的适应手段，而非被动或偶然生成的心理副产品。

试着想象你现在处在茹毛饮血的蛮荒年代，生存受到天气、野兽、其他氏族的威胁……有恐惧，才能想方设法多打猎、多采集果实让自己和氏族成员得以生存；有愤怒，才能在遭受侵犯时奋起抵抗；有厌恶，才能在别人侵犯自己或氏族时迅速进行反击。因此，消极情绪在进化中被保留下来，是有一定的进化意义的。**人们处于消极情绪时，其思维都集中在引起其产生消极情绪的情境中或事件上，使身心在最短时间内做好准备，以随时抗争消极情境，从而保护个体的生命、尊严等在可能随时受到威胁的环境中获得生存或保留。**你看，如果仔细品味一下消极情绪的意义，你是不是觉得它不仅不“坏”，反而还很重要呢？

在此基础上我们可以进一步探讨消极情绪背后的意义。也许，我们可以借古人的诗句来理解消极情绪。

愤怒——“忍看朋辈成新鬼，怒向刀丛觅小诗。”鲁迅先生在看到5位进步青年被杀害后，愤怒而深情地写了这句诗。读这首诗可以在一定程度上唤醒愤怒这种情绪，从而激发强大动力，让这种动力推动改变。

悲伤——“一怀愁绪，几年离索。错，错，错。”悲伤往往源于“失去”。失恋的悲伤，让我们回顾热恋的甜蜜；离别的悲伤，勾起我们对相伴日子的回忆；死亡的悲伤，让我们更加珍惜和生者的相处。

后悔——“嫦娥应悔偷灵药，碧海青天夜夜心。”成仙后的嫦娥思念凡间，思念爱她也是她所爱的后羿，虽然她再也不能变回凡人，但起码懂得了生命中最重要的是什么。后悔能够让我们看清什么是最重要的，它提醒我们需要改变，需要让自己选择更加努力。

纠结——“曾虑多情损梵行，入山又恐别倾城，世间安得双全法，不负如来不负卿。”仓央嘉措的这首诗让我们看到：左边是信仰，右边是爱情；一边是戒律森严，一边是爱情美好。多么矛盾的选择，想爱的欲罢不能，佛法久久于心，如何才能两全？当我们觉察到纠结的时候，要么是因为自己“贪婪”到两者的好处都想要，要么就是根本不知道自己最想要的是什么，需要付出什么样的代价。

恐惧——“林暗草惊风，将军夜引弓。平明寻白羽，没在石棱中。”当一个人极度恐惧的时候，他会特别地敏感，甚至连一滴水滴落在地上的声音都会让他吓得跳起来大叫大跳。恐惧的积极作用，其实就是让自己更加敏锐，更加迅速地作出反应。人在这种状态下，有时候甚至会出现特别的力量，就能像《塞下曲》中描写的一样，做到平时根本做不到的将箭射入棱角分明、面积极狭窄的石缝之中。

无奈——“无可奈何花落去，似曾相识燕归来。”宋代晏殊的经典词句向我们描述了留恋春景而又无法挽留的心情。当我们穷尽所有办法都无法实现目标的时候，这种负面情绪往往会充斥在自己心里，而这种情绪给我们的积极意义在于——告诉我们是时候另起炉灶了！旧有的一切成为了禁锢，当过去的方法不再奏效，当无可奈何的失去充斥心中，我们就需要竭尽全力的突破和创新思考。正如词中的意境，花虽落去，燕却归来。

内疚——“人生若只如初见，何事秋风悲画扇。”纳兰性德以女性的笔触向我们展示了对现状的无奈，希望一切都像开始时那么唯美。当我们承认自己做错了什么的时候，我们就会更加清晰地知道“什么是正确的事情”。内疚，是让我们行驶在正确通道上的“警戒线”。有了这种情绪，我们可以更好地知道什么是有所不为。

紧张焦虑——“弃我去者，昨日之日不可留；乱我心者，今日之日多烦忧。”

诗仙李白在《宣州谢朓楼饯别校书叔云》中表达了自己怀才不遇的焦虑之感，但同他的其他诗句一样，愁字一闪即过，第三句就从极端苦闷忽然转到朗爽壮阔的境界，“长风万里送秋雁，对此可以酣高楼”，仿佛变化无端，不可思议。进一步分析一下，在紧张、焦虑的情绪下，肾上腺素能够更多地发挥作用，为身体活动提供更多能量，使反应更加快速。这也就解释了为什么古今中外许多优秀的文学作品都是在作者困顿、焦虑之际而作。

知识窗

其实，很多心理学大师都对我们平时避之唯恐不及的消极情绪青睐有加，让我们看看国际 NLP（简快心理疗法）大师李中莹是如何解读消极情绪的吧！

愤怒：给我们力量去改变一个不能接受的情况。

悲伤：一种能促进深沉思考的反应，能更好地从失去中取得智慧，从而更珍惜目前所拥有的。

后悔：找出一个得不到最好效果的做法中的意义，提醒我们，要找出一个有更好效果的做法，同时让我们更明确内心价值观的排序。

纠结：左右为难说明内心价值观的排序尚未清晰明确。

恐惧：这是一种高能量的情绪，恐惧可以提高神经系统的灵敏度，并能使意识性增强，这对我们提高对潜在问题的警觉性很有帮助。它使我们获得本不能得到的信息，使我们迅速做出反应，并在必要条件下选择逃避。处理这种情绪不是使人一定去做某件事，而是使他多了“可以做这件事”的选择。

内疚：以为已经完结的事里尚有未完结的部分。这些情绪是指引方向的，若明白它们的意思，它们能转化为力量去推动拥有者把未完结的部分完成。

紧张：太好了！紧张焦虑让我们有额外的能量去保证成功。

（资料来源：李中莹. 重塑心灵［M］. 北京：北京联合出版公司，2015.）

带着对消极情绪的这种理解，让我们来做一个练习，进一步体察一下消极情绪。

训练 2：体察消极情绪

请你静下心来，回想最近一段时间产生的消极情绪及对你的影响。记录以下条目。

1. 最近一段时间，你的消极情绪通常出现在什么时候？

2. 消极情绪对你当时所做事情的影响是什么？

3. 最近一段时间，印象最深刻的消极情绪是什么？这种情绪背后的意义是什么？

4. 在体察到消极情绪之后你做了什么？

5. 如果当时没有做，现在想想，可以做什么？

了解了消极情绪的意义，你有没有想过向你的消极情绪问好，感谢它陪在你的身边，激励着你，促你奋进。过去当消极情绪出现的时候，我们首先想到的往往是要摆脱它，让它离我们远一点，甚至觉得只有远离消极情绪，我们才能做事。然而这恰恰导致相反的结果：不是增强了消极情绪，就是制造了焦虑感。就象著名的“粉红色大象”实验告诉我们的：人永远无法“不要想起”些什么。

面对消极情绪，我们可以做的是练习对情绪的接纳，意识到消极情绪也是正常的情绪。人失恋了就是会难过，带领小组参加比赛失败了就是会自责，第二天要参加一场重要的面试就是会焦虑。如果我们用避免消极情绪的思维方式，反而会一直聚焦在消极情绪上。这时候不妨转换角度，问问自己：即使我现在不开心，我还可以做些什么能让自己稍微开心、放松、平静、积极呢？接下来，去行动，体会在行动中的力量和自我效能感。慢慢地，这种积极情绪会取代消极情绪，成为你生活中的主色调。

知识窗

粉红大象实验

心理学界有个著名的心理学实验叫“别去想那只粉红色的大象”，参与者被要求不要去想象房间里面有一头“粉红色的大象”。但是没有人成功过，所有参与实验的人脑袋里会不可抑制地出现粉红色大象的样子。这个实验证明了人脑天生关注“不”后面的内容，你永远无法“不要想起”些什么。

聚焦积极情绪

消极情绪有这么大的作用，那积极情绪呢？

画面还是回到茹毛饮血的年代，**如果说消极情绪在人类进化史的产生之初是为了解决个人生存问题，那么积极情绪就是为了解决个体的成长与发展问题。**它能让我们的认知更灵活、开明，行为更大胆，从而构建和积累更多、更广泛的资源。例如，快乐可引发玩耍的冲动，小孩子们在追逐性的玩耍中经常会有爬上柔韧的树枝上的举动。玩耍同样可构建持久的社会资源，尤其是集体的玩耍，可以同其他成员共享愉悦、兴奋，可以增强个体的社会联结和依附，并成为日后社会支持的重要依据。我们无法对远古时期的人们进行研究，但现代心理学对儿童的研究表明，玩耍可通过提高创造性水平而构建个体的智力资源，并促进大脑的发育。已构建的个体体力、智力资源等可以长期储存，以供日后的提取，从而改善个体在将来的应对和提高个体存活的机会。

古人的诗句中同样也蕴藏了对积极情绪的理解。

喜悦——“春风得意马蹄疾，一日看尽长安花。”念到这句诗，似乎能看到作者的喜色。喜悦就是这样让人感觉既明快又轻松，让周围的世界看起来更生动。相信一个喜悦的人的笑容是最美丽的，人们也更愿意和有甜美笑容的人交朋友。

感激——“谁言寸草心，报得三春晖。”当我们意识到他人对我们的付出时，我们会体验到感激！大到我们懂得父母的付出，努力进取让他们放心；小到食堂师傅往盘子里多放了一块肉，我们对其会心一笑……有时，我们感激的对象也可能是感受到某种事物带给我们益处，比如健康的身体、幸运的际遇、我们爱着的人也爱着我们。当我们赞赏人、事、物的可贵时，感激就出现了。感激会带给我们“想要付出回报”的冲动，我们会希望对帮助过我们的人做点好事，也可能会想通过帮助其他人来把自己受过的恩惠传递出去。

宁静——“回首向来萧瑟处，归去，也无风雨也无晴。”宁静是一种绵柔、低调、放松版本的喜悦，通常发生在感觉深处安全而美好的环境中；是经过长期的准备，组织完一个活动时长长叹了口气的感觉；是手里拿着书阅读，腿上还窝了一只猫时的感觉；是早上醒来，听见风拂过树叶发出响声，而被窝温暖又干燥时的感觉。

兴趣——“兴在趣方逸，欢馀情未终。”兴趣是我们在安全的环境中，被一些新颖的人、事、物吸引了注意力时感受到的情绪。我们会被兴趣牵引着，去探索、尝试，去消除神秘、了解更多。兴趣可能出现在食堂里，当我们发现推出了一道新菜时，我们想试试它的味道；当阅读一本充满了新观点的书时，我们也会大感兴趣，想把新知识吸纳进来。

希望——“长风破浪会有时，直挂云帆济沧海。”正如李白在诗中的描述，相比平淡的日常，往往在事情发展对我们不利或者存在不确定性时，我们更容易感受到希望。希望的核心是我们相信事情能好转、好事有可能发生的信念和愿望。即使找工作不顺利、考试失利、身体检查发现了异样，希望仍然让我们隐隐相信：不论现在如何，事情变好的可能性是存在的。

看到积极情绪的意义和作用后，让我们来做一个练习，进一步体察一下积极情绪。

训练 3：体察积极情绪

请你静下心来，回想最近一段时间的积极情绪及对你的影响，记录以下条目。

1. 回想最近一段时间的情绪，你的积极情绪通常出现在什么时候？

2. 好好感受它的存在，它的感觉是怎样的，具体描述一下，如积极情绪是什么时候开始产生的？持续多久？又在什么时间离开？

3. 积极情绪对你当时所做事情的影响是什么？

4. 在体察到积极情绪之后你做了什么？如果什么都没有做，思考一下当时产生的积极情绪的意义是什么，写在下面。

5. 你觉得积极情绪会在什么时候再回来？你做什么会让它再回来？

想要过上欣欣向荣的生活，我们需要足够的积极情绪，这里“足够”指的是积极率，即生活中积极情绪和消极情绪的比率。按照心理学家弗雷德里克森教授的研究，如果积极率能达到3∶1的话，我们将更加开放、创造力更强，人际体验也会更佳。

如果你想知道自己情绪的积极率，你可以做下面这个测试，看自己的积极情绪有多少。如果你觉得积极情绪足够，也可以跳过这个测试。

测试2：积极情绪自我测试

做此测试之前，请用1分钟左右回想一下，在过去的24小时中你所做过的事，遇到的人和事，以及所感受到的“最多”的情绪，然而再开始做测试。

回忆的感觉如何？利用下面的量表，选择并圈出你体验到下列每一种情绪的最大量。0= 一点都没有，1= 有一点，2= 中等，3= 很多，4= 非常多 。

题目	一点都没有				非常多
1. 你所感觉到的逗趣、好玩或可笑的最大程度有多少？	0	1	2	3	4
2. 你所感觉到的生气、愤怒或懊恼的最大程度有多少？	0	1	2	3	4
3. 你所感觉到的羞愧、屈辱或丢脸的最大程度有多少？	0	1	2	3	4
4. 你所感觉到的敬佩、惊奇或叹为观止的最大程度有多少？	0	1	2	3	4
5. 你所感觉到的轻蔑、藐视或鄙夷的最大程度有多少？	0	1	2	3	4
6. 你所感觉到的反感、讨嫌或厌恶的最大程度有多少？	0	1	2	3	4
7. 你所感觉到的尴尬、难为情或难堪的最大程度有多少？	0	1	2	3	4
8. 你所感觉到的感激、赞赏或感恩的最大程度有多少？	0	1	2	3	4
9. 你所感觉到的内疚、忏悔或应受谴责的最大程度有多少？	0	1	2	3	4
10. 你所感觉到的仇恨、不信任或怀疑的最大程度有多少？	0	1	2	3	4
11. 你所感觉到的希望、乐观或倍受鼓舞的最大程度有多少？	0	1	2	3	4

续表

题目	一点都没有				非常多
12. 你所感觉到的激励、振奋或兴高采烈的最大程度有多少?	0	1	2	3	4
13. 你所感觉到的兴趣、吸引注意或好奇的最大程度有多少?	0	1	2	3	4
14. 你所感觉到的快乐、高兴或幸福的最大程度有多少?	0	1	2	3	4
15. 你所感觉到的爱、亲密感或信任的最大程度有多少?	0	1	2	3	4
16. 你所感觉到的自豪、自信或自我肯定的最大程度有多少?	0	1	2	3	4
17. 你所感觉到的悲伤、消沉或不幸的最大程度有多少?	0	1	2	3	4
18. 你所感觉到的恐惧、害怕或担心的最大程度有多少?	0	1	2	3	4
19. 你所感觉到的宁静、满足或平和的最大程度有多少?	0	1	2	3	4
20. 你所感觉到的压力、紧张或不堪重负的最大程度有多少?	0	1	2	3	4

计分：

1. 回顾并圈出反映积极情绪的10个项目,即那些包含下列词语的项目:逗趣、敬佩、感激、希望、激励、兴趣、快乐、爱、自豪和宁静。

2. 回顾并用线画出10个反映消极情绪的项目，即那些包含下列词语的项目：愤怒、羞愧、轻蔑、厌恶、尴尬、内疚、仇恨、悲伤、恐惧和压力。

3. 数一数圈出的积极情绪项目中，被你评定为2或以上的有多少。

4. 数一数画线的消极情绪项目中，被你评定为1或以上的有多少。

5. 将你的积极情绪得分除以你的消极情绪得分，算出你今天的积极率。如果你今天的消极情绪数量为0，用1来代替它，以避免除数为零的问题。

（资料来源：（美）芭芭拉·弗雷德里克森．积极情绪的力量［M］．王珺，译．北京：中国人民大学出版社，2010：141-142.）

今天你的积极率是多少？这个测试只提供了一个大概的参照，一次测试的结果并不具有代表性。由于情绪是不断变化的，如果想要更准确的积极率，需重复测量，即在两周里每天晚上大约相同的时间，完成一份新的积极情绪自我测试（不需要参考以前某一天的答案），两周后计算积极情绪和消极情绪的比值。

我们无需太关注单日的积极率，**不用强求每天都要超过 3∶1**，因为情绪在一段时间内会有变化和波动。只要一段时间内、总体而言有足够的积极情绪即可，所以建议记录一段时间的积极率再做计算。

一个促进产生积极情绪的很好的策略是想象你实现了心愿的样子。也就是说，仅仅通过经常想象自己梦想成真，就会让你有更稳定的积极情绪体验。尽管还不清楚想象（或称形象化）的作用机制是什么样的，但确定的是，它能让你将自己的目标和动机与心愿相匹配，在生活中更容易找到和心愿有关的、能促成我们梦想实现的资源和内容。

此外，另一件很重要的事是，真诚地对待自己的情绪。如果你并没有积极的感受，不必试图伪装它，如果你感到悲伤，不必强颜欢笑。否则你会对自己的情绪困惑，搞不清楚到底自己感受到的是什么！这也是为什么会有人觉得“不清楚什么是积极的情绪”，因为 TA 平日里感受到的所谓“喜悦”，只是对痛苦的掩饰。假装开心久了，就忘了什么是真的开心。

最后需要提醒大家，如果你感到消极的情绪已经很难自我调节，似乎丧失了感受积极情绪的能力，那么，也许你需要考虑一下求助专业心理咨询师或精神科医生，因为这可能是精神障碍的表现。

情绪管理能力提升

在了解了情绪的意义之后，让我们一起探索如何提升自己的情绪管理能力吧。

还记得本章开头的小波吗？当他意识到自己的情绪后，在微信好友群里向好朋友们求助，希望大家给他一些情绪调节的方法。得到了下面的回复：

天天：好好睡一觉吧，睡起来明天就好了。

乐乐：跟你舍友吵一架吧，要不然他下次还会不注意，让他知道你不是好欺负的。

科科：听听音乐，让自己放松一下。

小纯：忙完这两天我请你吃火锅，没有什么是一顿火锅解决不了的，如果有，那就两顿。

伊伊：出去跑个步吧，管它什么心烦意乱，出出汗就全好了！

小小：如果心烦就看会儿书吧，我最近在看《心理学与生活》，里面讲了一些心理学原理我觉得挺不错。

雷雷：要是你觉得压力很大，不行就不做会长了，谁愿意做谁做，让他们也知道你的不容易。

曼曼：给你爱的抱抱，自己感受一下……

小雪：闭上眼睛，深呼吸，让自己放松、放松、放松。

看到这些回复，小波感受到了大家对他的关心，觉得暖暖的，情绪也好了许多。他听说消极情绪积攒久了会容易生病，现在自己的状态是不是不对的？而且朋友这么多种调控方法，是不是都可以拿来用？用的时候又有什么要特别注意的呢？让我们带着这个问题继续学习。

★ 情绪管理原则

情绪管理总体思路

在自己的情绪管理领域，你一定是有很多经验的老司机了，而且可能和小波一样，你也有自己的智囊团，他们会告诉你很多可用的情绪管理方法。但我们也有必要看一下，在情绪管理中有没有可供遵循的“交规”，防止不小心踩雷噢！

“交规”一、要及时觉察自己的情绪。

首先，用前面学到的方法，根据情绪的线索及时获知自己的情绪状态，并体会当下准确的情绪种类。能够觉察自己的情绪意味着有机会去调整，而不至于任由情绪跑错车道。

“交规”二、不压抑不否认情绪。

要知道，否认情绪不会使情绪消失，只会让你在面对困难情境的时候感到更难受。如果一味地忍受情绪，不但会对你身体造成影响，而且当有一天忍耐不住爆发出来的时候，会让别人感觉有怨气，对人际产生不良影响。其实，你可以承认：我现在就是有情绪。当你接纳自己情绪的时候，情绪的张力反而会减弱。

“交规”三、看到负面情绪的正面价值。

结合前面的学习，你一定已经认识到了每种负面情绪都有它的正面价值。当出现负面情绪的时候，及时找到它的正面价值，也就澄清了自己的希望、决心或期待。

“交规”四、做到三个“合适”。

在合适的时间处理情绪。当你觉得悲伤、压抑、痛苦、折磨的时候，哪怕你有再重要的事，也要留一点时间处理一下情绪。否则带着情绪向前的你，说不定会被一件小事引爆，那可是要出大事情的。

在合适的空间处理情绪。有那么多美好的自然或人文空间，你可以去看海、看电影、听演唱会、看话剧……让这些美好的事物环绕着你，使你相信生活远不止是身边的困顿烦扰。

找合适的人帮你排解情绪。如果你想寻求“解忧良方”,可以寻求身边同学、老师、父母的建议，但要确保 TA 是一个靠谱的人，TA 应该能充分地了解你，并能站在你的立场上思考问题。当你觉得身边已经没有合适的人帮你开解的时候，或许你可以试试向专业心理咨询师寻求帮助。

“交规”五、不用情绪伤害人。

我们有时需要适度宣泄情绪，但要注意是宣泄而不是发泄。如果可以，找关心你的人倾诉，而不是把怨气转移到关心你的人身上，让 TA 受到伤害。你可以去吃饭、逛街、唱歌，也可以和朋友小酌，但一定要适度，不要伤害自己的身体。

还是回到小波身上，仔细分析，如果只是第二天有事情本身，似乎要简单一些,复杂的是与舍友产生了冲突。在我们的生活中,有许多情绪是来自于人际，因为涉及的对方也是有思想有情感的个体，因此学习与人相关的情绪调节策略就显得十分重要。

★ 情绪表达方法

消极情绪的表达

在现实生活中，你是否会碰到一些不尽如人意的事情？譬如，当你正在忙一件很重要的事情时，有同学想让你帮 TA 做件无关紧要的事，碍于面子你不好意思拒绝。对于类似的遭遇，你会不会感到缺乏表达自己情绪的力量，怕自己的真实情绪表达出来会让对方不高兴。可以肯定的是，这样压抑自己情绪的做法是一种不适当的情绪表达，不利于自己的身心健康。如果你想表达消极情绪可以试试以下几种方式：

（1）学会说“不”

朋友之间互相帮忙是应该的，如果可能，你应当对朋友伸出援助之手，但是如果实在爱莫能助，那么也要学会巧妙地拒绝。

首先，要思考自己是不是有时间可以帮忙？如果自己不能帮忙，想一想其他可能帮到朋友的人或资源有哪些？当你觉得对方的要求合理时，首先肯定对方的想法合理，然后再拒绝。如果你觉得对方的要求非常无理时，也可以直截了当地说“不”。

有时候你因为碍于情面而不好意思直接拒绝某人，但自己又觉得这样很委屈，心里很矛盾。这时，你可以采取积极暗示对方的做法，让对方心领神会但又不觉得面子受伤害。比如，你正要出门去看电影，这时来了个好朋友约你去逛街，你不妨装作无意中掏出电影票，客气地邀请他一同看电影。这样，对方可能会明白自己干扰了你的行动计划，就会主动地表示歉意。如果你到某个聚会的场合时有让自己感到尴尬的事情，比如同学要让你喝酒庆祝，而你很不愿意，那么不妨先发制人，事先表明：“我很高兴参加大伙的聚会，可是我真不愿意喝酒。”这一招通常是非常灵验的。

（2）合理表达不满

有时候你感觉被不公平对待了，有时候你感觉朋友忽略了自己，这些都会让你感到不满。如果不能表达，可能会产生焦虑、愤怒、忧郁等情绪。这些情绪也需要合理地表达，如果在表达中缺乏技巧，会使人与人之间的关系恶化。

以花花过生日时没有收到男朋友的礼物这一事件为例：

第一步，描述客观事实

首先要描述这件事情本身，而非个人情绪的宣泄，这样才能让沟通继续下去。比如花花可以说："昨天我过生日，原来以为你会送我礼物，但是我没有收到唉！"

第二步，诉说自我感受

我们需要诉说自我感受，而非描述对他人的看法。诉说个人感受，更易赢得对方共情，而非陈述对他人的看法直接引起双方冲突。比如花花可以继续说："我其实还蛮伤心的呢，毕竟生日一年只有一次嘛！"

注意在这个时候也要倾听对方的想法，可能对方有苦衷或者想法跟我们不一致，无论如何，要尊重对方的想法。

第三步，陈述结果

我们需要陈述事情继续发展可能产生的结果，并争取进一步赢得对方认可。当我们说完可能产生的后果后，对方会反思自己的言行，从而更能理解我们。比如花花可以说："如果你不送我礼物，舍友就会觉得你不爱我了呢，我自己心里也酸酸的，好难过。这样一来，整个人都憔悴了。"

第四步，给出解决措施

站在共同利益基础上，提出问题的解决措施。比如花花可以说："下次过生日的时候，你是不是可以给我送一个小小的礼物。我会好好保存着，每次看到都会想到你噢！"注意，提出的解决措施一定要切实可行，具有操作性，越具体就越容易做到。

积极情绪的表达

不仅是消极情绪，积极情绪同样也需要表达。如果说表达消极情绪能让你不纠结难受，那么表达积极情绪则可以拉近你与他人的距离，让关系更加亲密。有时候你可能不好意思说出自己很开心、快乐，似乎说出来会显得很矫情。但实际上，合理表达积极情绪能够让别人更加了解、信任你，看到你的真性情，了解你真实的需要，你也能感受到别人对你的付出和善意，在良性互动中感到愉悦和满足。

所以，爱要说出口。回忆最近一段时间你积极情绪的来源，看看这些积极情绪与你身边哪几个人有关系。找出你刚才回忆中最常出现的一个人。回忆一下你和 TA 相处时的幸福时刻，TA 的可爱之处。找到 TA，当面跟 TA 说“最近有你在我身边，我感到很开心，谢谢你陪在我身边”。告诉 TA：“我希望你能一直在我身边，陪着我。”

爱的表达最好是当面说，因为当面沟通，通过身体语言、面部表情等传递的信息，更能让对方感受到你的真诚。但如果这个人不在身边，不能当面表达，也可以通过信件、网络等方式来表达。而其中手写书信在传递感情中有其独特的作用。比起即刻的网络联系，手写书信借着邮差递送，需要往返的时日，等着收信的心情，展读书信，阅读受心情牵动的字迹，随着时日而泛黄的信封与信纸，都为情感的传递带来另一番趣味。

此刻，你心中想要向谁表达积极情绪呢？不妨翻到附页，用信纸写下想要对 TA 说的话，寄给（或直接送给）TA 吧！

★ 情绪管理策略

情绪的认知调节

有很多时候，我们的情绪是由我们的不合理认知造成的，通过调节认知可以调整情绪。认知调节的重要代表理论是情绪 ABCDEF 理论，可以帮我们系统地看待情绪并且有效调控自己的情绪。

著名心理学家艾利斯提出的情绪 ABCDEF 理论的基本观点是：人的情绪不是由某一诱发性事件本身所引起，而是由经历了这一事件的人对这一事件的解释和评价所引起的。其中：A（activating event) 指诱发事件；B (belief) 指个体在遇到诱发事件之后产生的信念，即他对这一事件的看法、解释和评价；C (consequence) 指特定情景下，个体的情绪及行为的结果。如果事件发生后产生的信念是非理性的，个体就会体验到不愉快的情绪。而理性情绪疗法就是要通过引导人们与非理性信念进行辩论（disputing intervention，简称“D”）达到一定的效果（effect，简称“E”），从而使人们产生新的感觉（new feeling，简称“F”）。

这个理论看起来可能有些复杂，深入分析你会发现，在上面几个要素中，

B 所代表的信念，在整个过程中起着非常重要的中介作用。不同的信念会产生不同的情绪及行为。下面这个小测试，可以帮助我们理解什么是信念，以及区分合理信念和不合理信念。

测试 3：我的信念

看看下面的几个说法，你认为哪些说法是合适的，哪些是不合适的。在你认为合适的题号上打√，不合适的打 ×。如果你和朋友一起在看这本书，还可以讨论一下你们的意见是否一致，以及为什么会这么认为。

1. 我决不能让生活中我看重的人（亲戚、朋友、上司、同学、老师等）嫌弃。

2. 我决不能在重要任务上（学业、身体健康、人际关系等）失败，否则太可怕了，我无法忍受。

3. 在这个世界上，没有人可以达到完美的境界。

4. 人和事都应该总是朝我要他们去的方向发展，如果不是，那就太糟糕、太可怕、太恐怖了，我无法忍受！

5. 要接受自己的错误，也要接受别人的错误。

6. 如果前面三种坏事的任何一种出现了，我总要找个人骂骂才痛快！他们做错了，早就不该这么做，事情做得那么糟糕。

7. 人应该时刻防范“万一”或“应该”发生的事情。

8. 客观世界，以及我们自己的身体心理，都有一定的规律，不可能按某一个人的意志为转移。

9. 每个问题都有完美的解决方案，我必须找到它们。

10. 逃避困境和责任比正视它们要容易得多。

11. 学习不好，并不代表我一无是处。

12. 如果我事事不投入，只保持若即若离的关注，我会永远开心。

13. 遇到挫折，并不代表这件事会失败。

14. 我的过去、小时候、最近恋情和最近学习中发生的所有可怕的事造成了我此时的感觉和行为。

15. 坏人坏事不应该存在，当它们的确存在时，我真不知道该怎么办才好。

接下来，请你对照一下可供参考的答案：

1	×	2	×	3	√
4	×	5	√	6	×
7	×	8	√	9	×
10	×	11	√	12	×
13	√	14	×	15	×

上面打 × 的是艾利斯在深入研究后提出的具体的“非理性信念”，用他的话说是“让自己毫无必要地成为提线木偶的 10 种疯狂信条”。请你用荧光笔标出来，并看一下你中招了几条呢？

不要因为自己中招而沮丧，接下来的练习，能够带你从理性的视角调节自己的认知，从而调整情绪。

训练 4：情绪的认知调节

第一步：澄清自己的感受

对于眼下的事情，你是如何感受和行动的呢？感受是指情感方面，有时候是较为温和的感觉，如“有点烦”“有点开心”“有点情绪低落”；有时候是强烈的感觉，如气得发疯、心花怒放、愧疚万分等。数不清的感觉和强烈情绪被你自始至终地感受着，然后你会怎样去行动？

第二步：发现那些使你的感受和行为失当的非理性信念

问问自己：我对自己、这种情形中的他人或整体情况究竟有什么非理性信念，以致弄得自己如此不开心？

找出这些非理性信念，如果不确定，请对照 10 种疯狂信条，如果因为太多了记不住，请确保至少记住前面 4 个。

第三步：你如何挑战和对抗自己的非理性信念

为了达到这一目的，可以向自己的非理性观念发起苏格拉底式的询问，主要是询问所持观念是否有客观依据，是否符合逻辑和现实等。例如：你所持观念的根据在哪儿？如果生活不像你所想象的那样，就一定是可怕或灾难性的吗？你为何认为自己是一个无能的人？通过不断地与不合理信念进行辩论，最终你会感到自己的信念没有丝毫依据，从而会主动放弃自己的不合理信念。

第四步：你能用什么更佳之选来替代非理性观念

当你发觉自己在把事情恐怖化、应该化和合理化时，可以一遍一遍地用“我想要……”“我更喜欢……”“如果……就更好了”之类的更佳之选来替代非理性信念。更佳之选不是表明你能够或一定会成功，而是说试一试也无妨，即使你会失败、被拒绝等等。

善用身体节律

学习了情绪 ABCDEF 理论，你是否对自己的情绪有更深的领悟了？运用这种方法调节是否每次都奏效？可能也不尽然，比如当你面对考试或其他一些重要事件（如开头故事中小波遇到的情境）时，尽管你再理性，也会感到焦虑，不能做到完全的放松。这时候该怎么办？

首先，我们要看到焦虑其实是有其功能的，并非完全不好。根据相关研究，情绪唤起水平和所做事情的绩效间存在倒 U 形曲线的关系。下图显示了唤醒与绩效之间的关系，同时也显示出人们在从事不同难度的任务时，最高绩效的最佳唤醒水平。这一关系被称为“耶克斯—多德森定律”。由此可见，由情绪环境引发的唤醒才能使你有不错的发挥，而在完全没有唤起或过度唤起时则会降低所做事情的绩效。

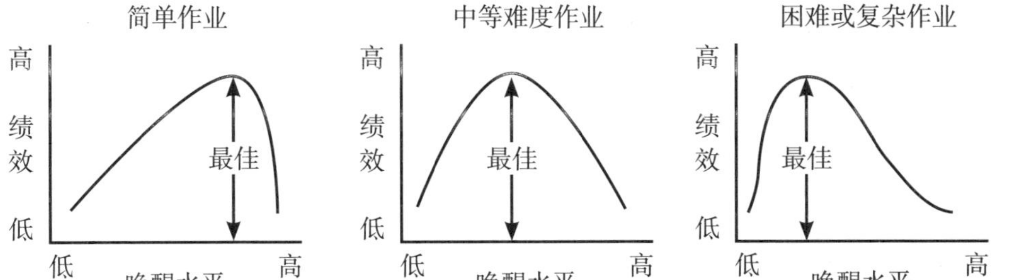

（资料来源：（美）理查德·格里格，（美）菲利普·津巴多．心理学与生活 [M]．16 版．

王垒，王甦，等译．北京：人民邮电出版社，2003：359.）

接下来，要承认自己确实存在有某种程度的焦虑，但同时也应弄明白，这焦虑是你自身对考试这一紧张情景的一种反应，是你自己应景而发的，因此衡量它适不适度、过不过度的标准取决于你自己。如果你觉得这种焦虑过度了，就需要调节，这时候你需要调动身体的力量。

我们遇到困难或问题的时候习惯于求诸于外，但往往忽视了身体本身蕴含的无限可能，这就需要了解影响情绪产生的自主神经系统的功能特点。

情绪产生的生理基础是自主神经系统，由交感神经和副交感神经两大系统组成，主要支配心肌、平滑肌、内脏活动及腺体分泌，受大脑皮质和下丘脑的支配和调节，不受意志所控制，所以称为“自主神经”。人体在正常情况下，功能相反的交感和副交感神经处于相互平衡制约中，在这两个神经系统中，当一方起正作用时，另一方则起负作用，从而能够很好地平衡协调和控制身体的生理活动。但当过度焦虑时，交感神经过度兴奋，让我们的瞳孔扩大、气管扩张，心跳加快，肝脏释放糖到血液中，肾上腺素分泌增加，血压和心率提高；与此同时胰液分泌减少，消化道减少蠕动。身体之所以有这样的操作，是想让我们集中力量，进行“战斗”。但这时候副交感神经不能很好地发挥作用，长期处于这种状态，可能会让我们耗竭。要想减轻焦虑，就要恢复副交感神经的工作。

那么问题来了，怎样才能让副交感神经出来工作呢？其实，我们身体的功能是很奇妙的，有一项基本的活动可以调动副交感神经，你猜是什么？对，就是我们的呼吸，但又不是通常意义的呼吸，而是深呼吸。下面的训练可以带你感受什么是深呼吸。

呼吸放松

首先，我们来感受一下，深呼吸带给我们的放松感觉。

训练 5：腹式呼吸放松

① 正直站立或取坐姿，调匀呼吸，放松身体，注意肩膀要平。

② 将左手置于胸部，右手按住腹部肚脐下方一寸处。

③ 闭紧嘴巴，通过鼻子深长而缓慢地吸气，同时腹肌放松，使腹部慢慢隆起。

④ 收紧腹部肌肉，当空气流入肺尖时，右手会感觉到一些推力，坚持一段时间。

⑤ 胸部保持不动，通过嘴巴长长地呼气，同时最大限度地向内收缩腹肌，使腹部凹陷，有一种沉坠的感觉，坚持一段时间。

⑥ 重复第 3 ~ 5 步，做大约 20 次。

深呼吸之后感觉是不是放松了许多？第一次做可能不能完全做到，但如果在日常生活中不断练习，可能会有意想不到的效果，让你感受到能够控制自己身体的乐趣。呼吸放松可以在平时有意识地运用，也可以在你觉得十分紧张焦虑的时候进行。建议经常性地进行这一练习，形成对呼吸控制的能力。训练时需要选择合适的时间和地点，最好选择在早上，空气清新的树林、绿地等安静的场所。

冥想放松

通过呼吸放松，你可以暂时缓解紧张等消极情绪。但当你经常处于紧张、焦虑的状态，或长期处于压力之中不能自拔时，可能会对身体造成一定的伤害。这时候在倾听身体需要的基础上，可以练习一些更深入的身体放松技术，冥想就是一种很好的选择。

有研究表明，早在 3000 多年前就已经有人开始练习冥想了。庄子的著作《逍遥游》，就体现了冥想的重要作用。冥想是将我们身体的可控部分作为入口，利用身体可控的部分切断思维，当思维切断时，有一种能量自动流淌，进入感知。感知和思维是很难同时存在的，当思维存在太厉害的时候感知就会消失。冥想的实践者已经提出，有规律地练习某些形式的冥想会增强心灵意识，有助于使个体获得启迪，并以新的方式看待那些熟悉的事情，把知觉和思维从自发的已学会的模式中解放出来。心理学的相关研究表明，有规律地进行冥想可以超越心理学普遍认为的一些局限，甚至引起在可测量的智力和认知操作上的增进。

开始学习冥想时，可以借助一些音频资源，如《萨提亚冥想》《瑜伽冥想术》等，都是不错的选择。随着学习的深入，你可以试着自己做冥想。自己把自己带到相对舒适、放松的感觉中，是不是会让你有小小的成就感呢？如果中午时间紧张，不能好好睡一觉，你可以试着给自己做个冥想放松。据研究，冥想 10 分钟比睡上 10 分钟，对身体的放松效果更好哟。

自我按摩

学会自我按摩也是一个不错的方法。按摩是中国最古老的医疗方法之一，运用按摩手法在人体的适当部位进行操作所产生的刺激信息，可通过反射的方式对人体的神经体液调节功能施以影响，从而达到消除疲劳、调节体内信息、增强体质的目的。现代心理学通过实验也已经证明，按压身体的不同穴位，能够产生一系列生物物理和生物化学上的变化，借由神经系统调节、体液循环调节以及筋络穴位的传递效应，达到镇静机体、平和思维、消除疲劳的目的，并最终提高和改善人体的各项生理机能，增强机体免疫力。

按摩不一定非要依赖专业的按摩师，你可以自己学习一些操作手法，在需要的时候进行自我按摩。

训练 6：自我按摩

1）眼部按摩减压法

①将中指与无名指按压在眉头以下、眼以上的眼窝位置，控制力度，按压 3 ~ 5 次。

②自眉骨中间向两边推开 6 ~ 8 次，加强眼周肌肤的弹性。

③手指在眼尾位置轻按 6 ~ 10 次，改善眼部血液循环。

④眼睛正视前方，轻按眼睛下方正对着瞳孔的部位，促进血液循环，改善眼部水肿与黑眼圈。

2）拍打八虚

拍打八虚就是通过经筋来调整人的气血，增强人体的抵抗力。

①拍两肘窝：可拍散心肺邪气、病气。肘窝部位，刚好是心经、心包经、肺经三条阴经通过的地方，还藏着两个穴位，即肺经的尺泽穴和心包经的曲泽穴。

拍打方法：把左手臂伸直，用右手找到左手臂的肘横纹正中，用右手大拇指点住它定位，找到后，可用右手的四指并拢轻轻拍打。每次八十一下即可，力量可由轻到重。

②拍两腋：可起到疏肝解郁的效果。中医认为人只要一生气，经脉肯定就会堵塞。轻拍两腋后，可以治疗人发怒后气滞血瘀、运行不畅引起的胸闷、气短、心悸、心悲欲哭、多疑、手臂胀麻等症状。平时所说的“气急攻心”实际上是肝火滞留于两腋，阻碍了心经气血运行，不仅伤肝，也伤心脏。人因气急攻心产生昏厥时，可以弹拨极泉穴。两腋的极泉穴不仅具有宽胸理气的作用，还可以引血上行。因此当你愤怒时，拍极泉穴可以使头脑快速清醒，使你快速平静下来。

拍打方法：右手拍打左腋的时候，左手向后弯曲，放在脑后部，这样左腋即可完全暴露在外，方便拍打按摩。那么左手拍打右腋时，方向颠倒即可。当我们用四指在腋窝正中轻轻弹拨腋窝下的一根大筋的时候，出现无名指和小指发麻的情况，就是弹拨对了。然后在这里多弹拨几下，同时用空拳沿着手臂的中线慢慢地拍下来，就能够化解心郁。

③拍两髀：两髀位于大腿内侧与小腹交接处的腹股沟部位，常拍两髀能健脾胃。拍打两髀时，不仅能加速气血运行，还能刺激两个穴位——气冲穴、冲门穴。

拍打方法：取直立位，用双手轻轻拍打两腹股沟，逐渐加力，直至两髀微微发热为止。每天拍打 2 ～ 3 次，每次 3 ～ 5 分钟。

④ 拍两腘：两腘就是两膝关节后面。《黄帝内经》中说“肾有邪，其气留于两腘”，平时拍打两腘可以起到补肾养肾的作用，经常拍打两腘能使人神清气爽、精神焕发。

拍打方法：取直立位，上体前倾，双手拍打两膝关节后面的腘窝，每天拍两腘 5 分钟。下午申时（15:00 ~ 17:00）膀胱经旺，此时拍打效果更佳。

在学习了以上关于情绪的解读及情绪管理策略后，你是不是对自己的情绪有了更深入的理解？情绪不是洪水猛兽，它一直与我们同在。了解自己情绪的节律，及时处理自己的消极情绪，善用积极情绪，不但可以让我们更好地体验生活的美好、人际的快乐，还可以提高学习、工作效率。让我们从现在开始，一起直面情绪，感受幸福生活！

◎ 参考文献

[1]（美）芭芭拉·弗雷德里克森．积极情绪的力量 [M]．王珺，译．北京：中国人民大学出版社，2010.

[2]（美）阿尔伯特·埃利斯，（美）阿瑟·兰格．我的情绪为何总被他

人左右 [M]. 张蕾芳，译 . 北京：机械工业出版社，2018.

◎ 推荐阅读

[1]（美）莉莎·特克斯特. 与情绪和解 [M]. 蔡世伟，译. 北京：北京时代华文书局，2018.

第六章

压力管理与韧性培养

[入门小测] 对以下几个说法你觉得是对还是错呢?

Q1 有压力，是不正常的。

Q2 压力只会对人带来不好的影响。

Q3 压力总也躲不了，干不掉呢。

揭晓答案—

A1 错！感觉有压力是很正常的事情，压力是生活中很自然的一部分，比如换了新环境、担心考试成绩、和朋友吵架、和爸妈意见不同等等，我们从小就面对这些压力，从中披荆斩棘一路走来。

A2 错！适度的压力会让人有更精彩的表现，也会让人搞砸，关键在于你能不能调适压力，运用好压力激发动力。

A3 对！蒙头大睡可以躲过初一，但躲不过十五，所以调适和管理压力的前提，是了解我们的压力是怎样来的。压抑和对抗都会让其越来越强大，对症下药找到解决压力的关键问题才好疏解。

答对一题——需要再加点油，跟随我们这一章的练习，按照步骤一步步做就会更放松哦！

答对两题——很不错，有一些了解压力啦，继续看下去吧！

全对——真厉害！有了对压力恰当的认识，并不表示能全部做好，继续看我们怎么可以更好地应对压力吧！

压力是什么

★ 识别压力

生活不是一成不变的，每一天我们都会面对来自身体内部和外部环境的各种刺激，这些刺激会威胁我们的正常机能。其中有些刺激对我们有好处，例如成功后的激动、爱或喜悦；有一些则对我们有伤害，例如坏消息、失去心爱之物、失败或是焦虑等过度的刺激，有时又称为压力（stress），因为它使我们的生活紧张疲惫。因此，所有人都需要采取一定的方式来适应和管理这些内部或外部的刺激。

上万份研究压力的文献会给我们各种不同的定义，随着后面的阅读你也会总结出自己的看法，先让我们通过生活中的压力表现来理解自己的压力需求和反应。

首先，想到压力这个词你头脑中出现了什么呢？

考试。

选课的纠结。

理想中的完美和功成名就。

希望同伴喜欢自己。

面对朋友同学，特别在意伙伴对自己的看法，难以忽略同龄人的想法。

……

如果以上烦恼你都没有，你真是太幸运了！你也可以通过阅读本章节帮助理解身边的朋友们所担忧的事。了解了这些，我们就更容易明白，同样的事情发生在你自己身上和身边朋友身上，会产生不同的反应，如人饮水，冷暖自知，有些人觉得艰难，有些人反而会觉得容易。

压力的来源

现在，让我们通过一份“青少年自评生活事件量表”（Adolescent Self-Rating Life Events Check List , ASLEC）系统地看一下我们生活中的种种压力由来，这份量表是心理学家 Holme（霍姆）和 Rahe（拉厄）在综括各种文献的基础上，结合青少年的生理心理特点和所扮演的家庭社会角色编制，经过刘贤臣教授按照中国青少年成长特点修订后的版本。

让我们来看看最近 6 个月自己在生活中遇到过下面哪些事情，并根据具体情况做出自己的勾选。若是没有发生过，就勾选 1. 未发生；若是发生过，根据事件发生时的心理感受分5级评定，勾选后面的：2. 没有影响；3. 轻度影响；4. 中度影响；5. 重度影响；6 极重影响。

1. 被人误会或错怪	1 2 3 4 5 6
2. 受人歧视冷遇	1 2 3 4 5 6
3. 考试失败或不理想	1 2 3 4 5 6
4. 与同学或好友发生纠纷	1 2 3 4 5 6
5. 生活习惯（饮食、休息等）明显变化	1 2 3 4 5 6
6. 不喜欢上学	1 2 3 4 5 6
7. 恋爱不顺利或失恋	1 2 3 4 5 6
8. 长期远离家人不能团聚	1 2 3 4 5 6
9. 学习负担重	1 2 3 4 5 6
10. 与老师关系紧张	1 2 3 4 5 6
11. 本人患急重病	1 2 3 4 5 6
12. 亲友患急重病	1 2 3 4 5 6
13. 亲友死亡	1 2 3 4 5 6
14. 被盗或丢失东西	1 2 3 4 5 6
15. 当众丢面子	1 2 3 4 5 6
16. 家庭经济困难	1 2 3 4 5 6
17. 家庭内部有矛盾	1 2 3 4 5 6
18. 预期的评选（如三好学生）落空	1 2 3 4 5 6
19. 受批评或处分	1 2 3 4 5 6
20. 转学或休学	1 2 3 4 5 6
21. 被罚款	1 2 3 4 5 6
22. 升学压力	1 2 3 4 5 6
23. 与人打架	1 2 3 4 5 6
24. 遭父母打骂	1 2 3 4 5 6
25. 家庭给你施加学习压力	1 2 3 4 5 6
26. 意外惊吓，事故	1 2 3 4 5 6

27. 如有其他事件请说明　　1 2 3 4 5 6

（资料来源：刘贤臣，刘连启，杨杰，等．青少年生活事件量表的编制与信度效度测试［J］．山东精神医学，1997（1）：15-19.）

圈选完了，现在让我们分门别类加起总分，看看 6 个方面的压力吧。

Ⅰ人际关系：包括条目 1____ + 2____ + 4____ + 15____ + 25____

我的得分加起来是：____。

Ⅱ学习压力：包括条目 3____ + 9____ + 16____ + 18____ + 22____

我的得分加起来是：____。

Ⅲ受惩罚：包括条目 17____ + 18____ + 19____ + 20____ + 21____ + 23____ + 24____

我的得分加起来是：____。

Ⅳ丧失：包括条目 12____ + 13____ + 14____

我的得分加起来是：____。

Ⅴ健康适应：包括条目 5____ + 8____ + 11____ + 27____

我的得分加起来是：____。

Ⅵ其他包括条目 6____ + 7____ + 23____ + 24____

我的得分加起来是：____。

读完本章一个月、两个月或者哪天你又回来翻看，也可以再次来测试一下，看看经过一段时间你的生活是否有哪些方面的变化。

综合各个方面的得分，或者曾经或者现在，我们在某些条目中展示的方面感受到压力。人的一生中总会遇到各种给人们带来压力的事情，这是不可避免的，也是人们无法控制的，上面这份得分单可以帮助辨识自己的压力分布。不仅分布广泛，程度不一，也可能具有创伤性，给我们留下久久难忘的伤痕，也可能只是日常生活中令人烦恼的琐事。我们人类进化到现在还没有被无可避免的压力打倒，这说明面对压力人们拥有生存适应策略。

既然人们可以掌控如何应对这些会给我们带来压力的事情，如果能够了解我们为什么会遭受压力，明白压力来临时，我们的大脑和身体都发生了什么，知道如果没有压力，我们将无法安全生存，那么我们就可以减轻压力对我们的生活和身心健康造成的消极影响。

知识窗

被世界压力研究领域称为“压力研究之父”的，是加拿大的生理心理学家汉斯·塞里（Hans Selye）。他早期做动物实验研究，研究动物在压力状态下的反应，而且发现并非所有动物对于同一压力源都具有相同的反应，后来他就把他的一些研究推广，去解释人的类似行为。

压力源的种类

压力指身体或生理上的反应，那么造成这种反应的来源或原因就被称为“压力源”（stressor）。就像上面量表的条目中描述的那些让人产生压力的事件，都是一些非常具体的极其普通的事情。当想到诸如作业截止日期到来啦、粗鲁的司机、爱争吵的同学以及被他人评论等，这时候你所经历的情感往往都是消极的，会让你心情变差，更糟糕的时候，你会因此愤怒甚至想争吵打架。

但如果你现在有一个旁观者或者是一名医学专家在身边，将会告诉你为什么这些事情实际上就是个体压力的起源和根源，也就是“压力源”。简单来讲压力源可分为两类：

①每天或经常发生的，将一个人的耐心消耗殆尽的普通生活琐事，也叫**“慢性压力”**。

②一些突发的，会对一个人造成重大伤害的防不胜防的事情，也可以称为**“急性压力”**。

压力的进化之路

要想弄明白我们为什么会对压力源产生反应，压力源是如何自动产生的，了解人类的大脑以及引发压力反应的机制是非常必要的，这些将有助于我们深入了解人类中枢神经内分泌系统的工作原理。内分泌系统掌控了我们的大脑化学物质及激素之间微妙的交互作用。正是这些化学物质和激素，影响着我们对周围环境的反应。一旦你开始了解我们的身体为什么会有各种各样的反应，你就会明白在生活中压力与我们是相伴而行的，如果没有压力，人类作为一个物种就无法延续至今。

如果你曾经看过电影《侏罗纪公园》,你应该还记得那令人胆战心惊的画面：田野中几个主角仓皇逃命，凶残的林道龙紧随其后穷追不舍。毫无疑问，这些画面生动地再现了我们的元祖曾有过的经历：为了活命拼命逃跑。在现代社会中很少有人被爬行类动物追逐过，但当我们遭遇危险时，人往往会自动地采取同样的方式避难。

这一切都源于在每个哺乳动物的大脑内，都有一个可以自动下意识感知周围环境的器官，它能够判断周围是否安全，有无捕食者出现，甚至感知更多的东西。毋庸置疑，在进化的过程中，如果在身体的适当位置有这样一个有效的安全系统便是一个极大的优势。在丛林中那些注意不到悉嗦声响的生物，更容易成为别的生物的午餐，而那些能够辨识危险并立即逃走的生物幸存的可能性则很大。只有对危险迅速作出反应，才能获得最佳的生存机会，大脑一旦感知到危险，身体就会立刻采取行动，或攻击，或防御，或逃跑，或躲藏不被发现，直到危险消失。协商不在选择之列，这样的危险不存在商量的余地。所以，有压力才有了人类的生存。

如今饥饿的捕食者已不复存在，我们也不会面临被恐龙吃掉的危险，但是我们的大脑仍延续了数百万年前的古老的反应模式。在今天的社会中，我们面对形色各异的压力源，虽然没有了四条腿动物的危险，但是汽车或电动车辆随处可见。当我们面对任何真实或者想象出来的压力时，或者需要我们立刻做出改变或者采取行动的事物时，我们会感觉到身体内部的感知技能瞬间进入极度活跃的模式。如果想到有危险、不好的事情即将发生，例如一辆车突然从你前面驶过，独自一人在家时门“砰”的一声关上了，或者把钥匙锁在汽车里……想一想你会有怎样的反应。哪怕仅仅是想想而已，你都会有被吓着的感觉。每当这时你就会肌肉绷紧，心跳加速，我们都曾亲身体验过这些感觉。

这是因为我们的神经内分泌系统因惊吓而采取了行动。该系统受刺激，释放了某些特定激素，从而导致了突然的生理变化，正是这些生理变化引起了压力反应。这些反应究竟是如何引发的？为什么会有这样的反应？这又会给我们带来什么影响？这些问题激起了众多研究者浓厚的兴趣和好奇心，无数人多年来一直在不懈地研究，试图找到这些问题的答案。

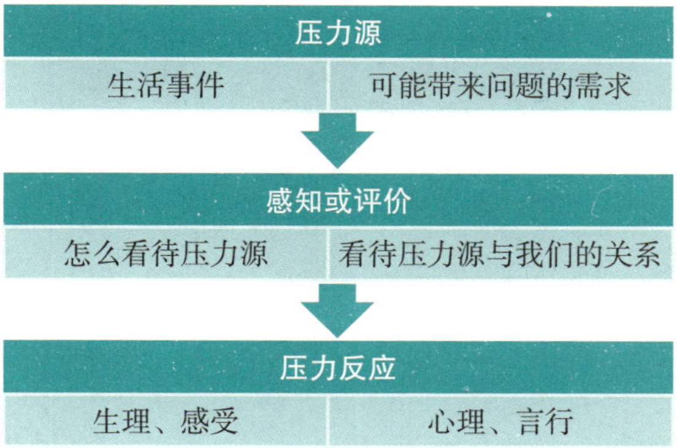

人们对于相同压力情境往往有不同反应，产生这种个体差异的原因探寻引发后来很多从事压力研究的心理学家们的兴趣。

压力的罪状：对健康和幸福的影响

就像前面问题 Q2 给人们通常的印象，压力是人的感觉，是个负面色彩的词汇，它确实是通过如下这些方面在我们的生活中刷出了存在感。

第一，压力对生理的影响。

心血管系统

压力首先通过激素影响心脏，应激激素皮质醇和肾上腺素会促进机体活跃，同时收缩血管，使血液更难流回心脏。而心肌需要足够的富含氧气的血液来维持心跳，因此压力给心脏带来负担。应激激素促使机体脂肪释放脂肪酸以便提供应对压力的能量，脂肪酸会在血液中迅速转化为胆固醇，这对心脏是有害的压力，会升高血压，久而久之动脉深受其害，心脏变得不堪一击。

大脑

大脑中的杏仁核帮助我们记忆与情绪相关的事件，“一朝被蛇咬，十年怕井绳”就是杏仁核储存的那些我们被惊吓和创伤的记忆。压力下释放的皮质醇会损害负责记忆和学习的海马体中的神经细胞神经元，导致它们减少或死亡，幸存下来的神经元的连接也变得非常脆弱。

应激激素皮质醇对唤起长时记忆和短时记忆均有影响。危机关头人们惊慌失措、想不起来如何去调取有用的信息，都是应激激素在作怪。

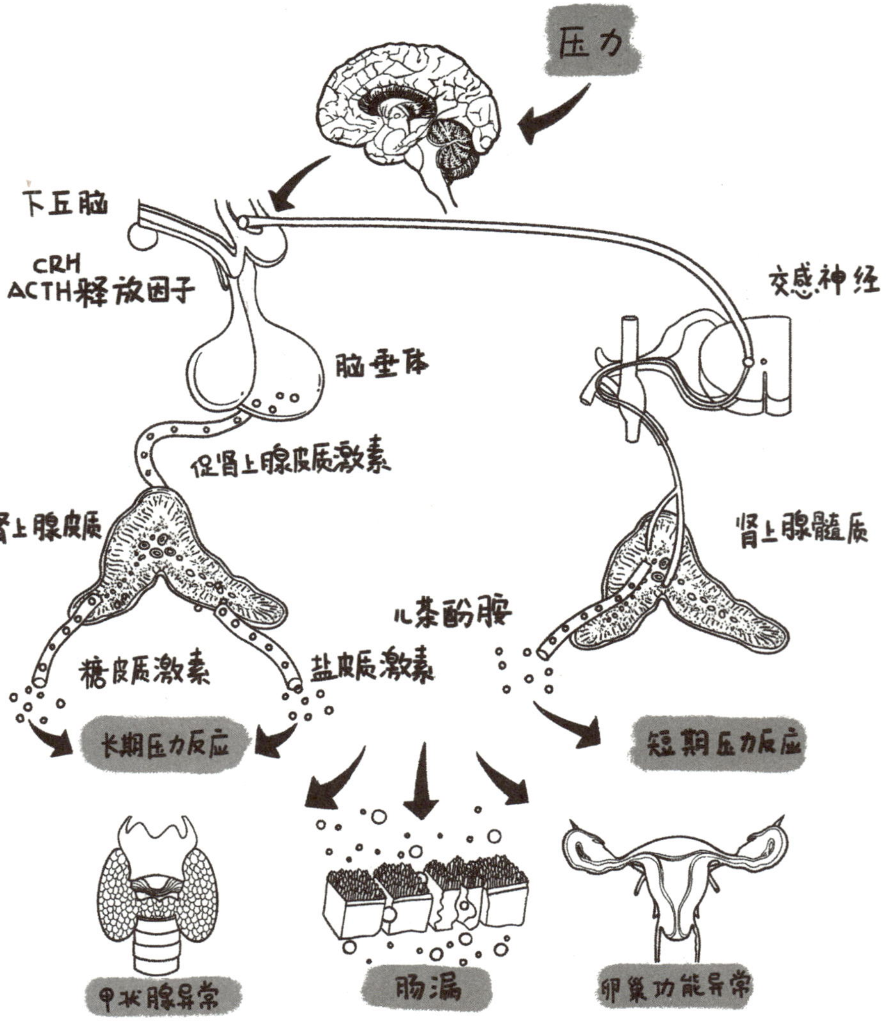

消化系统

当人们被猛兽追赶时，消化系统功能会下降，因为调动所有的能量去应急，这个时候就会抑制消化。压力导致营养不良，使大肠不适，导致腹泻、便秘、痉挛腹胀及各种胃肠道综合征。压力过大会导致胃酸分泌过多或不足，影响营养的吸收。另外一个途径是通过新陈代谢。机体新陈代谢水平提高，营养被迅速用掉，以提供逃避所需的额外能量，使人特别容易疲乏。应激激素还会降低具有冷静作用的血清素和催产素的含量，让人们更容易渴求糖类，引起暴食暴饮。

免疫系统

当你处在压力中很容易生病，是因为机体的免疫能力变弱了。应激激素随着血液循环到身体各处与免疫系统相互作用，导致淋巴细胞减少，使我们更容易感冒疲劳并被感染。高水平的皮质醇，妨碍白细胞与病毒作斗争。同时，长期压力导致免疫系统过度活跃也会增加患自身免疫疾病的风险，如狼疮和多发性硬化症。

肾上腺疲劳

应对压力时，肾上腺素和其他激素分泌要动用机体全部资源。肾上腺分泌加快，心率加快，血压升高，释放出能量储备应急，危机解除后，肾上腺还会为以后的紧急情况养精蓄锐。如果我们在长期压力之下缺乏营养，肾上腺会持续作用导致疲劳，进而可能引发的症状很多，如疲惫虚弱、免疫能力低下、激素失调、皮肤问题、自身免疫疾病、情绪问题、抑郁等。

第二，压力对心理的影响。

基于生理变化的测查，应激激素频繁作用降低了机体血清素水平，而血清素是维持良好情绪的重要化学物质，缺少了它的参与，人会易怒烦躁，血清素还影响睡眠和饮食习惯。情绪被破坏的同时，压力还会让我们目光狭隘。

故事

小 A 是一个刚刚转专业的大学生，搬到新的宿舍，她感到压力很大。受邀参加宿舍的聚餐，她没有参与到交谈之中，而是开始想很多不得不做的事情，比如还有很多表格没有交，新课程没听懂，作业要完成，宿舍要整理……她忍不住觉得参加这个聚餐是在浪费时间，原本开心的事儿变成了一个烦恼，于是她跟宿舍的同学迅速打了个招呼，说自己有事情要做就匆忙离开了。

如何才能不让那些与当下聚餐无关的事儿毁了小A的好心情？难道一切是因为待整理的事务？再多给她两周时间恐怕也无济于事，因为她完成这件事情，暂时摆脱内疚不安之后又会陷入另一项事情中。没有多想，也没有盘算，只有挥之不去的焦虑，根本无法享受人生。

持续时间再久一点，压力会让人变得麻木，不思改变。就像鞋里有沙子，穿久了也不会觉得硌脚，在火车站旁边住惯了也不觉得噪音刺耳。一直处在压力之中，人们会对这种适应性不知不觉地视为理所当然了。

第三，压力对行为的影响。

饱受压力的人，常常忽视健康的生活作息，会抽烟、酗酒，吃得很多，睡得很少，手头总有很多事，日程被排得很满，根本没有喘息之机，行为都是反射性的或习惯化的，没有反思自己的所作所为。

压力扰乱睡眠。特拉维夫大学的阿维萨德博士，考察了36名22～32岁的学生在低压水平和高压水平下的睡眠状况，结果发现那些好焦虑、心事重的学生在两种情况下的睡眠时间均少于那些不太在意自身情绪、能将压力置身事外的学生。而对皮质醇的研究发现，睡眠紊乱程度最高的失眠者分泌出最多的皮质醇。

睡眠缺乏会削弱我们的心智能力，导致思维不清，判断力下降，长时记忆能力变差，缺乏睡眠还会引起发胖，增加患2型糖尿病的风险。缺乏睡眠的大脑只顾着维持更重要的活动，因此不会关注控制及恰当地处理情绪体验。即使是15~20分钟的小憩，也能使机体恢复清醒和效率，睡眠专家告诫我们，睡眠不能像银行存款一样储存起来，所以周末的呼呼大睡不能成为预支明日睡眠的借口。

★ 逃离压力

看到上面量表自测中我们有这么多压力，还有对生理和心理的影响，是不是感觉很绝望？我们面对这些压力威胁的第一反应当然是“不要”，这是人们自我保护的本能，是人们最常见的反应。逃避虽然听起来有一点点可耻，但暂时很有用。

但是，期望无压力的生活是不实际的！

有心理学家研究发现，企图逃避压力会极大降低幸福感、生活满意度和快乐，引起链接感和归属感的下降。苏黎世大学的一项研究询问学生的目标，对他们做了为期一个月的跟踪，贯穿两个典型的压力，结果发现短期没考试和寒假中那些最想逃避压力的学生，其注意力、身体活力和自控力下降最多。回想自己宅在家的状态，假期开始时订好各种计划，带回家的好几摞书籍资料，开学时常常没翻几页又原装带回学校的样子！还有一项美国退役军人办公室对1000多名成年人长达10年之久的追踪，也发现逃避压力的倾向会让事情变得更糟。心理学家把这个恶性循环叫作“压力繁殖”。人们企图逃避压力的讽刺性后果是，消耗掉应该支持自己的资源的同时，也创造了更多的压力源。

通过警示提醒远离压力的方法也并不奏效。过去认为害怕、耻辱、自责、羞愧，所有这些都被专业人士视为提升人们幸福感的驱动因素，在众多实验研究中被证明恰恰相反。例如烟盒上“吸烟有害健康”的提示并没有减少烟草销量，反而会激发人们逃避消极情绪的渴望，而再次增加重复行为，没有达到行为改变的目的。

下面的思维练习会帮你认识到企图逃避生活压力的代价，如果这些问题与你的经历相关，花几分钟写下你的答案。

Q1. 错失的机会：由于你认为压力可能会太大，生活中拒绝或错失了什么事情、经历、活动角色或其他机会？

错失这些机会，让你付出了什么代价？

Q2. 逃避方式：当你想逃离、摆脱或漠视生活压力的时候，你会求助于什么行为替代品或选择哪种逃避途径？比如打游戏等。

这些应对方式更好地使用了你的时间能量和生命了吗？它们在哪些方面助你成长了吗？

这样的应对方式是不是自毁行为？

Q3. 限制未来：如果不害怕未来会有压力，你想做体验接纳或改变什么？通过追求这些机会，你的生命会丰富成什么样子？

一路思考下来，我们发现企图逃避眼前的压力时，后悔错失掉的机会，寻找其他方式替代结果并没有解决问题，反而有可能累积成为更大的雪球压垮自己，甚至成为另外一种打发时间逃避现实的自毁方式侵蚀掉自己的生活，不敢想明天会怎样，原来的梦想看上去越来越远……

好吧，不再盲目逃避，承认压力就是我们生活的一部分。我们没有必要，也没有办法逃离。与其恐惧，不如拥抱压力，在努力中实现自己的潜能和价值。下面我们将看看如何善用压力，悦纳压力，追求生活的意义，达到个人更好的状态。

悦纳压力

★ 感受压力

面对压力时，你似乎感到不管是精神还是身体都饱受折磨，从某种程度上来说的确如此。当面对一场突如其来的交通事故，生命遭受威胁时，你的身体所作出的反应与一头犀牛冲向你时是一样的。你会心跳加速，手心和身体冒冷汗，血液上涌，满脸通红，呼吸急促。有时压力会让我们想要逃跑或躲起来，但当人们受到攻击时，即使是在事后，其身体也会处于随时准备战斗的状态；有时压力会让人心力憔悴，不堪重负。遭遇这些给你带来压力的事情时，无论你的直觉反应是什么，你将如何应对压力才是关键，因为这意味着你的一天究竟是被毁掉还是一切照常。

感受一下自己曾经或者现在身体的哪些部位有不适的感觉，有些其实就是前面生理影响的外部表现。下面列举的是压力的常见生理反应：

①大脑：心理学研究表明，过度的压力会严重损伤大脑中“高级执行区域”的功能，导致自我反思能力削弱，让人变得冲动，认知能力和记忆力也会下降。压力对中枢神经的刺激还会带来神经衰弱、焦虑、抑郁等问题，神经性皮炎、神经性耳鸣等疾病也与压力导致的大脑皮层兴奋和抑制功能失调有关。压力造成的自主神经紊乱则会带来烦躁、失眠、食欲减退或暴饮暴食等问题。

②秃头脱发：长期的巨大压力会干扰人体的激素平衡，头发的生长功能被抑制，毛发进入休止期而出现脱发。

③牙齿口腔：长期压力会让身体渴望得到高糖和精炼饮食的“抚慰”，但这样的饮食会导致诸多口腔问题。一方面，细菌代谢分解糖类后产生的酸性物质可使牙齿脱矿，缺损成洞，逐渐形成龋齿。另一方面，糖类为细菌的生存提供营养，让它们不断繁殖，继而造成更大破坏。

④颈椎：压力带来的神经冲动会使下丘脑、垂体和肾上腺的激素在体内“翻涌”，皮质醇合成增加，身体的“警戒”反应也会被调动起来，如视觉更敏锐、肌肉更紧绷等。这种应激状态如果一直持续，身体就无法回归平衡。颈部、头部、背部的肌肉会发酸、收缩甚至痉挛，成为重压下受到伤害的部位。

⑤甲状腺：压力让甲状腺不得不时刻“站岗”，长期超负荷工作，这个“钢铁战士”扛不住时，就会出现甲状腺结节、甲状腺功能亢进等问题。

⑥大腹便便：腹部细胞更易受到皮质醇的影响，大部分脂肪被储存在肚子上。

⑦肠道：据估计，控制人类情感的血清素、多巴胺等，95% 在肠道中合成。所以人类情绪与胃肠道健康会相互影响。临床研究证实，消化道溃疡、肠易激综合征等多种消化道疾病都与压力有关。此外，良好的肠道环境依赖于寄生于此的约 3 千克的益生菌。压力带来的酗酒、药物滥用等会直接伤害益生菌，致使肠道环境遭到破坏。

⑧臀部：皮质醇还会打破女性雌激素和孕激素的平衡，使脂肪更多地向腹部、大腿和臀部聚集。

接着看，其实内心戏更加丰富。

多数情况下当一个压力事件使人们恐惧或愤怒时，我们往往会纵容这种恐惧和愤怒的蔓延，任其自行发展。我们会死盯着这件事儿不放，一遍又一遍地回想，将这件事不停地和别人说起。在压力产生时，我们的精神和身体上所发生的一切反应，只不过是一种十分正常的、具有保护性的生理反应。那么如何通过调节使自己平静下来？

美国心理学家 Anderson（安德森）早在 1987 年就提出“压力适当论”，对于压力程度进行了研究。在每个人工作或生活中都有不同程度的压力，表现出不满、无聊、疲惫挫折感的是因为缺乏压力；出现疾病、低自尊、耗竭、不合理地解决问题则是因为承受过高的压力。前者需要我们增压，后者需要我们减压，两者需要达到一定的平衡，合理地变通解决问题，获得满意和成就感，那便是最佳的压力状态。

由此，压力管理的两个方向：

①拓宽承受压力的范围，通过增压和减压的调节适度应对。

②学习转换压力的认知重塑。

更加具体地说就是通过重塑认知变压力为动力，进而使我们可以在更广的范围内承受压力、获得成功。

★ 转化压力

感受过压力，我们来做一个压力思维模式测试，你认为下面哪一个更符合你的看法：

思维模式 1：压力有害。

☐ 承受压力损害我的健康和活力。

☐ 承受压力影响我的表现和效率。

☐ 承受压力阻碍我学习和成长。

☐ 压力的影响是负面的，应该避免。

思维模式 2：压力有促进作用。

☐ 承受压力有助于我的健康和活力。

☐ 承受压力提升我的表现和效率。

☐ 承受压力推动我的学习和成长。

□ 压力的影响是积极的，应该加以利用。

多年来，各类媒体的宣传都告诉我们：压力会导致疾病！压力会加速衰老！过去的很多课程都教我们减压，如何深呼吸，如何管理时间，如何调整睡眠。1998 年，有一项针对 3 万名美国成年人的研究，8 年后的追踪结果显示：负性情绪，比如害怕、羞耻、自责、羞愧等，是由“压力有毒”的负面信念造成的。2007 年，美国心理学协会开展的年度压力调查结果显示，即使人们能识别出压力的一些好处，对压力的总体认知还是相当负面的。所幸的是，克拉姆的研究指向了一个更大的可能：压力思维模式很强大，是因为它们不仅影响你怎么想，并且影响你怎么行动。

视压力为害，它就是需要规避的东西，感受到压力就变成了企图逃避或减压的信号。秉持压力有害思维的人，更可能是通过规避的行为来应对压力。比如，他们更可能：

□ 努力使自己逃离压力源，而不是搞定它。

□ 集中精力摆脱压力感受，而不是采取步骤追根溯源解决压力。

□ 转向游戏、别的替代品，或其他上瘾的东西以逃避压力。

□ 从产生压力的关系、角色或目标中撤回精力和注意力。

恰恰相反，认为压力有益的人更可能主动积极地行动应对压力。举例来说，他们更愿意：

□ 接受压力事件和发生的事实。

□ 谋划策略处理压力源。

□ 搜集信息，寻求帮助或建议。

□ 采取步骤征服、消除或改变压力源。

□ 以更积极的方式看待压力，更好地利用情境，把它当作成长的机会。

一位心理学家说过：“一个人如果没有任何障碍，不经受任何挫折，将会永远保持满足和平庸状态，将会变得愚蠢又糊涂。”

告诉你件神奇的事情，如何看待压力这一观点的转变，不仅能提高智商，还将改变你的生物化学反应，让你变强变美！

下面我们将通过两个主要的压力反应转化练习，看看压力有益的信念是如何成为“我能行”的自我实现预言的。现在开始跟我一起锻炼吧！

压力反应一：焦虑

设想这样的情景：

你站在学校的礼堂舞台上，要对着台下的同学们做一次演讲，还有老师和学校的领导们都在听众席。你已经焦虑一周了，现在心脏怦怦直跳，手心出汗，嘴唇发干。

这时候你最该做什么？试图平静下来还是兴奋一些？

通常大家的建议认为是试着平静下来。

虽然多数人都这么认为，但这是对的吗？面临压力最好的策略是放松吗？拥抱焦虑会不会更好？

这里要提到布鲁克斯的实验研究，关于人们对紧张的观念影响表现，对自己说“我很兴奋的”那些人，感觉更能处理压力，虽然还是紧张，但他们自己有能力做好演讲；而听众的评价表明，那些兴奋的演讲者比试图冷静下来的发言人更有说服力、更自信。经过一次思维转变，他们把焦虑转化成助其更好表现的能量。所以当面临重要时刻时，欢迎压力，会强化自信，提升表现。不管是面临人生重要的考试，还是在运动竞技类的赛场上，拥抱焦虑都可以帮你在挑战面前奋起，把害怕的反应转化为勇气，停止抗拒压力就能提供动力。

故事

小 B 最近要去面试一份工作，以前每次面对陌生人时，都有压力带来的所有生理反应，他总是把这些感觉贴上“焦虑”的标签。他担心会表现失常，没法流畅地和面试官沟通。他告诉我说：“有一次面试前 5 分钟我悄悄地溜走了，因为觉得自己手足无措，头脑一片空白。”

如何转化压力变“紧张”为“兴奋”？

事先的恐慌是源于对压力的负向信念。恐慌时人体分泌肾上腺素让我们感受心跳加快等紧张感，一定水平的肾上腺素可以提升表现，太多就会削弱表现。“压力有害”的想法干扰了人们运用压力作为资源的能力，如果人们改变对压力影响的看法，就可以在压力下更好地表现。

很多学生报告说，当感觉紧张时告诉自己是兴奋的，这确实管用。面临重大事件时（比如会议、演讲、竞赛等），如果你感到紧张，记着焦虑和兴奋之间仅为一线之隔。新奥尔良大学的研究人员曾经把心率监视器绑在自身高空跳伞者和紧张兮兮的新手身上，他们发现老手们并不比第一次跳的新手更平静，经验丰富的跳伞者跳前跳后心率都更高，他们的兴奋和愉悦反应更加强烈。想要表现得好，不用担心，拥抱紧张，告诉自己你很兴奋，让自己知道正在全情投入。

小 B 试着重新思考焦虑的生理信号："我依然有同样的感觉，但我对自己说这很好，就是身体想要帮助我更好地表现。"将面试前的紧张转化为兴奋，不再试图控制紧张表现，他把焦点转向面试官的问答。虽然每次面试前同样的焦虑感受还会出现，但他不再需要出于害怕而逃避面试了。

压力反应二：恐惧

压力反应不止有一种。有时候压力会引发我们"或战或逃"（fight or flight）的反应，这种危机本能的恐惧反应使得压力臭名昭著。恐惧不是过激反应，它是完全不同的压力反应模式，使你加深自我防御，而不是取得成功。与此相似的是，需要我们在压力有所表现的场合，比如体育竞技、公众演讲的压力反应，能给我们能量帮我们聚焦，鼓励我们行动，那就是挑战反应。它驱动我们迎难而上，调动精神与生理资源获得成功。

首先两类反应的生理差异很大，它会影响你即时的表现和压力的长期后果，最大的不同是对心血管系统的影响。恐惧反应和挑战反应都会让你有所行动，你可以从怦怦的心跳中感受到这点。

在恐惧反应期间身体预测会有生理伤害，为了减少一场恶战之后的流血，你的血管紧缩，身体也易产生炎症，为了帮你尽快痊愈，免疫细胞活跃。

在挑战反应期间，身体反应更像体育锻炼，由于感觉安全，没有预测到伤害身体，那就会加速血液流动，为你提供能量。这时你的血管是松弛的，心脏也会剧烈跳动，不止是更快，力量也更强。由此得知，挑战反应比恐惧反应提供的能量更多。

这些心血管变化提示我们，提高心血管疾病风险的是恐惧反应，不是挑战反应，紧张和血压增高应对短期危机有益，但长期来看会加速衰老和导致疾病。挑战反应期间经历的心血管变化，会让你的身体处于更健康的状态。实际上有挑战反应倾向的人比有恐惧反应倾向的人更长寿，心血管和大脑更健康，有挑战反应的中老年人较少得新陈代谢疾病。在弗雷明汉对心脏的流行病学研究追踪中，有挑战生理反应的人，脑干容量更大，换句话说：随着年龄增长，他们的脑部萎缩更慢。

压力反应同时也影响压力下的表现。恐惧反应期间你的情绪可能包括害怕、生气、怀疑或者羞愧，因为首要目标是自我保护，你的事情变坏的信号更激进，这创造了一个恶性循环，越关注错误，你越害怕和自我怀疑。相反，挑战反应期间你感觉有些紧张，但也感觉兴奋、热情有力和自信，首要目标不是逃避伤害，而是追寻想要的东西，你保持注意力开放与环境互动，准备利用所有资源去工作。

商业谈判中挑战反应会让你更有效地分享和保留信息以及作出更英明的决定，有挑战反应的学生考试分数更高，运动员的成绩更好。

两种压力反应不同，从压力体验中学到的东西也不一样。恐惧反应容易使大脑对未来的威胁更敏感，它使你更擅长甄别威胁，对相似环境更抵触。恐惧反应后发生在大脑里的这种回路，会强化大脑辨别危险的连接，从而引发保证生存的行为。

相反，挑战反应时，大脑更容易从压力体验中学会韧性部分，原因是你释放了更多推动韧性的激素，包括 DHA（二十二碳六烯酸）和神经生长素。挑战反应后发生在大脑里的这种回路，强化了大脑额叶的连接，它们有助于战胜恐惧，增强积极的驱动力量。这样，事情发生后的挑战反应就对你进行了压力预防接种。

“不经一番寒彻骨，怎得梅花扑鼻香。”梅花要不是经受住一次次风霜摧折之苦，哪会有素馨沁人的花香。

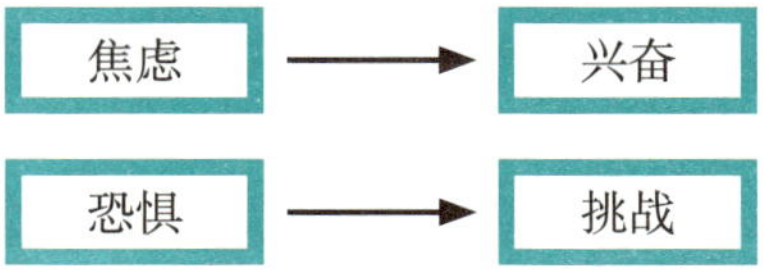

★ 承诺行动

顺境和逆境都可出人才。不过顺境比逆境多一点优势是占有“资本”，而逆境则比顺境多拥有“动力”。逆境并不影响成才，成才与否关键看是否有积极的态度，即人的作为。

转换压力变恐惧为挑战。

你可以在生活中任何感受到压力极强的场合，运用该策略。当感觉到心怦怦跳或者是呼吸急促时，就要意识到这是身体试图为你提供能量，如果注意到身体紧绷，就提醒自己说压力反应在让你接收力量。手心出汗，记住这就跟初次约会一样，要接近渴望的东西，手心才会出汗。如果胃部痉挛，要知道那是激动的信号，你的消化神经束连着数以亿计对想法和情绪产生反应的细胞，痉挛是你的直觉在说：“这很重要”，让你记住为何这个时刻如此特殊。

无论压力是什么感觉，别再焦急地试图赶走它，而是聚焦在可以用压力给你的能量动力来做些什么。你的身体正在提供资源帮你应对挑战，不是做一次深呼吸平静下来，而是深吸一口气感受可以吸收到的能量，然后运用它，问问自己：我可以怎么行动或者作何选择才能够与当下的目标保持一致。

从“真希望不用做这个”到“我能做”。

“冒名顶替综合征”在很多高校的优秀学子身上非常普遍。怀疑自己不够优秀，不适合这样的任务，一想到这个任务就害怕，确定自己会失败。

学生的主要任务就是学习，学习最基本的形式就是试错，实验科学的同学体会更加深刻，往往数十次实验才可能得到一点新的结果。让我们转换思维，把每一次的见面当成学习的机会，告诉自己，即使不知道如何回答对方的问题，这也有助于准备考试。

“我能做”每日自我肯定练习：

现在让我们选择一首自己喜爱的纯音乐轻轻地播放出来，在音乐的背景下，将下面自我肯定的文字读出来，后面还可以添加你新想到的句子，每天可以重复4遍。

我冷静而放松。

我感到平静。

我的整个身体都感到柔软、放松、深沉和舒服。

我心如止水。

我将思想从环境中抽离，感到宁静而平和。

我的思维转向内心，安逸舒适。

我内心深处是放松、舒适与平和的。

我感到内心深处的平静。

心理韧性培养

★ 抗压力：逆境重生

故事一

刘伟是“中国达人秀”冠军，10岁那年他在一次意外中失去了双臂。12岁时开始学习游泳，2005年获得“全国残疾人游泳锦标赛”百米蛙泳项目的冠军。2010年7月，他参加“中国达人秀”比赛，当袖管两空的刘伟走上舞台时，所有人都知道他要表演什么，但没人能想象他究竟要怎样用双脚弹奏钢琴。而当他坐到特制的琴凳上后，优美的旋律从他脚下流出，十个脚趾在琴键上灵活地跳跃着，全场陷入了一片安静。在表演结束之后，所有观众和三位评委都起身鼓掌。

刘伟说："我能像正常人一样生活，养活自己，虽然我体会不到拥抱别人的幸福感，但我能够在琴声中感受到更多的幸福。"当评委高晓松问他这一切是怎么做到的时候，刘伟说了一句：

"我觉得在我的人生中只有两条路，要么赶紧死，要么精彩地活着。"

故事二

有一个青年小C报考一家大公司，公布考试结果时他名落孙山。得知消息后，他在绝望之余产生了轻生的念头。当他正在医院被抢救的时候，突然传来消息：他被录用了。原来是计算机统计出了差错，他的考试成绩实际上是名列榜首。但很快又传来消息：他被解雇了。因为公司总裁听说他自杀的事情之后，认为他连如此小小的人生打击都承受不起，不可能在今后艰难曲折的人生道路上建功立业，于是决定解雇他。

抗压的种子与苦难共生。

这是两个不同的故事和两段不同的人生。网络选秀节目推出的励志偶像，不仅在青少年人群引发感动和热议，也激励了很多身处逆境中的人。对待困难，他说，刚开始是一座山，后来通过努力克服时，再回头看那困难只是一个小小的台阶。相反，心理素质太差的人，像故事二里的那个青年小C，难以做到合理地看待困难和挫折，从而使自己陷入悲观、消极的心态中无法自拔，甚至一蹶不振，最终被困难、挫折所击垮。这样的人即使智商再高也是难以有所作为的，经历过挫折和压力的预防接种反应的人才更有竞争力。微软公司老板比尔·盖茨以敢冒风险闻名，他特别喜欢用曾有过失败经历的人。一位哈佛大学的教授也曾介绍，现在公司讨论主管候选人时会说："太让我们担心的是，这个人还未经历过失败。"

中国有句俗话："困难像弹簧，看你强不强。"这个强强在哪里呢？答案是：抗压力。

抗压力，英文为“resilience”，原本是指环境学中生态系统对于环境变化的一种“复原能力”,后来被引入现代心理学,用来表示人的“精神恢复能力”,也有翻译为“抗逆力”“抗挫力”。牛津英语辞典中,“resilience”被解释为“受弯曲、拉伸、碾压等外力作用后灵活恢复原状的能力”“不畏惧困难局面，迅速恢复的能力”。

而根据中国文化传统和特色，将“resilience”译为“心理韧性”更为贴切。汉语对“韧性”的解释是：物体柔软坚实、不易折断破裂的性质，比喻顽强持久的精神，坚忍不拔的意志。心理韧性的定义有多种界定，作为人类的一个积极力量和优良品质，近年来颇受关注。其中获得广泛认可的是美国心理学会（APA）的表述,“能够直面逆境、麻烦、强压的应变能力和心理过程”，而且较为普遍一致的观点是，认为这是一种动态发展变化的过程。心理韧性是一系列能力和特征通过交互作用，使个人在面对生活逆境、创伤、悲剧、威胁或其他生活重大压力时，能较快恢复和成功应对的良好适应过程，它意味着对生活压力和挫折压力的“反弹能力”。实际上，“恢复”“应变”这些词也很容易帮助人理解抗压力。

心理韧性的由来

心理韧性是人类为了面对和解决生存困境，通过不断进化形成的一种心理机制。人的心理包括各种各样通过进化形成的心理适应模块，它们是在自然选择中被设计出来，满足特殊的信息加工的功能，帮助解决靠狩猎采集为生的祖先所要面对的生存和繁衍问题。心理韧性是在进化过程中形成的适应器，是在面临生存困境时的一种自我保护本能。但随着人类高级心理机能的出现和发展，人类在反复解决问题的过程中，掌握了生存困境的规律，认清了自己摆脱生存困境的需要和目的，于是心理韧性的功能慢慢从过去被动承受走向主动改变。个体能够自觉、主动地认识和调控自己的行为以及合理地利用资源预防生存困境，更好地面对和解决生存困境将成为心理韧性的发展趋势和目标。

像前面故事中的刘伟那样，在常人眼中遭受的困难和缺陷使其看上去生存优势有所减弱，但他却有良好的心理素质和健康的心态，面临困难、挫折时能主动及时地调整自己，合理地看待困难和挫折，使自己保持乐观和自信，并最终战胜困难、挫折，拥有成功的人生。

抗压力强的人有颗强大的心脏，面对挑战时有自信和勇气并相信未来，可以耐受住成功之路上的坎坷，不会丧失相信他人的能力，从问题中寻找意义和希望。在下表中列举了一些各个领域彪炳史册的成功者，你是不是很吃惊地发现他们在摘星之前竟然经历了这么多年的努力？这种耐受的能力受益于心理韧性。

姓名	著作	所用时间	姓名	著作	所用时间
曹雪芹	《红楼梦》	10 年	哥白尼	《天体运行论》	36 年
司马迁	《史记》	19 年	列夫·托尔斯泰	《战争与和平》	37 年
李时珍	《本草纲目》	27 年	摩尔根	《古代社会》	40 年
达尔文	《物种起源》	27 年	马克思	《资本论》	40 年
徐霞客	《徐霞客游记》	34 年	歌德	《浮士德》	60 年

心理韧性作为一种普遍的心理机制，受不同文化影响。像上表中的司马迁、曹雪芹、李时珍，被五千年华夏文明提倡的挫折观和自强人格等中华传统价值观所激活。从开蒙的《弟子规》《三字经》到经史子集，都蕴含“天将降大任于斯人也，必先苦其心志”的韧性磨练，卧薪尝胆、破釜沉舟、百折不挠等成语故事讲述的就是心理韧性培育的过程。

挫折无疑更加有利于心理韧性的唤起和激励，逆境时抬头增强勇气和信心，顺境时低头保持冷静和内敛。我国抗疟新药青蒿素的第一发明人屠呦呦，50 余年默默无闻地钻研，反复实验，在与疟疾死磕的日日夜夜，没有成果、不被认可、不为人知。可她并不介意，一直全力以赴做研究，经历了高达 190 余次的失败，最终提取出青蒿素，在科研发现 40 余年后才被世人认可，终于在 85 岁高龄获得 2015 年诺贝尔生理学或医学奖。

下面的心理韧性量表可以帮助我们了解自己的心理韧性状况，这一次测试完成后，你也可以在不同时期对自己练习的效果进行测查，比较几次测试情况，看看会不会有所不同了。

第一次测试时间：

青少年心理韧性量表

很多青少年在成长中都会遇到一些挫折和不顺利，下面的27个句子描述了与此相关的一些情况，请你根据自己在面临这些挫折和逆境时的实际情况和这些句子的符合程度，在相应的数字上画圈。1. 完全不符合；2. 比较不符合；3. 说不清；4. 比较符合；5. 完全符合。你的答案没有对错之分，请根据实际情况填答。

1. 失败总是让我感到气馁。 1 2 3 4 5
2. 我很难控制自己的不愉快情绪。 1 2 3 4 5
3. 我的生活有明确的目标。 1 2 3 4 5
4. 经历挫折后我一般会更加成熟有经验。 1 2 3 4 5
5. 失败和挫折会让我怀疑自己的能力。 1 2 3 4 5
6. 当我遇到不愉快的事情时，总找不到合适的倾诉对象。 1 2 3 4 5
7. 我有一个同龄朋友，可以把我的困难讲给他／她听。 1 2 3 4 5
8. 父母很尊重我的意见。 1 2 3 4 5
9. 我遇到困难需要帮助时，我不知道该去找谁。 1 2 3 4 5
10. 我觉得与结果相比，事情的过程更能够帮助人成长。 1 2 3 4 5
11. 面临困难，我一般会订一个计划和解决方案。 1 2 3 4 5
12. 我习惯把事情憋在心里而不是向人倾诉。 1 2 3 4 5
13. 我认为逆境对人有激励作用。 1 2 3 4 5
14. 逆境有时候是对成长的一种帮助。 1 2 3 4 5
15. 父母总是喜欢干涉我的想法。 1 2 3 4 5
16. 在家里，我说什么总是没人听。 1 2 3 4 5
17. 父母对我缺乏信心和精神上的支持。 1 2 3 4 5
18. 我有困难的时候会主动找别人倾诉。 1 2 3 4 5
19. 父母从来不苛责我。 1 2 3 4 5
20. 面对困难时，我会集中自己的全部精力。 1 2 3 4 5
21. 我一般要过很久才能忘记不愉快的事情。 1 2 3 4 5
22. 父母总是鼓励我全力以赴。 1 2 3 4 5
23. 我能够很好地在短时间内调整情绪。 1 2 3 4 5

24. 我会为自己设定目标，以推动自己前进。 1 2 3 4 5
25. 我觉得任何事情都有其积极的一面。 1 2 3 4 5
26. 我心情不好也不愿意跟别人说。 1 2 3 4 5
27. 我情绪波动很大，容易大起大落。 1 2 3 4 5

请将以上结果填入下面五个子量表

①目标专注：

题号 / 总分	3	4	11	20	24

②情绪控制：

题号 / 总分	1	2	5	21	23	27
	—	—	—	—		—

③积极认知：

题号 / 总分	10	13	14	25

④家庭支持：

题号 / 总分	8	15	16	17	19	22
			—	—		

⑤人际协助：

题号 / 总分	6	7	9	12	18	26
	—		—	—		—

请进行下列计算，得出个人力和支持力两个分量表分数：

注意：1、2、5、6、9、12、16、17、21、26、27 反向计分，在上面计分表中加入了“–”

个人力：总分_____= 目标专注_____+ 情绪控制_____ + 积极认知_____

支持力：总分_____= 家庭支持_____+ 人际协助_____

经历过心理韧性的练习，你可以回来多次检验一下练习的效果。我们期待你在各个分数都有所提升，请特别留意在个人力上你有怎样的发展变化，如果想提升支持力可以多读第二章，对你会有所帮助。

第二次测试时间：_______。测试结果：个人力_______，支持力________。

第三次测试时间：_______。测试结果：个人力_______，支持力________。

（资料来源：胡月琴，甘怡群.青少年心理韧性量表的编制和效度验证［J］.心理学报，2008，40（8）：902-912.）

★ 心灵盾牌：抗压力资源圈

从前面部分的心理韧性量表测查中我们看到，其中的 27 个题目分为个人力和支持力两个部分，其中前者包含目标专注、情绪控制和积极认知 3 个因子，后者包含家庭支持和人际协助 2 个因子。如果你发现，随着测试，自己的目标专注和情绪控制部分需要加强，可回顾一下本书第四章和第五章的内容。压力应对中积极认知思维训练还会不断强化，现在我们来看看包括后面部分支持力的资源整理。

“我的抗压力资源圈”练习

下面请跟随“我的抗压力资源圈”练习的步骤，整理自己的抗压力资源，通过对自己可用资源的澄清，明白从挫折中反弹的力量来自自身。

步骤 1：请跟着每一步的指引试着完成自己的“抗压力资源圈”（见附录 4）。

（1）当你遇到压力和挫折的时候，你会利用哪些资源（这些资源可以是你本身拥有的，可以是你擅长的领域，也可以是你能求助的人），以帮助自己迅速摆脱困境？

（2）取一张白纸，在白纸的中央画一个实心圆点代表自己。

（3）以这个圆点为中心，画三个半径不等的同心圆，代表三种资源圈。同心圆内任意一点到中心的距离表示你利用资源的优先程度。

（4）将你可利用的资源名称写在图上，越靠近中心点，表明你在遇到挫折压力的时候越愿意使用该资源，或者越愿意向其求助，分享你内心的秘密、痛苦和快乐，以帮助自己走出困境。

（5）写在最小同心圆内的属于你的“一级抗压力资源”，在你遇到困境的时候，你首先想到的是向其求助，这些资源能够给你最大程度的心灵支持。这样的资源不多，却是你最大的心灵慰藉，也是你生命中最重要的成长力量。利用这些资源，你能够迅速地从困境中反弹，并顺利地解决问题。

（6）写在第二大同心圆内的是你的“二级抗压力资源”，在你遇到困境的时候，这些资源虽然不是你的首选，但是对于你来说仍然重要，来自他们的支持和帮助能让你时常感到人生的温暖。

（7）写在最大一个同心圆内的属于你的“三级抗压力资源”，这些资源平时不怎么想得起来，可一旦你需要帮助，他们愿意尽力提供帮助。

（8）同心圆外的空白处代表你的“潜在抗压力资源”。尽量搜索你的记忆系统，把那些虽然比较疏远但你仍可利用的抗压力资源写下来。当然，这些潜在的资源更蕴藏着未来的无限可能。

步骤 2：思考后写下你的答案

Q1. 你认为自己的抗压力资源圈如何？

Q2. 你还有哪些扩展抗压力资源的方法？

Q3. 你最能掌控的抗压力资源是什么？

步骤 3：我的支援清单

请思考，在别人遇到困境的时候，如果向你求助，你能提供哪些帮助呢？将你能提供的帮助依次列出来，比如安慰、陪伴、经济支持、我的特长能力的发挥等等。

（1）

（2）

（3）

（4）

（5）

通过做上面的练习，我们可以检视一下自己有多少内在资源和能量，还有多少来自外在的社会支持的资源。压力能提高神经激素催产素的水平，进而激发亲社会倾向和社交连接。“社交”与“或战或逃”一样，都是强烈的生存本能。我们所熟知的 6 度分隔理论讲的是社会上任何两个人要产生连接，平均只需要通过 5.5 个人就可以实现，但 Facebook（脸谱网）在 2016 年将当时的 15.9 亿用户资料进行比对后，发现这个 6 度分割的平均值其实只有 3.57。你跟你的偶像只有 3.57 个间接关系的距离，跟任何一个陌生人和新朋友也是如此。内圈里的朋友越多，可以交心、可以信任的朋友越多，你的安全感可能越强；中圈、外圈的人越多，你可能感觉平常的生活过得舒畅而有活力；而潜在的朋友越多，这可能构成主动延伸你交往的触角的方向，也是问题解决资源的一部分。

拓展抗压力资源圈的障碍

（1）压力有毒的思维模式

我们常常有这样的担心，如果我把自己的苦难告诉别人，会给别人带来麻烦。我们害怕压力像细菌一样传染，我们害怕将压力传递给别人。这是典型的“压力有毒”的思维模式，而且还增添了另一层的恐惧。这种思维模式让我们和两个最重要的抗挫折资源隔绝了。了解痛苦中的自己并不孤单，你或许就能帮助别人。通过研究，我们发现了两件事：

一是，当在乎的人受苦时，注意力放在哪儿会改变我们的压力反应。如果聚焦于安慰帮助和照顾所爱之人，我们会体验到希望与连接；相反，如果聚焦于解除自身痛苦，我们就会深陷忧虑。

二是，我们可以经由小的行动创造勇气。比如，就只是握住经历痛苦的爱人的手这样小小的动作，日常生活中有很多机会作类似的连接选择。

（2）痛苦中的孤独感

痛苦中的孤独感是转化压力的最大障碍。当你感到缺乏连接，孤独更使你难以采取行动。它阻止我们向他人伸手获取帮助，使我们感到痛苦。可是没有人能不经历生理痛苦，我们的一生或失望、或生气、或痛苦、或愉悦，这是人的基本生活体验。

因为别人的痛苦很少被我们的双眼看到，我们得出的结论就是自己很孤独。我们经常通过别人的外在来判断他们的内在，因为那是能看到的全部，但往往我们会惊讶地发现某个同事有自杀想法，一个邻居有酗酒问题，或者街角那对幸福的夫妻有家庭暴力。当你和人们一起坐电梯或者在商场愉快交流时，他们看上去平静可控，外在的表现不总是反映内在的挣扎。

而且流行的沟通模式加剧了这一错误认知，人们往往被鼓励展现生活的积极面，宁愿屈从于压力，在社交媒体上发布好消息、幸福的照片和耀眼的人生里程碑。虽然多数人意识到了自己的这个倾向，但低估了他人表现积极面的程度。当你上网浏览朋友、家人发布的欢快信息时，会琢磨为什么自己的生活相比他们会乱作一团，这令人失望且艰难。这个错误的认知导致了更大的孤立感，也降低了生活的满意度。研究表明，花时间浏览社交媒体，包括微信、微博、朋友圈会提高孤独感，降低满意度。自己的生活比别人的悲惨，这个认知可能是痛苦中孤独感的产生原因之一。

在压力下减少孤独感，可以做两件事：

①提高对他人痛苦的认识。

②对自己更加开放。

让不见可见，生活对谁都不易，如果你觉得能够拥有坐在前面那家伙的生活就好了，这很荒谬，你对他的生活一无所知，事实是那个人承受着你无法相信的痛苦，每个人都有头疼之处，都被自己的苦难折磨，都被生活的需求淹没，再也承受不了另外的打击，否则就会崩溃。

所以，和我一样，这个人知道痛苦的滋味。就像我一样，这个人有自己的困难；就像我一样，这个人知道何为痛苦；就像我一样，这个人想对世界有所贡献，同样知道失败的模样。

那些需要连接支持和关怀的人，往往认为得等着别人主动前来提供那些东西，你能做的最有意义的思维转化之一就是正视自己的资源。当你有意识地转移焦点去支持别人，最后会收获更多的支持；当你努力表达感恩，最后会收到更多的感谢；当你走出自我让别人有归属感，你会成为社群中重要且被珍惜的成员。

当感觉到无论是时间还是能量资源匮乏时，最好的选择便是慷慨大方。助人为乐是获得抗挫能力的一种途径，它伴随着照顾与友善反应而来。如果受到逃避、自我怀疑的折磨，或者感觉要崩溃了，助人是最有效的动力助推器之一。

★ 成长韧性：压力思维转化

抗压力培养策略一：转化压力，变“无助”为“希望”和“连接”。

当你感觉无助时，找个方式为别人做点超出你日常职责的事，大脑可能会告诉你说没时间或能量，但这正是你该那样做的原因。你还可以把这当成日常行为，设定一个支持他人的目标，这样的话你引导身体与头脑采取积极行动，能够体验到勇气、希望和连接。就像是定期参与志愿服务、义工，甚至救助小动物等。

高尔基说：“生活愈艰始，我愈感到自己更坚强，甚至更聪明。”

两种策略能强化这种做法的益处：

首先，做新的或者未曾希望的事情，比每天做同样的事更能强化大脑的奖励系统。

其次，小的行动和大的行动一样有力，所以找机会从小事做起，而不是等到完美时刻一鸣惊人。

比如，自己也可以尝试鼓励身边同学有创造性的与人为善，你可以给予他人小小的赞美，或者是目不转睛地全情关注……

我们尝试一点不同的思维模式，比如牢记价值观或者重新看待急速的心跳。它是一个小选择，但对你如何体验压力有超出期望的巨大影响。

抗压力培养策略二：转化压力，寻找更宏大的目标

还记得第二章里生命意义和目标探寻的训练吗，它能帮助我们找到更大的目标，提高学业成绩和改善表现。在另一个研究中，首先，工作人员给大学生提供了 20 分钟的超越自我练习：花些时间想想未来你想成为哪样的人，同时思考一下你想给周围的人或社会带来怎样的积极影响？在纸上用几句话回答这个问题，在学校的学习对你要成为理想中的人有何帮助？对你未来要给周围的人或社会带来的影响有何帮助？

然后，研究人员接下来给学生们做一系列又烦人又难的数学题，完成超越思维反思的学生坚持得更久，结束时答案正确率更高，不仅短期动力增强，期末时成绩也更高。当学生们思考更宏大目标时，改变了枯燥工作及学业挑战的意义，坚持学习帮助他们在未来有所不同，促使其更投入挑战，而不是逃避。

最后，将学生带入脑成像实验室，询问他们对未来的愿景，激发他们反思自己的价值观和理想，在此过程中跟踪学生的脑部活动。当询问更宏大目标时，使学生们受到激励，感到被关怀，觉得更有希望。刺激“伴随、照顾与友善”反映而来的三个大脑区域的活动，反思更宏大目标这一行动，引发了更积极的驱动力。

当在学习或人生任何重要领域感到压力，就问问自己：我更宏大的目标是什么？这是个为之服务的机会吗？如果你很挣扎，不知道如何寻找宏大目标，花点时间思考一下以下问题，并在下面写下你自己的答案：

Q1. 你想给周围的人带来什么积极影响？

A1

Q2. 生活或学习上什么使命最激励你？

A2

Q3. 你想为这个世界贡献什么？

A3

Q4. 你想创造什么，改变什么？

A4

抗压力培养策略三：转化压力，变自我关注为意义追寻。

为学涯设计更宏大目标，给同学们的一个练习以提升韧性，叫作“角色重设”。

在角色重设的练习里，请你思考：

Q1. 描述好友眼中的我，选择一个了解和我希望别人从我身上看到的积极的方面。

A1

Q2. 你的角色对他们有何帮助？

A2

Q3. 你的角色对家庭、学校更大的愿景或者群体中其他人的幸福有何支持？

A3

角色重设没有改变我们自身的基本活动，但转化了人们的看法。

综上所述，我们希望通过心理韧性的培养，提升心理抗挫性，增强专注力，强化自我价值。

现在看一下这两个方面的变化，评估是否达到了训练效果，请在前面的方框中打钩：

□ ①思维模式不是彻底的颠覆，而是更加平衡了，能够看到压力有害的一面，也能够看到它积极的一面。

□ ②思维模式的转变伴随着其他的改变，比如焦虑和抑郁情绪的缓解，比如失眠疼痛等身体健康问题的缓解。

其实每一本书都是一次学习，每一句妈妈的“大道理”都是一次思维干预，各色“鸡汤”也是思维干预，我们从中选择自己愿意接纳的部分，吸收、内化成言行举止，堆砌成性格和观念。

如果有一些没能成功干预，没能提供长久的营养，是因为我们没有严肃认真地对待过它，所以不妨再次翻到本章节前面试一试！

读完本章后你做了这么多的练习，再次遇到压力时也可以回来再看看，一个月之后、两个月之后，你有什么变化？

一个月后：

两个月后：

章节内容回顾：

花几分钟思考下面的问题，考虑和别人分享你的想法。

①从本章开始读到这里，你对压力的理解有改变吗？

②关于拥抱压力的想法，你有什么被困扰的问题或担心？

③这部分的哪个观点、研究或故事令你印象深刻，与你个人最相关，值得在自己的生命中进行探索？

◎ 参考文献

[1]（英）吉尔·海森，（英）苏·哈德菲尔德．反弹力：幸福人生的源

动力 [M]. 高荧，尹群，李昂，译. 北京：清华大学出版社，2015.

◎ 推荐阅读

[1]（美）凯利·麦格尼格尔. 自控力 [M]. 王岑卉，译. 北京：文化发展出版社. 2012.

第七章

亲密关系与恋爱训练

人生在世，每个人都需要亲密关系的支持和滋养，父母、知心朋友都是我们一路成长的重要力量。而到了大学阶段，你可能要更多地和亲密关系中十分重要的一种——恋爱关系打交道了。这一章，就让我们一起来探索一下“爱情”这个神奇的事物吧！

问世间，情为何物，直教人生死相许？

提到爱情，你的第一反应是什么？

是“You jump,I jump”的传奇初遇？

还是“执子之手，与子偕老”的深情承诺？

是“因为爱情，不会轻易悲伤”的甜蜜相处？

还是罗密欧与朱丽叶、梁山伯与祝英台的至死不渝？

……

美好的爱情令我们心驰神往，故事里那些一见倾心的初遇、勇往直前的追求、奋不顾身的奉献和心有灵犀的默契，时刻撩拨着人们的心弦，塑造了人们对爱情的想象与期待。提到爱情，我们的心便会变得柔软与浪漫。

但是，故事里的事就是爱情的全部了吗？或许你对找不到话题的局促不安、互相伤害的激烈争吵、决定分开时的决绝背影、回首往事时的发红眼眶也并不陌生。

爱情，作为人与人之间能够发展出的最高形式的亲密关系，让人欢喜也让人忧。古往今来，人类从未停止过对于这种关系的追问和探索。

爱情是什么？心理学家也有自己对于爱情的阐释和理解。弗洛姆在他《爱的艺术》一书中开篇即道：“爱是一门艺术吗？答案是肯定的。因此，它需要知识和努力。”

或许你从来不会认为，爱情竟然也像一门学科一样，分为理论和实践，需要学习和努力。虽然人们在爱中的表现各不相同，但学者们通过不断的探寻研究，依然在天下恋人们相识、相知、相爱、相处的过程中发现了一些共有的经验和规律，可以有效地概括和预测亲密关系的发展与变化 。

所以，在这一章，我们要和你聊聊关于爱的艺术。

我们探讨的方式也许并不像爱情话题本身那样浪漫，也绝不似市场上众多吸睛的恋爱秘籍那样，教给你一些“百发百中”“屡试不爽”的必胜秘诀。它谈论的是一些，起码经过实验证明或审慎考察的、具有宏观规律性的东西（它不一定永远是对的，但可以按照一定共识被反复讨论），有些研究结果甚至可能会改变你过往的认知。我们相信，比起那些讳莫如深、玄之又玄的神秘理论，如果你了解了这些，会更有助于培养自己在关系中的健康心态，让自己的亲密关系向良性的方向发展。

什么影响了恋爱

恋爱，无疑也是人与人交往的形式之一，那么在人际交往章节中讲到的许多内容，在恋爱关系中依然是适用的。但是，比起一般的人际关系，恋人之间的人际距离又更进一步，已经是亲密无间的零距离了。这样的人际关系，也就产生了很多只有它自身才具备的特点和情况，在这一章，我们主要对这些内容进行考察。

既然爱是一门需要学习的学问，那它就像任意一门学科一样，有着自己内在的规律和理论学说。同时，它又是如此的因人而异、千变万化，所以在实践中去了解和感受也必不可少。

首先，在你尚未因爱失去理智之前，我们先来了解一些关于爱的理论知识。篇幅所限，我们无法面面俱到地讲述爱情的细枝末节，对你而言，最先需要了解的就是，哪些因素正最大程度地影响着你的恋爱，它们又是如何影响了你的恋爱的。

★ 恋爱准备

我的理想型

这个年纪的你，就算尚未品尝过爱情的滋味，也应该多少设想过理想中的TA是什么样子吧。请看一看下文这个一目了然的图片，然后思考一下自己的答案，在对应的位置填上它们吧！（如果你在某方面并没有相应的想法，不需要强行提出要求。）

（请按照自己的实际想法填写，而不是某种最完美的幻想）

怎么样，有没有一种在网上量身订制了一个机器人男友或女友的满足感？那接下来我们要做什么呢，等着商家接单、发货，然后收货，快快乐乐地开启一场完美适配的恋爱吗？令人失望的是，这本书不仅不知道哪里有这样的梦幻服务，也没有指导你按图索骥地去寻找这样一个完美伴侣的手段。先别急着扔书，相信通过刚才的填写，你也是有一些收获的，对自己的择偶观有了一个系统完整的认识，这是我们接下来所讨论内容至关重要的参照物。

我们先来看看你理想中的 TA 吧。

请你评估一下自己的答案，看看在所有你期待 TA 拥有的特质中，是侧重于外在因素的要求多些，还是侧重于内在因素的要求多些？其中，外貌、社会地位可以被看作是外在因素；性格、理想追求、相处方式可视为内在因素的体现；而成长背景和爱你的行为在内、外两个方面都会有所表现。

最理想的情况是两方面基本处于平衡的状态，这反映出你周全地考虑到了多方面的因素。如果你对于某方面的要求是缺失的，那便要区分一下，是由于自己在这方面真的无所求，还是因为自己也不知道自己想要什么。无所求，在某种程度上表示你能够接纳更多的可能性，从而扩大了自己的可选范围；但迷茫只代表着你暂时还没有想清楚这方面的事情，那么在爱的实践中，你可能更容易感到事与愿违。与没有要求相对的，如果你的要求简直细致到可以画出这个人的模样了，那么除非你已经心有所属，否则你会发现自己很难寻找到这样一位如意伴侣。

那么，如果外在与内在的要求不平衡呢？侧重于外在因素的要求远远多于对内在品质的关注的话，我们会担心你忽视了关系中的一些重要影响因素，比如你们在精神与品性上的契合程度；而如果侧重内在因素远多于外在，那你可能需要觉察一下，自己有没有过于理想主义的倾向？毕竟在实际生活中，客观条件对我们的掣肘无处不在，也许物质条件对你造成的影响远远超过你的想象。

我的征婚启事

接下来，我们要做的事可能会有些令你意外。请你再看着下面这张表格，为自己发布一则征婚启事（当然，要是你觉得谈婚论嫁这种事超出了你的经验范围，那么征一个谈恋爱的“友”也一样）。

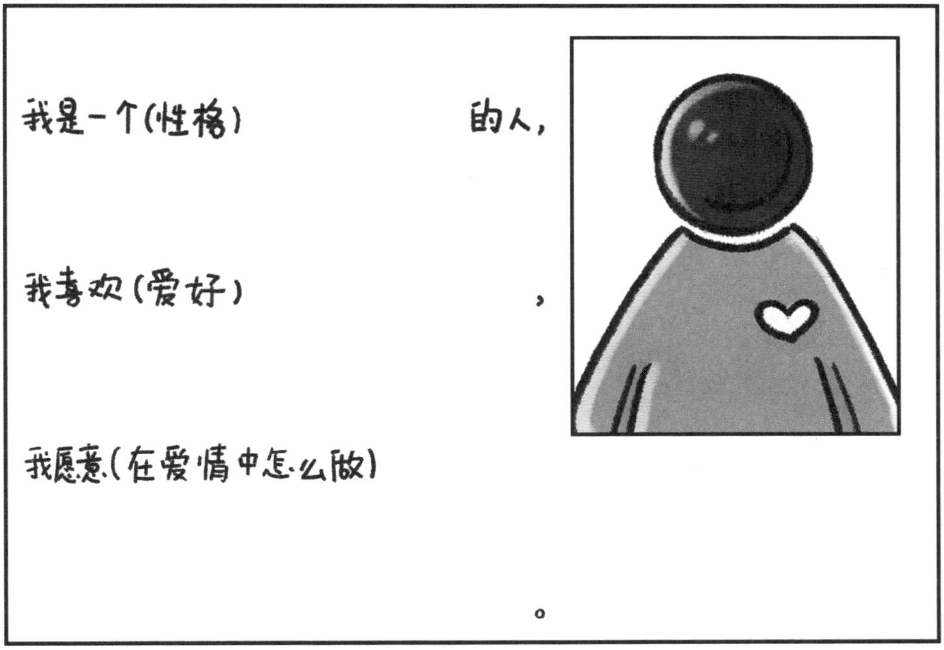

现在请你判断一下，如果把你的择偶标准和自己的征婚启事同时发布出去，你征得自己理想伴侣的可能性有多大?

很大，很小，还是有一定可能但是没有把握?

如果可能性很大的话，那么恭喜你，这在某种程度上代表着，你的择偶标准是现实可行的；你相信自己是值得被爱的；在爱情的天秤两端，爱与被爱的筹码基本平衡，你已做好了投入一段恋情的心理准备。

如果可能性很小的话，原因是什么呢。是对对方的期望太高? 还是对自己的信任太少? 我们不妨仔细地讨论一下你所写的内容。

在填写“我的理想型”的时候，我们将精力投入于确认自己的标准，很少有人会去考虑自身的条件。这本无可厚非，因为喜好倾向不需要妥协于任何条件。但是当你撰写关于自己的征婚启事的时候，便获得了一个新的视角，一个自我觉察与审视的视角。

恋爱关系的确立是一个双向选择的过程，事实上是互动双方进行匹配的过程。那么，你现在应该开始考虑如何提升自身条件，让自己更具吸引力吗？恰恰相反，我们绝不希望你认为自己只是货架上待价而沽的商品，为了迎合他人的喜好而改变自己。我们想要提示的是这样一个问题：你做好付出爱的准备了吗？

爱人与被爱

提到谈恋爱的对象，我们第一时间想到的往往是诸多标准，对方要如何优秀、要怎样爱我，就像我们在开篇做的那样。在我们心里，谈恋爱就是一个怎样被爱的问题，对方要万事为我着想，每一个纪念日都要准备惊喜，任劳任怨地为我服务，永远在我需要的第一时间出现……与此相应的，自己要考虑的则是如何惹人喜爱，通过获得更高的成就、更多的财富、更精致的外表等等，来保证自己是值得被爱的。

却很少有人想到付出爱的问题。在你填写征婚启事之前，你是否想过你愿意为你的伴侣付出什么，你的时间、金钱和精力？你能够在恋爱中为TA提供什么，你的关心、理解和支持？当你的诉求和TA的诉求产生冲突的时候，你会选择怎样去做？如果我们把关注点放在“如何被爱”上，就常常会为自己缺少某种特质而忐忑不安，嫌弃自己不够高、不够帅、不够瘦、不够美、不够开朗、不够有钱……这些特质往往一时之间很难改变，于是我们便陷入了自我怀疑，以及担心失去他人宠爱的不安中。但“如何爱人”却完全是另外一回事，它是一种人人都拥有的能力，只是每个人的发展水平不一样（这当然是可以提升的），越懂得爱人的人，便能收获越多的爱。事实上，每个人都有通向幸福的钥匙，主动权完全掌握在自己手里。

双方对于“爱”的需要和满足，才是我们真正要去匹配的东西。当两个人都希望得到爱而没有人愿意去付出时，爱的总量便不够了。自然，你也难以在爱中感到满意。爱是爱人与被爱的统一，在恋爱的任何阶段，我们都不应该忽视这一点。

被了解与被认可

在上面的讨论中，也许还有一个问题会令你疑惑。让自己变得更优秀、更令人喜爱，这个想法难道不对吗？我们常说要变成更好的自己，这是我们自我发展的一种内在需要，无可指摘。但“为了自己而变得更优秀”和“为了令人喜欢而变得更优秀”是两种不同的心态。

在上一段中我们已经谈到，当我们担心自己不够可爱、想要讨人喜欢的时候，便常常会去注意那些自己没有的东西，陷入对自身难以改变的特质的苛责之中。同时，由于担心失去别人的喜爱，我们会藏起部分真实的自己，构筑一个精致而完美的对外形象。你绅士得体，她温柔贤惠，你不敢拒绝任何一个别人的请求，他不肯在任何场合表现出自己的脆弱……因为担心真实的自己是不被人喜爱的，所以戴着完美的面具与人交往。

这个时候就会产生这样一个尴尬的困境：如果 TA 确实喜欢你，那 TA 喜欢的是真实的你吗？寻求认可的讨好姿态只会换来没有真实感的表面和谐，使人把全部注意力都放在对“TA 还喜欢我吗”的反复思考和确认上。这样的关系很难让你感觉到安全和放松，也会令对方感觉到紧张或腻烦。

所以，我们在关系中首先应该寻求的是被了解而不是被认可，你首先应当是真实的，才有可能建立一段长久而健康的关系。

★ 名为爱的魔力

接下来，请你思考这样一个问题：如果某婚恋网站按照你的标准，为你挑选出了一个完全符合你要求的恋爱对象（请不要考虑你对婚恋网站的不信任问题，相信这是真的），唯一的条件是立刻和他在一起，请问，你会答应吗？

经过仔细思考，如果你的答案是 YES，那么恭喜你喜获自己的理想型，去试试和 TA 恋爱的感觉吧。如果你的答案是 NO 的话，那你可能已经意识到了一个简单的事实，就是择偶标准和实际恋爱事实上是两回事。有恋爱经历的人可能会有这样的体验，就是自己的男 / 女朋友并不完全是自己最初设想的样子，有的甚至是大相径庭，但这并没有妨碍彼此的相亲相爱；而最初看上去尽善尽美的选择，相处下来却发现并不尽如人意（不要沮丧，当然有并未“看走眼”的选择）。动心的理由千千万万，爱情的模样天差地别，那种被我们称之为缘分的奇妙际遇似乎难有规律可循，因此，你会认为爱情的降临只是一种随机的运气表现吗？

爱情三元论

那么现在，我们可以来系统地谈一谈，爱情是什么了。

在恋爱的各个阶段，哪怕是恋爱前，当我们想要宏观地思考一下“爱情”这个命题的时候，都有可能陷入这样一种困惑当中。那就是，爱情是什么？我们也许并不是直接抽象地去思考这样一个哲学性的问题，困惑往往发生于我们想要对正在经历的感情作出评价的时候。比如，当我们感觉似乎对某个人产生了某种朦胧又特别的情愫的时候；当我们对对方的暧昧态度产生诸多联想和猜测的时候；当我们想确定自己目前的关系是什么状况、对感情现状产生了一些不安全感的时候。我们想要获得某种对照标准或是参考答案，为自己的行动作出一些指导。

心理学家罗伯特·斯滕伯格提出的爱情三元论（Sternberg，1987，2006），是关于爱情的经典理论之一。这个理论，为你提供了一个关于爱情十分清晰的理论框架。斯滕伯格认为，人类的爱情虽然复杂多变，但是各种不同的爱情都能够由三个基本成分组合而成，这三个成分分别是亲密、激情和承诺。

亲密指的是关系中的那些温暖体验，比如你体会到的支持、理解、亲近和归属的情感，都属于亲密的范畴；激情描述的则是生理上的唤醒或内在的性驱力，比如你想要与对方靠近、接触、结合的强烈冲动或情感，或是你感受到的脸红心跳、紧张不安、兴奋激动的情绪体验，都在激情的范围内；承诺指人们投身于爱情并努力维护爱情的决心，比如我们常说的义务感、责任心，以及恋人们喜欢做出的对于共同未来的大大小小的约定和誓言。其中，激情带来了“火热”，代表着爱情中的动机成分；亲密带来了温情，代表着情感成分；承诺体现了责任与理性，是爱情中的认知成分。

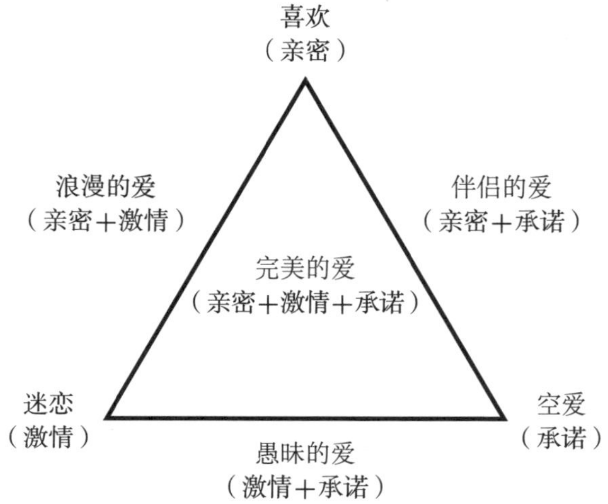

爱情三角形

爱情三元论，又叫作“爱情三角理论”，如上图所示，斯滕伯格认为，这三个成分就是三角形的三个顶点，成分之间两两组合形成了三角形的三条边。每个成分的强度都可由低到高地发生变化，因此便可组合出无数种形状和大小的爱情三角形。

这张图乍一看也许有些令人眼晕，那么请你一边看图，一边对照下面的文字进行理解。爱情三元论中的三种成分，理论上可以组合出八种最基本的爱情类型，几乎可以涵盖我们见过的大部分爱情了。它们分别是：

（1）无爱（Nonlove）

很简单，如果激情、亲密、承诺三者全部欠奉，那就不存在爱情。你们可能只是泛泛之交，彼此间的关系平淡、肤浅、不受约束。

（2）喜欢（Liking）

如果关系中只有亲密而基本不存在激情和承诺的话，这种状态便被定义为喜欢。喜欢更多地体现为友谊的形式，你与你的小伙伴关系亲近，却不会唤起激情或产生共度余生的想法。看到这里，你还会为喜欢与爱的区别感到困惑吗？

（3）迷恋（Infatuation）

只有激情却缺乏亲密与承诺的情感，被定义为迷恋。我们所说的一见钟情，便可被视为这种情感。就像这种情况，你被一个初次见面的陌生人深深地吸引了，你不了解 TA 姓甚名谁。你们甚至可能还没有说过话，自然也不会缔结承诺，但 TA 的一举一动却都牵动你心，令你为之倾倒。

（4）空爱（Empty Love）

没有亲密或激情的承诺就是空爱。一时间你或许有些难以想象存在这样的爱。比如，你以结婚为目的寻找到了一位伴侣，或者你的婚姻是由父母包办的，那你和那位伴侣最初的相处便很可能处于这样的状态，既没有深厚的感情，也没有强烈的吸引。

（5）浪漫的爱（Romantic Love）

亲密 + 激情形成浪漫的爱。这种爱情更多地注重恋爱的过程而非结果，“享受当下，莫问前程”是一种比较典型的心态。在激情和亲密的促动下，人们常常乐于为这段关系做出一份承诺，但这样的承诺往往因为缺少现实的考虑而在实际上没有分量。作为大学生的你，由于未来的方向还未确定，很难对婚姻、家庭这样的事情进行精准的规划，所以毕业即分手也常常成为很多情侣心中的担忧或遗憾。所以，也许你也应该觉察一下，自己所谈的恋爱，是否就属于这种类型。如果是的话，提前把现实问题考虑进去，能提高你恋情开花结果的概率哦。

（6）伴侣的爱（Companionate Love）

亲密 + 承诺而缺乏激情的关系，便是伴侣的爱。这是一种亲密而稳定的关系，双方具有深厚的感情，并都愿意为维持关系而投入精力。也许人们所说的爱情转化为亲情，正是描述的这样一种状态。

（7）愚昧的爱（Fatuous Love）

愚昧的爱是激情 + 承诺的产物，缺乏亲密的成分。这种类型在现实中往往表现为“闪婚”“闪离”。可能你也观察到这样的情况，一对情侣的爱情发生在电光石火之间，闪电般地坠入爱河，旋风般地步入婚姻殿堂，然后也以令人咋舌的速度宣布分手或婚姻破裂。虽然快速进展的关系并不必然导向悲惨的结局，但在激情占据压倒性地位的关系里，双方可能缺乏真正的了解和感情的积累，便很容易在激情过后，发现现实并不尽如人意。

（8）完美的爱（Consummate Love）

自不必说，完美的爱就是激情、亲密和承诺兼备的爱。这种理想的状态可能不容易达到，但可以作为一种追求的目标而存在。

怎么样，如果你正在谈一段恋爱的话，你觉得你的爱情属于什么类型？画出你的爱情三角形吧，看看在你心目中，你的爱情是什么状态。

（解释爱情的理论并非只有一种，爱情三元论帮助你自我了解，无须生搬硬套。）

依恋关系

除了前面提到的爱情三元素，还有一些随着我们成长而逐渐形成、潜移默化地对我们的行为表现产生影响的因素，也需要你来认识一下。

比如说，依恋关系。依恋这个概念，最早是由英国学者鲍尔比（John Bowlby）提出的，最初主要用来解释婴儿与其养护者之间的情感联系，后来的研究者将之扩展到了成人之间。现在我们一般认为，依恋是个体与主要抚养者发展出的一种特殊的、积极的情感纽带，也是指个体寻求并试图与另一个个体在身体和情感上保持亲密联系的倾向。你可以看一看下面这张图，根据上面的介绍定位一下心中的自己大概处在图中的什么位置。

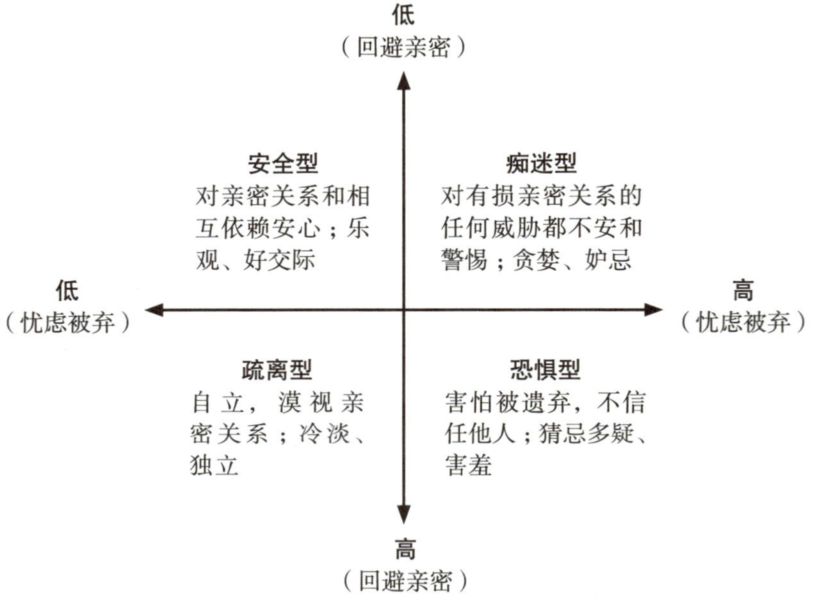

依恋的双维度图

（资料来源：（美）罗兰·兰勒．亲密关系［M］.6版．王伟平，译．北京：人民邮电出版社，2015：17-18.）

你可能感觉一时之间有些难以看懂，让我们一起来看一下。可以看到，这张四象限图是由两个维度交叉形成的，这两个维度，一个是回避亲密维度，一个是忧虑被弃维度。在关系中感到安心和信赖的人，愿意和别人保持较为亲密的关系，其回避亲密的程度就是比较低的；而那些对亲密接触感到紧张不安，拒绝关系中亲密行为的人，则表现为较高程度的回避亲密。忧虑被弃的意思是，担心他人认为自己没有价值而远离自己，低忧虑的人轻松、安心，高忧虑的人则焦虑不安。以这两个维度上的不同表现为基础，可以组合出四种不同的依恋关系类型，分别是安全型、痴迷型、疏离型和恐惧型，这也正对应着学者巴塞洛缪对成人依恋类型的划分。

巴塞洛缪提出的四种依恋类型

安全型	在感情上很容易接近他人。不管是依赖他人还是被人依赖都感觉心安。不会担忧独处和不为人接纳
痴迷型	希望在亲密关系中投入全部的感情，但经常发现他人并不乐意把关系发展到如自己期望的那般亲密。没有亲密关系让我不安，有时还担心伴侣不会像我看中他一样看中我
恐惧型	和他人发生亲密接触使我不安。感情上我渴望亲密关系，但很难完全相信他人或依赖他人，担心自己和他人变得太亲密会受到伤害
疏离型	即使没有亲密关系也安心。对我而言，独立和自给自足更加重要，我不喜欢依赖别人或让人依赖

（资料来源:Bartholomew K. Aroidance of intimacy:An attachment Perspective[J].Journal of Sociale Personal Retationships,1990,7(2):147-148.）

花了这么多篇幅来介绍依恋类型，并不是要令属于不安全类型的人进一步陷入沮丧。首先，当你了解了某种依恋类型的形成原因和表现之后，希望你可以不再对自己的某种行为倾向感到奇怪或苛责，而是先接纳这样的自己。比如，开始理解“我为什么总是这么没有安全感”，或者，不再说“我为什么害怕与人群接触，真是太没用了”。其次，当你从理论层面系统地认识了某个概念时,也希望你能多一些对自身行为和选择的觉察,而不是放任自流。比如，开始意识到“大家都说我太黏人了，其实这是不是我担心别人会丢下我的表现”？或者，学会反思“也许并不是大家都针对我，而是我不太容易信任别人”？

但最重要的是，希望反思的结果并不是指向并停留在“原来如此，都怪我妈当初没养好我！”依恋类型既然是后天形成的,就有可能发生变化。所以，虽然依恋类型会对我们人际表现的各方面产生影响，但也不必过于悲观。我们并不只是被动地受到早期经验的影响，成年后的经历，也的确会令依恋类型发生实质性的变化。任何一段人际关系都是由互动双方构成的，在这个双向作用的动态过程中，对方对待你的方式也是不能忽略的因素。一段包容接纳的亲密关系，可能会令恐惧型的人逐渐学会信任与依赖；而一次意料之外的背叛，也可能会让安全型的人不再感到安全。

因此，总的来说，你需要做的就是：停止自责（如果有的话），那些令自己不满意却无力改变的表现，也许并不是自己的过错；了解自己，更多的反思和觉察让你用新的角度理解自己；把握现在，改变是可能的，抛掉头脑中那些关于自己和关系的负面预设，试着去信任和接纳那些善意的信号。

如果你发现自己暂时不是安全型的依恋类型，也不必感到沮丧，依恋类型并不单一地对一段关系起作用，我们的亲密关系还受到许多不同因素的影响。除了前面提到的爱情观（依恋类型也会部分影响你的爱情观，但现在的你，可以试着去识别出这些观念了），还有许多其他的因素。

了解了这些会影响自身爱情的因素，如何去做？相信在阅读的过程中，你已经开始改变。可能你注意到了自己的一些想法属于过于浪漫的幻想，便会尝试降低自己的期待，从而也不会对自己的伴侣（或者是未来的伴侣）过于苛求；可能你了解了一些知识，从而能够对一些状况作出判断，不再感到迷惑。然而，吸引和选择只是一段恋爱最开始的阶段，接下来，我们要考察一下持续时间更长、对你的幸福感影响更大的相处阶段。

爱情能否地久天长

很久很久以前，王子和公主历经波折，从此过上了幸福的生活，然后……然后呢？很少有故事告诉我们在圆满的大结局之后发生了什么，似乎往后余生几十年，就只剩下了幸福二字可说。公主会因为王子贪玩而生气吗？王子会嫌公主爱攀比太小心眼吗？如果他们不会为了谁做家务的事情而闹别扭的话（毕竟会有仆人的吧），那他们会为去谁的国家过节而争吵吗？当情侣双方互相表露了心意、确定了关系，决定以“我们”的身份在一起的时候，一段崭新的关系才刚刚开始。人们常说“相爱容易相处难”，这到底是为什么呢？

原因可能和我们对这些问题的担忧有关：当相处日久，新鲜感会下降吗？当了解愈深，矛盾会显露吗？当冲突发生，感情会破裂吗？新的困惑出现在了新的关系中，反映着人们更深层次的忧虑：我们的感情，能一直走下去吗？

每个人都是抱着对未来的美好期冀开始一段关系的，没有人会盼望着自己的爱情半路夭折，但现实的不确定性令人忧心忡忡。无论是自己产生了不满，还是接收到伴侣的抱怨，是听到别人的经验之谈，还是感知到自己的心意变化，我们都会感到紧张。人的精力有限，如果沉浸在对不确定性的猜测和担心中，就很难集中注意力去做那些真正有建设性的事情。

所以，不妨让这本书来告诉你一些可以确定的事情，然后你再来考虑一下，在这样的现实面前，你可以做什么？

★ 两个事实

激情总会下降

爱情能否持久？不管你的经验和理性是怎么告诉你的，至少对大部分人来说，内心都会有一份隐隐的期待，期待答案是“YES”。不卖关子地说，因为除了哈姆雷特有 1000 个之外，爱情的种类也有 1000 种，所以这个问题的答案很难一概而论。但如果你期望自己的爱情，在 30 年后依然能体验到恋爱之初的那种脸红心跳、情不自禁的强烈情感的话，比较大的概率是会失望的（可能一两年的时间就足以使你感知到变化了）。

如果你对这一结果感到沮丧，并觉得“果然爱情是不值得相信的”的话，很大程度上，是因为你将爱情完全等同于激情了。热恋期间频繁的亲吻、拥抱，强烈地想见到对方的愿望都是激情的表现，也正是这些让我们感觉彼此“在一起”，在频繁的接触中获得安全感和亲密感。但是，随着时间的流逝，激情也是最不容易保持稳定的。为什么呢？你不妨思考一下激情的来源是什么，或者你可以想一想，什么时候你感觉一个事物对你不再有吸引力。

新奇往往是最重要的一个因素。新鲜事物总能激发人们一探究竟的欲望，没体验过的事总比体验过的更有吸引力：第一次牵手比十年后的拥抱还令人激动，初吻的感受比日后成千上万次亲吻更印象深刻。在恋爱最初的几个月里，情侣们相互了解、火花四射，所经历的一切都是新奇有趣的第一次，又怎么会想到同样的活动重复几百次后的光景呢。

幻想是另外一个与激情相伴而生的好伙伴。你有没有曾经觉得自己的男/女朋友是世界上最好的男/女朋友？你们两个仿佛是天造地设的一对，都说家家有本难念的经，但你们的生活里只有幸福和甜蜜。当然，这绝不是在怀疑你在亲密关系里所感受到的满足与喜悦的真实性，只是我们在爱情里确实存在着一种美化伴侣、忽略差异的倾向。人们常说爱情是盲目的，说的正是这样的情况。自然，随着了解的增加或是冲突的出现，美好的爱情看上去不像最初那么美好了，所谓婚姻是爱情的坟墓，也许正是因为婚姻里的现实打破了大多数爱情的幻想。

最后，身体上的感觉、唤醒，也是我们感受自身激情的一个重要提示。比如，当我们感受到自己的心脏正在怦怦直跳，便可能意识到自己是不是很兴奋？或者很紧张；当我们感觉到自己的面部温度正在快速升高，便可以了解到自己当下害羞或激动的程度。这种认识无疑也会反过来促进我们的激情，“哇！我和 TA 在一起很兴奋，这是和别人相处的时候都没有的！”和新奇与幻想相比，这种生理上的唤醒持续的时间更短（当然它并不是一次性的），因为我们无法长期保持一种激动的状态，那样会耗尽身体的资源。同时，与前面提到的新奇的降低相结合，我们便会越来越少地体会到生理的唤醒。

可以看到，因为影响激情的这三个重要因素一般都会随着时间的流逝而逐渐减弱，所以恋人们后来体会到的激情一般就不如最初的岁月。

这真是一段令人打不起精神来的陈述，难道我们只能眼睁睁地看着爱情随岁月流逝，却全然无能为力吗。

学习过前面知识的你，能为爱情找到一条出路吗？

现在，是时候复习一下爱情三元论了。除了激情之外，还有亲密和承诺两个元素的存在。虽然激情会减弱，但是亲密和承诺却往往会随着时间的流逝而增强，随着相处的增多，人们互相之间的了解和信任增加，在磨合中彼此间的一致性和默契逐渐增强。感情日益亲厚，也更愿意为了维持这份情感而投入精力。因此，具有高亲密和高承诺的情侣双方依然会感到满足和快乐，相对而言，这种类型的爱情也更容易使激情维持。

所以，爱情的出路就是，不要把激情当作评判关系的唯一标准。激情体验虽然美好，但细细想来，那些表现都是爱情中最浅层次的东西。如果你感到自己正对伴侣产生更多的信任、接纳与依赖，就先不要急着对欲望的下降感到慌张或失望。

何况，你仍然有创造新的激情的可能。想想与激情相关的三个要素吧，新奇提示我们应当多和 TA 一起尝试一些新鲜有趣的活动，或是在惯常的生活中发掘些不一样的东西。像读一本读不完的书那样，当你对你的伴侣充满了解与探寻的兴趣，那么与 TA 相处的每一刻，便都是新鲜有趣的。与你相处时间最长的对象其实是自己，这么多年过去，难道你对自己感到厌烦了吗。生理唤醒则从另一个方向为我们提供建议。高度的唤醒使我们感受到激情，刺激的活动可以引起高度的唤醒。坐过山车时紧扣的十指使我们感受到强烈的爱意与支持，一起做刺激的事可以使双方的心贴得更紧。

冲突无可避免

怎么样，看到这个标题是松了一口气还是更紧张了？对于一些害怕冲突情境的人来说，只是在头脑里想象一下冲突的发生便足够可怕了。有些人甚至会为了避免潜在的冲突可能，而干脆选择不要进入一段关系。对于另外一些持有“完美”爱情观的人来说，冲突意味着分歧，分歧意味着不完美，自然也是要竭力避免的。但是，如果告诉你这样一个事实，冲突根本就无可避免，世界上最好的关系里也会存在冲突的话，你有没有可能产生一丝面对现实的勇气？

这里说的冲突未必都是肢体上的，更可能是言语上的；未必是明确的对立，也可能是隐性的压力；未必总是重大的事件，更多是在细节处的摩擦。

有两方面原因决定了冲突的无可避免。

第一，世界上没有一模一样的两个人，就算是自己，在不同的人生阶段和情境中，对同一件事的态度也未必一致。因此，让两个完全独立的个体时刻保持各方面的步调一致，基本是不可能完成的任务。就算双方有着共同的兴趣爱好、价值取向，也无法保证连经历和心情都时刻同步，当你兴致勃勃地约 TA 出去玩的时候，TA 却心系明天的考试和社团活动，失望和不满也就不免产生。这个时候，谁又有错呢？

第二，人们在关系中的一些需求，本身就蕴含着内在的冲突。比如说，我们渴望能和对方建立深入而紧密的联系，因此我们希望更了解对方、更经常地和 TA 待在一起。但另一方面，我们有时又会觉得对方“太黏人了，我需要一些独立的空间！”因此，追求个人自主和与他人连接的需求之间，便产生了一些冲突。同理，我们往往希望对方能对自己毫无保留地坦诚相待，但又希望自己能保留一些只属于自己的小秘密，开放与封闭的需求之间也具有内在的矛盾性。这种矛盾也存在于对变化和稳定的追求中。维持原状和保持稳定令人感到安全，但时间久了又会让人觉得单调乏味；变化虽然会带来新鲜感，但同时也带来了不确定性。有时我们渴求变化，有时我们又追求稳定。

平衡这些对立需求的标准是什么，可能一时之间连我们自己也说不清楚，更何谈在两个人的关系里，每时每刻都恰好保持一致呢？

对于互动频率如此之高的两个人来说，这便决定了冲突的张力可能会无孔不入、无时不在。也许你会说，这道理我明白，但我就是不想面对冲突呀！毕竟，没有冲突总比有冲突舒服吧？既然冲突不可避免，那么，如何看待和对待冲突，就成了影响我们幸福感和关系走向的主要变量。

你真的了解 TA 吗?

冲突产生的原因很多，很多时候是由于信息沟通不畅造成误解。你可能自认为十分了解自己伴侣的想法（如果不是的话，请不要停止去了解 TA），同时相信自己的伴侣是很了解自己的（如果不是的话，请不要吝啬向 TA 展示真实的自己）。

现实果真如此吗？我们不妨一起来做一个活动，如果你好奇你的伴侣是如何看待你的，请邀请 TA 加入进来。如果你现在处于单身的状态，那你可以邀请其他你所在乎的人。

下面有一个乍一看颇为庞大的表，但它其实并不复杂，请一列一列地来看。最左侧是一些每个人都可能会有的特质或属性，现在请把自己想象成一位评委，从不同的角度对这些特质进行评分。首先，请先为你的伴侣打分吧，你认为 TA 与这些特质的相符程度如何，在 1 ~ 9 中选择一个合适的分数填到第一列空格中。接下来，也请用同样的标准为自己打一个分，是你自己对于自己的看法，填入第二列空格中。现在，请试着猜测一下你的 TA 会为你打出怎样的分数，也许来源于你对 TA 的了解，也许来源于 TA 平时给你的反馈，然后填入第三列空格中吧。请你们各自独立完成给对方的打分，不要相互影响和交流。当三个分数都打完的时候，就是揭晓答案的时刻了。请把 TA 第一列的分数誊抄到你的第四列空格中，以方便进行分数的对照，同时，也把你为 TA 打的分交给 TA。

结果如何？相信在整个打分和对比的过程中，你们已经观察到很多有趣的事情了。

打分的过程本身就是一个整理对自身和对方看法的过程，也许你从来没有这么细致地梳理过自己的感受。如果你猜测的分数和 TA 实际所打分数高度一致的话，那么恭喜你，在你们的相处中并没有很多的认知偏差，你很了解 TA 对你的看法。如果你为自己打的分数与 TA 为你打的分数也很一致，那看来在 TA 面前你表现出了真实的自我，你拥有一段开放与接纳的亲密关系。

我们如何相互看待

对于下面列出的特质或属性，请你按照相应列的提示填写。比如，如果你认为伴侣对你“自信”上的评价是中等的，你就在第 3 列第 3 行填写“5”。

1	2	3	4	5	6	7	8	9
完全不符合		有一些		中等程度		非常符合		完全符合

	我认为我的伴侣…	我认为自己…	我觉得我的伴侣认为我…	我的伴侣实际认为我…
亲切并富有爱心	______	______	______	______
挑剔并喜欢评判	______	______	______	______
自信	______	______	______	______
喜欢社交 / 外向	______	______	______	______
聪明	______	______	______	______
懒惰	______	______	______	______
开朗活泼	______	______	______	______
控制欲和支配性	______	______	______	______
诙谐幽默	______	______	______	______
喜怒无常	______	______	______	______
包容和接纳	______	______	______	______
粗心大意	______	______	______	______
有耐心	______	______	______	______
理性	______	______	______	______
理解人	______	______	______	______
冷淡	______	______	______	______
抱怨	______	______	______	______
多愁善感	______	______	______	______
幼稚	______	______	______	______
热情	______	______	______	______

说明：此表借鉴了默里（Murray）及其同事的研究量表，在原表基础上增加了“我认为我的伴侣”“我认为自己”和“我的伴侣实际认为我”的部分。

与之相反，如果你们的分数在哪里出现了较大差异，那这便是你们进行一番讨论的好时机了。TA 是如何看你的，又是为何这样看你，也许你会收到很多平时不会触及到的反馈。

TA 了解你吗？也许 TA 比你想象的要了解你？

你了解 TA 吗？或许你本以为对 TA 的答案了然于胸，却出现了令你意外的反馈？

这些就留待你们自己去探讨吧。

我们想说的是，在和亲爱的 TA 相处的时候，恋人们往往会期待彼此之间有一种不言自明的默契。你可以轻松预测到 TA 下一步的行动，TA 也能记住你的喜好、了解你的心意、掌握你的现状、你都不用说就能贴心地满足你的需求，以此来证明你们是“懂”对方的，这似乎是一项衡量爱情是否令人满意的重要指标。那么，当现实的情况不能满足这种期待时，失望和不满的情绪便会开始积累，哪怕是围绕“今天吃什么”这样的小问题，也能演变成一场大战役。

而我们常常高估这种互相了解的程度。如果双方分别就同样一件事发表各自的看法，差异性很可能比当面交流时表现出来的要大。所以，如果你期待一个时刻与自己“心意相通”的伴侣，那你很多时候都会感到失望。那么，除了降低自己对于这种“肚子里蛔虫”般默契的期望，我们还能做些什么呢？通过上面的那个小活动，你是不是开始意识到了沟通的重要性？沟通，永远是消除误解、增进感情最直接的办法。

你是如何沟通的?

矛盾是如何被解决的？是把产生矛盾的双方邀请到谈判桌的两边，让他们自行对话，冲突就自然消失无踪了吗。你肯定知道这有点不对劲，可以想象的是，他们可能会像之前的一百次沟通一样，就一个老生常谈的话题吵得不可开交，甚至还会因为是面对面的交流而造成火力升级。

显然，并不是把问题摆到明面上，就可以得到好的解决。错误的应对方式，只会让你的伴侣更加生气，从而获得比沟通前还糟糕的结果。

现在，有一个很简单的任务要交给你来完成：

请激怒你的伴侣。没有伴侣也没有关系，想象一个假想敌也能让你出色地完成任务。我们连“炮弹”都为你准备好了，你只需要挑选出里面效果最好，威力最强的那些就行了。

①你怎么每次都这样，就不能改改吗？

②为这点儿小事至于这么生气吗？

③你从来都不懂我，你根本就不爱我。

④听到你这么说我感觉很伤心，因为我想和你更亲密一些，我希望下次再遇到这种事，你可以先问一下我的意见。

⑤你怎么天天就知道打游戏啊，我重要还是游戏重要。

⑥好好好，怎么都是你有理，全是我的错。你满意了吧？

⑦你能不能成熟一点！算了，说了也白说，反正你也理解不了。

⑧我这样做让你不开心了吗？

⑨……该说的我都说了，你要这么想我也没有办法（转身离开）。

⑩你这个自私鬼 / 直男癌 / 没有责任心的。

⑪能不能告诉我，我做的什么让你生气了。

⑫你变了。

是不是看完这些句子，都已经酝酿出了吵架的情绪？把人激怒似乎不是一件太困难的事。那你自然也会知道，如果不想让情况越来越差，就要在沟通中避免这些令人恼怒的表达。但这些表达却被我们如此自然娴熟地使用，在愤怒的火山爆发的时刻，甚至可以说是反射般的唯一的选择。我们需要对这些具有破坏性的表达方式有所觉察，才有可能在它下次出现的时候及时制止自己，否则，我们依然会沿着习惯的道路一往无前地狂奔。

卡里尔·鲁斯布特（Caryl Rusbult，1987）研究认为，将人们应对冲突和不满的不同方式在主动 – 被动、建设性 – 破坏性这两个维度上进行分类的话，我们就可以得到人们在亲密关系中应对不满的四种反应类型。如下图所示：

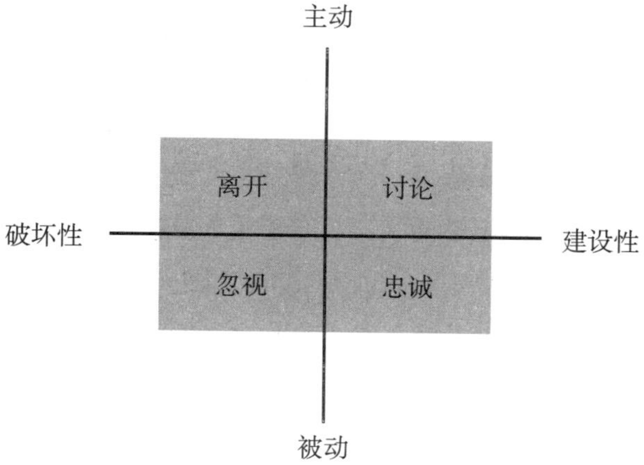

亲密关系中应对不满的反应类型

讨论：讨论是一种主动的、具有建设性的应对模式。讨论是一种积极的交流沟通，与伴侣讨论彼此间存在的问题，并寻求建议与改善的应对姿态。

忠诚：忠诚也具有建设性，但却是一种被动的应对方式。忠诚是指在面对冲突的时候，乐观地等待局面改善，不对现状进行干预或逃避。

离开：离开是一种主动的选择，但却是一种具有破坏性的方式。离开通过一些对关系有破坏性的行动或者倾向应对不满，比如离开伴侣、威胁或者施暴等表现。

忽视：忽视则是一种被动的、具有破坏性的行为模式。忽视可能表现为态度漠然、逃避面对关键问题、减少互动与回应，从而在事实上造成关系逐渐恶化的结果。

不妨回想一下当冲突发生的时候，你往往采取什么样的方式面对？是积极地寻求与伴侣的沟通，还是静观其变，希望对方提出一个解决方案？还是对对方的诉求无动于衷，岔开话题不予正面回应？亦或直接离开冲突情境，以其他方式中断沟通与讨论？

可以看到，“激怒你的伴侣”里的那些句子，大多是一种情绪性的表达，并且表现为对对方的一种概括性的、绝对化的指责。这些指责往往呈现出“对人不对事”的特点，通过蔑视、谴责或侮辱等方式来攻击对方的人格特质，并使用“总是”“从来”“每次”这样的字眼来暗示这是一种固有的性格特质，而不是能改变的行为表现。这样的冲突自然是破坏性的，因为双方在这种对话中没有任何实质的信息沟通，只是收获了一肚子怒气。

与之相对的，在那些令人恼火的句子中，也有几句看上去画风很不一致的存在。现在，也许你可以分析一下，它们的建设性体现在哪里？

只知道不要怎么做是不够的，只有知道了应该怎么做，我们的行为才能真正发生改变。在12个句子中，第4句、第8句和第11句，表现出一种主动的姿态，通过讨论的方式向对方传递了一个理性沟通的信号，表达出倾听和交流的意愿。其中第4句话的表达方式，是我们希望你在表达自己的不满时能够学习的方式。

让我们来学习一下这种表述方式的几个要点。

第一步，请使用第一人称表述。识别出情感来自于自身有助于我们减少对对方的指责，是“我现在感到很生气”而不是“你的自私惹怒了我”，这两者有什么区别？因为我们希望你将关注点拉回到对自身需要的感受上。首先你要意识到，是什么引起了你的情感，也就是愤怒的感觉。请针对具体的行为进行精确的表述而不是某个你提炼出的结论。比如说，“这件事你在作决定之前没有问过我的意见，我感到很生气”，而不是“你太以自我为中心了，让我很生气”。只有这样，对方才能知道具体是什么引起了你的不快，才有改正的可能，而不是面对你的指责，第一时间筑起了防御的高墙。其次，你要意识到，这种情感的产生，是你的什么需要没有得到满足。比如你希望得到TA的尊重，所以当TA没有过问你的意见的时候，你便感到生气难过，这样，我们就把关注点拉回了自己身上。

第二步，就是表达自己的这种感受。因为某种具体的行为，你产生了什么样的感受，是因为自己的什么需求没有得到满足。这个时候，对方也许已经了解到能够为你做些什么，来安抚你的情绪。但如果对方依然不知所措，你就需要进行第三步。

第三步，提出你的请求。请求也需要针对具体的行为而不是某个笼统的要求，比如“下次作决定前请先询问我的意见”，而不是“希望你尊重我一点”。也许你以为自己已经说得足够清楚了，但是不妨确认一下，对方是否真的了解了你的需求。

冲突是一种交流

现在，让我们回到最初的话题，既然冲突不可避免，那我们要如何看待冲突呢。前面我们试图让你了解沟通的重要性，并认识到自己的沟通现状。但不知你是否意识到这样一个问题，那就是冲突本身就是一种沟通交流。

让我问你这样一个问题，如果你的伴侣意识到你身上有一个令 TA 十分难以接受的地方，如果不解决就有可能影响到你们未来的关系，你希望 TA 把这个问题说出来吗？

也许经过一阵犹豫与抉择，大部分人会选择希望知道。请相信，彼此十分相爱的恋人，是愿意为对方的福祉作出慷慨的牺牲和让步的，如果那不是对自己来说过于艰难的事情。当知道了对方的需要和诉求的时候，自己才更有可能去准确地理解和满足对方的需要。而冲突，事实上就是这样一个使潜在的矛盾和问题暴露出来的机会，是增加了解与亲密必不可少的途径。

所以，如果你确实想认真地谈一段恋爱的话，大可不必对潜在或已经发生的冲突如临大敌，这正是你们互相了解和磨合的大好机会，反正分歧就放在那里，装作看不见，它也不会消失，不是吗？（事实上，它不止不会消失，还会令你更加难受。）就像在第一部分中我们说过的，被了解而不是被认可才是我们在一段平等健康的关系中应该追求的。放下你的“完美爱情 = 无冲突”的观念吧，事实上，有些冲突对关系的破坏作用，可能还不及这个观念本身对你造成的影响更多。

显然，如果以确立关系时的关系水平为基准，爱情的走向只有持平、变好和变坏这三种。持平和变好的关系都得以维持下去，这样子，爱就是一个要用一生来体味、没有终点的过程；而有的时候，我们也不得不面对关系的终结，出于种种理由，伴侣双方作出了结束一段关系的决定，那么此时，如何处理那些汹涌而来的负面情绪，便成为了最重要的主题。

接下来，我们将考察这两种不同的关系走向，看看什么是爱情的灵药，什么是失恋的解药。

★ 关系的维持：什么是爱情灵药

我们人类本能地有着解决问题的倾向性。因此，我们常常将目光聚焦在出了问题的地方，然后找到导致问题的原因，最后解决掉它。在对亲密关系的研究中，人们常常会奇怪道“离婚率为什么越来越高？”“人们为什么越来越不愿意结婚？”于是，我们了解了各种使婚姻走向失败的原因，然后告诉人们，去避免这些情况。

积极心理学家说，这样的研究很好，但是还不够。毕竟，当我们说要避免什么的时候，并不代表我们知道正确的做法是什么。为什么我们不去问问那些数十年来使爱情永葆活力的人，“为什么你的爱情如此有生命力？”“什么是你的爱情秘诀？”通过这样的研究，我们才能了解在爱情中我们需要去做什么，而不仅仅是不做什么。

如果前面的内容你都已经进行了认真的阅读，那你在恋爱这门课程中的学分就已经修完七八成了。在这一节，我们需要做一个小小的总结，并一起明确具体的做法是什么。

爱的表现形式、相处模式虽然各不相同，但一段令人滋养的亲密关系，终究是平等、开放、理解和支持的，让你有能力和力量成为更好的自己。所以，凡是有助于关系向这个方向发展的，便是好的；凡是与之相悖的，便是需要警惕的。

在这个大的前提下，我们给你的第一个恋爱锦囊是：

努力

惊不惊喜，意不意外？你知道跑步要努力、学习要努力、克服困难要努力，可你的浪漫爱情和努力有什么关系！也许爱情的发生只在一个美好的瞬间，但恋情的维持却无论如何少不了“努力”的参与。如果你是一位好的读者，那你应该已经牢固地树立了这样的信念：爱情是一个绵延的过程，在一起只是爱情的开始，它甚至可能不会结束。在这个过程中，会有流淌的爱意和奇妙的惊喜，也会有令人苦恼的冲突和分歧；你的感受会有起落，事情可能会变好也可能会变糟……所以，爱情像任何其他你想要做好的事情一样，需要你的努力，需要你花费一些心思去思考和维系。这不是让你明知不可为而为之，也不是让你刻意去学什么爱情中的套路，只是告诉你，只在宿舍里躺着等别人送早餐来可不叫谈恋爱哦。

写写看，为了你们的恋情，你会做些什么？（越具体越好，不一定是很难或者牺牲很大的事，但一定是你能付诸行动的。）

1. 例：在 TA 生日的时候，精心准备一份饱含心意的礼物。

2.______________________________

3. ______________________________

4.______________________________

5.______________________________

6. ______________________________

7. ______________________________

……

怎么样，你写了几条呢？是下笔如有神，还是苦思冥想绞尽脑汁？在本章的开始，我们就讨论过爱人与被爱的问题，通过写下自己能为对方做的事，你是不是对自己在恋爱中的付出情况更加了解了？如果你很轻松地便写出了很多，那相信你是一个很好的爱人，但也要注意，过犹不及，不要令对方感到压力。如果你只能写出很少的几条，那接下来的日子里，你可能要多关注一下对方的需求，为你们的感情多付出一些努力了！

爱要大声说出来

以含蓄为美的中国人，不习惯直接而热烈地表达自己的情感，对于“察言观色”的猜心游戏倒是乐在其中。确立关系前，人们最关心的问题莫过于 TA 到底喜不喜欢我？ 在这个夜以继日进行的严谨推演过程中，观察对方一举一动所具有的意义，以及察觉自己点点滴滴被引起的反应，就成为了每天的生活重心所在。虽然对当事人来说，这可能也不失为一种乐趣，但如果有人肯早点表达出自己心中爱意的话，便能少走很多弯路。

确立关系后，也请不要默认爱是彼此心知肚明的东西，从而疏于表达。彼此相爱的两个人永远也不会嫌自己收到的爱太多。所以当你感受到心中的蓬勃爱意时，不妨直接地告诉对方。这可能不局限于“我爱你”这一种形式，“你可真好看”“你这样做，让我感觉你很可靠”“谢谢你愿意为我做这个，我很开心”，简单而直接地表达感谢和赞美就足够使人充满力量了。

甚至有的时候，作为一个出色的“优点感知者”，你的反馈能在某种程度上“塑造”你的伴侣。当 TA 得知某种做法能帮助到你或令你感到愉悦时，TA 会十分乐于这样为你去做的。所以，请不要吝啬于表达自己的爱意和感受，这是让美好的感觉在你们之间流淌的最好途径。

你心目中的 TA 有什么优点？为你做过什么令你印象深刻的事？

1. 例：有幽默感，和 TA 相处总是很开心。

2. ____________________

3. ____________________

4. ____________________

5. ____________________

6. ____________________

7. ____________________

看到这些优点或过往的美好回忆，你心里有什么样的感受？有没有什么想对 TA 说的话呢？不妨直接告诉 TA 吧，毕竟，你心中的 TA 真的有不少优点呢。

共同参与

什么时候两个“我”会变成一个“我们”？当你们共同做一件事的时候。这不是要消解两个个体的独立性，也不是让你们每时每刻都黏在一起，而是一定要有共同参与的意识。这种参与可以是任何形式的，哪怕是你为 TA 的工作出出主意，或者是 TA 在你劳累的时候为你提供一些支持。远距离的恋人也可以选择看同一部剧、同一本书，然后交流彼此的看法。

共同参与会令我们获得“在一起”的感觉。当你为对方付出时间、精力和情感，会令自己察觉到，这段关系对你很重要；同时，你也能更加了解对方，在相处中获得安全感。相反，不管是由于对独立的过分追求还是懒于维持关系的懈怠，或者其他什么原因，当你发现很少与对方分享自己的生活时，便有可能产生这样的怀疑：莫非这段关系对我不重要？我好像自己一个人也能生活得很好。在这个意义上来说，爱是可以“建设”出来的，日久可以生情，共同参与使爱的火花在一次又一次的碰撞中被不断激发出来。这也是异地恋会更辛苦一些的原因之一，因为共同参与的机会更为难得。但假如双方都有意识地参与对方的生活，去约定一些共同去做的事情，就像第一个锦囊说的那样——努力，你们的亲密便不会轻易褪色。

★ 关系的结束：没有完美的分手方案

事情的结果并不总是尽如人意，无须杞人忧天，也不能自欺欺人。总有一些时候我们需要向一段关系告别，也许是主动，也许是被动，不论是作为提出者还是接受者，你都可能会面临一些难题。我们将对这两种情况分别进行考察。

作为提出者

有的时候，存在一些理由，让你觉得有必要结束一段关系。但同时你往往也会发现，这并不简单。也许你能感受到提出分开会带给对方的伤害，所以不忍为之；也许你考虑到外界的评价与看法，不愿意打破表面的和谐；也许对方并不想要分开，依然对你持续纠缠……在这种时候，你的头脑里可能塞满了各种问题,以至于陷入一种天人交战的困境,不知如何取舍。有一个基本的事实是，对于曾经无比亲密的两个人来说，分开必然面临着双方亲密感的丧失和重新适应单身生活的问题，从这个意义上来说，本来就不存在什么“零伤害的完美分手方案”，所以你也无须绞尽脑汁地去为难自己。但是，如何尽量降低这种伤害带来的影响呢？如果你遵守了这些分手基本法，便也算是充分地尽人事了。

这里有一个关于分手的问题清单（也许你并不会用到它），能帮助你更清晰地明确自己的心意。如果你清楚这些问题的答案，你就得到了一份具体的行动指南。每个问题都不是孤立存在的，而是由上到下相互承接，请跟随问题一起理清自己的思路。

分手八问：

1. 出于什么样的原因，你决定与 TA 分开？

2. 这样的分歧是否是无法（或你不愿意）调和的根本分歧？

3. 在哪种情况下，你有可能改变心意？

4. 你可以怎样做，来让这种情况发生？

5. 如果要提出分手，你会采取何种方式告知对方？

A. 面谈　B. 书面　C. 他人转告　D. 直接断绝联络　E. 其他

6. 为何采取这样的方式？

7. 分开后，你们二人的关系将走向何方？

8. 提出分手时，你要如何向对方表达自己的心意？

请把对前面问题的思考转化为你想对 TA 说的话，写在本书第 247 ~ 248 页的信纸上吧。

如果没有相关的情感经历，对这些问题你可能会感到无从下手。不过，你也不妨假设一下，假如自己身处一段令人苦恼的亲密关系，会采取怎样的方式来结束这段关系。凭空思考的结果未必会是你的真实表现，但当你真的不得不面临这种境况时，这些曾经思考过的问题会把你从混乱中解脱出来。

第 1 题，为了避免冲动导致的后悔，你必须搞清楚自己分手的理由。但是有时在纠结中，就连自己也无法完全确认自身的心意，所以便需要思考第 2 题的答案，来给自己指出方向。有时，情况并没有那么糟，你没有下定决心要分手，只是对现阶段的关系感到不满意。那是因为你的一些需求在关系里没有得到满足，识别出这样的需求，你至少就获得了行动的方向（第 3 题）。但是如果你的要求是"让对方都听我的""让 TA 更爱我"，那你的希望恐怕是会落空的。毕竟，我们无法操纵别人，只能决定自己。要思考的是为什么对方不听你的，或者是什么让你觉得 TA 不够爱你，找到能改变这一现状的可具体实施的行为，而且是自己能做出的行为，才能迈出改变现状的第一步（第 4 题）。

确实也有些时候，你已经受够了一段糟糕的关系，下定决心要从中脱离出来，要如何进行这件事呢？不要小瞧它，你的处理方式会深深影响到你一段时间内的幸福感。如果存在潜在的伤害可能，你要做的就是尽可能地降低它。所以，让我们来看看你第 5 题的答案，你会采取什么样的方式呢？在 A、B、C、D 四个选项里，面谈和书面表达的方式虽然不同，但都采取了直接面对的态度，给予双方一个沟通和表达的机会，从而让那些感谢得以表达、委屈得以倾诉、愤怒得以发泄、不甘得以确认、幻想得以破灭、遗憾得以落幕……如果生活需要仪式感，一段关系最后的仪式应该是双方共同画下这个句号。毫无疑问，面谈的方式能够让双方的互动得到最直接的信息和反馈；但也许你会感到面对面的场景让你有些难以应对，可能无法进行充分的自我表达，那么也许文字交流的方式更适合你。

而他人转告和断绝联络的方式便体现出间接、回避的态度了。也许你感到尴尬、窘迫、难为情，或者存在某个原因，让你不想直面分手的情境（第 6 题）。但是单方面地发出分手宣言，而不给对方任何进一步了解和反馈的机会，会增加对方的困惑和委屈，除了增加对对方的伤害，也有可能会反噬自身。所以，哪怕是为了给自己曾经的感情一个交代，也请直面决定分开的这个时刻吧。

但是当关系改变后，如何面对曾经亲密无间的 TA 呢（第 7 题）？也许这也是你需要考虑的。关系没有一定之规，假如分手后你们依然有见面的场合，那只能由你们自己摸索合适的相处之道。要提醒的只是，如果已经决定要分开，那么不给对方无谓的希望以及保持明确的界限并不是无情的表现，因心软而不是喜欢而陷入分手后的纠缠中，对双方都是一种持续的伤害。

现在，你已经对自己全部的心意进行了梳理（如果仍有迷茫和纠结也是正常的），也决定了要采取的方式，接下来只须如实地向对方表达自己的心意即可。让我们看看你最后写下的文字吧（第 8 题）。细数过往的回忆，TA 曾带给你的美好与成长请不要一笔勾销，在你对 TA 说的话里，有没有对这些正面影响的感谢？对于关系为何无法再继续下去了，是否有明确的说法和解释？对那些不够美好的回忆，你是在一味地埋怨对方、发泄情绪，还是也看到了自己的不足和疏漏？分手的谈话并不是批评大会，不是为了辩论出谁犯了更多的错然后惩罚 TA，而是为了停止坏的关系继续对人造成伤害。所以，请不要沉迷于向对方“开火”，看看自己在这段关系中收获了什么吧。你只有尽量保持平和、理性和对对方的尊重，才能使谈话向有意义的方向展开。

作为接受者

假如你正苦苦挣扎于失恋的漩涡，而我的手上恰好有一本独家秘籍，叫作“拥抱阳光：三天走出失恋阴影”，一百块钱卖给你，你会要吗？作为认真阅读过本章的证明，我期望你可以做出明智的选择，不要陷入人财两空的局面。

就像伤口的愈合需要时间，一个曾经十分亲密的人突然从自己的生活中抽离，你也需要时间去抚平伤口，以及适应新的生活节奏。这个过程并不好过，你甚至可能会发现，连你本身都不想接纳一个失恋的自己，希望自己能尽快走出阴霾，并苛求自己不要悲伤、重新振作。事实上，肯定不存在三天就走出失恋阴影的捷径，所以请允许自己感到悲伤和不适。

另一方面，也请你相信，你是可以从伤痛中痊愈的。“时间是最好的解药”并不是一句空话，研究表明，随着时间的流逝，痛苦会衰退，宽慰会上升。甚至分手起初的实际痛苦，并不如我们预想得那般严重。所以，在允许自己痛苦的同时，也请对自己有足够的耐心和信心，等待自己从伤痛中恢复。痛苦总要持续一段时间，但不会一成不变地煎熬下去。

除了被动地等待时间流逝，积极主动地应对能够帮助你更快地恢复。下面仍然是一个关于分手的问题清单，不过这次是作为接受者的版本。如果你正处于失恋的悲伤之中，不妨问问自己这些问题。

分手十问：

1. 你了解TA与你分开的理由吗？

2. 你能接受这个理由吗？

3. TA是否了解你的想法？TA对这些想法的反馈是什么？

4. 你还能做些什么来改变这个结果吗？

5. 你现在的感受是什么？

6. 你希望从亲密关系中获得什么？

7. 假如你们没有分开，了解到TA的真实想法后，你依然愿意和TA在一起吗？

8. 从这段感情中，你学习到了什么？

9. 这次分手给你带来了什么好处？

10. 对于这段恋情，你还有什么想说的话吗？

请不要着急，你可能会花很长的时间来整理心中的答案，甚至是好几天。如果你整理好了，同样也可以写到下面的信纸上。

虽然被分手的事实令人痛苦，但除此之外更令人耿耿于怀、随着岁月流逝不曾减少的，往往是那些在分手时不理解的、未表达的、没有做的事情。有些人根本就不知道对方为何突然向自己提出分手（第 1 题），有些则对已知的理由表示不相信或不接受（第 2 题）。这些不同的认识会产生不同的情感，困惑导向了自我怀疑，怀疑导向了不甘和愤怒，还可能会有委屈、失望、遗憾等等，往往是越想越想不明白。所以，如果分手时双方能够平和地将这些想法都交流清楚，人世间很多经年累月难解的心结便能被扼杀在摇篮里（第 3 题）。但你毕竟无法左右他人的反应，所以当事与愿违时，你也只好问问自己，事已至此，我还能做什么（第 4 题）？

如果有的话，你仍然有行动的方向；但你也很可能会发现，自己无能为力。这滋味并不好受，但从这一刻起，你该把目光转移到自己身上来，关照一下自己的内心了（第 5 题）。被分手可能会令你感到意外、不解、痛苦，本能地想要去改变自己、挽留感情。假如对方去意已决，你就得冷静一下看看这个事实了，你谈恋爱的初衷是什么？除了对那个人本身的喜欢，是否也从这段关系里体验到了快乐、理解、支持等正向的情感？而现在跟你提出分手的这个 TA，还能提供这些给你吗。如果现在决定权在你手里，你会不会也不愿意再继续这段关系了呢（第 6 题）。

第 7 题和第 8 题有些像，它们都希望在事实既定的情况下，你能看到一些积极的东西，虽然角度不太一样。通过一段感情经历，你一定学习到了一些什么，也许是对自己的了解，也许是和异性的相处方式，甚至是分手时对方指出的自己需要改进的地方。这些东西已经成为你人生经验的一部分，是没人能拿走的宝贵财富。那么分手本身还能带来什么好处吗？是的，分手虽然令人难过，但它却不完全是一件不幸的事。如果有人采访你，询问你是否愿意和一个不爱自己的人在一起，你的答案多半会是否定的吧。那么分手这件事，正是一个让你意识到 TA 不够爱你，或是双方不够匹配的契机，某种程度上来说，这甚至是一件值得庆幸的事。

所以，不管你心中有什么想说的话，都让它自然流淌出来吧（第 9 题）。倾诉本身就是一种宣泄。当你感到自己已经无法承受的时候，朋友、亲人、师长、心理咨询师都是你可以求助的对象。

现在，这张信纸的处置权在你手中。你可以沿着边线将它撕下，用一种具有仪式感的方式与它告别。或许是收在哪个令你感到安全的地方，或许是将它寄往某处，或许把它埋在哪里……这张纸上写满了你的心声，但现在你要与它道别了。就以此为界限，也试着放下这段感情吧，生活仍要继续，已往不谏，来者可追。

正沉浸在失恋痛苦中的人，可能根本没有精力看这些文字。如果你还没有恋爱经历,它们可以是一些信念的种子,先播撒在心中,待你需要时能生根发芽;如果你已有心结积郁在胸，被这些文字扰动了过往记忆，它也可以是一封与自己的和解信，或许从今日起试着放下。请相信这样一件事，分手后，你依然可爱。与一个人的匹配不成功并不影响你作为自己的价值。

恋爱并不容易，但一段平等、尊重、理解、接纳的亲密关系带给人的巨大滋养和欢愉，亦是无法简单衡量的。一段恋爱不论结果如何，如果你曾从中获得了支持和成长，那么它就是值得珍视的宝贵经历。纸上得来终觉浅，绝知此事要躬行，对恋爱来说，尤其如此。不管你自认为有多了解自己，爱情都有可能让你发现自己崭新的一面。从这个角度来说，爱真的是一件有魔力的事情!年轻人，在爱的面前无须犹疑，趁年轻，去爱吧!

◎ 参考文献

[1]（美）罗兰·米勒. 亲密关系 [M]. 6 版. 王伟平，译. 北京：人民邮电出版社，2015.

◎ 推荐阅读

[1]（美）艾里希·弗洛姆. 爱的艺术 [M]. 刘福堂，译. 上海：上海译文出版社，2019.

第八章

感恩意识与生命教育

故事

我与祖国共成长之高思恩的成长故事

高思恩，山西大学政治与公共管理学院硕士研究生，早年因为身体残疾被遗弃在火车站，作为弃婴被年已六旬的拾荒老人高奶奶抱回了家。高奶奶孤身一人，靠拾废品生活。

从高思恩记事起，就知道奶奶的不容易，于是下定决心：即使身体不便也要百分努力，让奶奶以后过上好日子。7 岁的思恩，学会了做家务、做饭。后来在奶奶的努力和教育局、残联的帮助下，思恩上了学。她学习努力，寒冷的冬天，家里欠费没了电，她在路灯下把作业写完。为了分担家用，校园里、上下学的路上，还帮奶奶捡拾废品。

初中就读的学校离家很远，为节省车费，高思恩经常跑着上下学。不知不觉中，她成为学校田径场上的短跑冠军，中考时成了班上唯一的体育满分的人。进入高中，她被推荐代表省市参加各类体育比赛。每一次奔跑，她都拼尽全力，反复地冲刺，脚底磨出了泡，但无论多苦多难，她从不言弃。高二时，思恩拿到了国家二级运动员证书，是那一年山西省达级赛测试中唯一的残疾运动员。2013 年她考上了山西大学。

2017 年初，奶奶意外摔倒，腰椎骨折，近一年不能下床。当时，高思恩备战考研，每天在家中给奶奶喂水、喂饭、擦洗身体。在这样的压力下，她还是忍住了泪水，咬牙坚持，最终考上了研究生。

转眼 20 多年过去了，高思恩心怀感恩，是奶奶让她活下来，是祖国让她成长起来。她将在这青春年华里，用永不停息的奋斗，回报这个伟大的时代！如果说青春注定是一场与命运抗争的比赛，那么她愿挥洒爱的汗水、跑出时代速度，将爱与阳光传递。

（资料来源：高思恩．奔跑吧，青春！［R］山西大剧院：“时代新人说——我与祖国共成长”全国演讲大赛，2019.05.08.）

通过上述例子，我们看到感恩给我们带来的成长动力，帮助我们看到人与人的连接既是我们生存的基底，也是构成我们生命意义的来源。

生而为人，我们的每天都跟别人的存在产生关联。通常情况下，绝对隔绝、切断一切社会连接的单元个体是很难在社会生活中健康存活下去的。我们与他人的关系参与构建了我们的生命意义。

既然这样，我们有理由感恩给我们生命的父母，也有理由感恩生命成长中帮助过我们的师长亲友及陌生人，同样也感恩生命中遭遇的挫折不幸，感恩那些给我们带来不顺经历的人、事、物，正是这些历练了我们，成就了现在的自己。

从这个意义上看，“感恩”能力的产生，是我们心性成熟的结果。只有历经风雨，冲破迷障，重建彩虹的我们，才能领悟感恩这项积极心理品质的来之不易，而不仅是作为一种长久被称颂的美德。

什么是“感恩”

我们自己是怎么理解“感恩”的，在我们想到感恩的时候，我们能想到的感恩对象是什么？我们可以将自己对“感恩”的理解，以及关于感恩的任何你想到的人、词、句子写在下面。以此看看，我们对感恩的理解与接下来要谈到的“感恩”有多少一致之处。

____

____

____

____

____

对“感恩”的理解仁者见仁，智者见智。通过回顾过往的人生经历感悟，结合后来积极心理学的相关研究，我们可以从回馈、开放视角，以及创伤疗愈的方面展开理解。

也建议阅读到这里的同学们，能够从这三个方面培养自己的感恩之心。在阅读这一部分的时候，大家会看到对每个方面的详细解析。说明性文字可能并不像大家预期的那么多，这里只是抛砖引玉，给出提示，希望以此引起大家的兴趣和探索，生发出自己对“感恩”的理解与领悟。

★ 感恩重在回馈

“感恩”是个舶来词。“感恩”二字，顾名思义，讲的是乐于把得到好处的感激呈现出来且回馈他人。“感恩”是因为我们生活在这个世界上,一切的一切，包括一草一木都对我们有恩情！“感恩”之心，就是对世间所有人、所有事物给予自己的帮助铭记在心，并表示感激。

关于感恩有个经典例子：一次，美国前总统罗斯福家失盗，被偷去了许多东西，一位朋友闻讯后，忙写信安慰他，劝他不必太在意。罗斯福给朋友写了一封回信：“亲爱的朋友，谢谢你来信安慰我，我现在很平安！因为第一，贼偷去的是我的东西，而没有伤害我的生命；第二，贼只偷去我部分东西，而不是全部;第三，最值得庆幸的是，做贼的是他，而不是我。”对任何一个人来说，失盗绝对是件不幸的事，而罗斯福却找出了感恩的三条理由。这个故事，启发我们该如何感恩生活。我们从这个例子看到，在个体遭遇不幸的时候，不要一味沉溺在丧失中，一蹶不振，愤怒抱怨，而是要同时看到生活所给予的。由此可见，感恩是生活智慧。

人生在世，不可能一帆风顺，种种失败无奈接踵而至，需要我们勇敢地面对、豁达处之。这时，我们是一味埋怨生活，消沉、萎靡不振？还是对生活满怀感恩，跌倒了再爬起来？英国作家萨克雷说:“生活就是一面镜子，你笑，它也笑；你哭，它也哭。”你感恩生活，生活将赐予你灿烂的阳光；你不感恩，只知一味地怨天尤人，最终可能一无所有！成功时，感恩的理由固然能找到许多；失败时，不感恩的借口却只需一个。殊不知，失败或不幸时更应该感恩生活。

在中国，“感恩”首先是和孝亲尊师的美德联系在一起的，属于仁义礼智信的“仁”。“孝子之至，莫大乎尊亲；尊亲之至，莫大乎以天下养”。这里有个经典例子：公元前202年，刘邦建立了西汉政权。刘邦的三儿子刘恒，即后来的汉文帝是一个有名的大孝子。刘恒对他的母亲皇太后很孝顺，从来也不怠慢。有一次，他的母亲患了重病，这可急坏了刘恒。他母亲一病就是三年，卧床不起。刘恒亲自为母亲煎药汤，日夜守护在母亲的床前。每次看到母亲睡了，才趴在母亲床边睡一会儿。刘恒天天为母亲煎药，每次煎完，自己总先尝一尝，看看汤药苦不苦、烫不烫，自己觉得差不多了，才给母亲喝。

很多时候，我们可能因为习惯而对父母的辛劳视而不见，甚至有抱怨和愤怒。父母可能由于自身的局限并没有像我们希望的那样养育和照料我们。那些让我们觉着不舒服的养育行为，或许给我们带来成长上的痛，但是“不养儿不知父母恩”，也许只有在我们为人父母之后，才能深刻体会个中的辛劳，才能原谅父母当初的过失带给我们的遗憾，才能感恩父母的辛苦付出。在这里，对父母生养自己的辛苦付出的认识与体会是我们由近及远、推己及人的学习与表达感恩的基础。

作为美德的感恩，帮助我们看到生活中他人的付出，体会到他们的辛苦，内心认同并感激别人的奉献，是他们的存在与所做所为参与建构、甚至缔造了当下的我们和我们的生活。基于感恩的回馈行为帮助我们强化了人际间的互惠连接，在彼此的关怀促进中，我们的生活逐步变得更加美好。

★ 感恩重在开放视角

感恩不仅是一种智慧，一种美德，更是一种美好的心理品质，是一种通向幸福生活的必须态度。美国心理学会主席马丁·塞利格曼提出24项积极心理品质，感恩就是其中之一。感恩作为积极心理品质，可以帮助人从正面、乐观、幸福的角度看待世界及身边的人事物。具备积极心理品质的人，心胸豁达，不管是人际关系、生活状态，都要比消极、悲观的人更好。感恩的态度能够帮助我们拓展视野，走出学习、考学、晋升的小认知圈子，全方位感受生活，感受与他人的连接，感受爱。

在我们遭遇挫折打击，情绪低落，内心彷徨，乃至崩溃之时，我们视野受限，想法上很容易钻牛角尖，注意力过度聚焦于不顺的事物上。于是我们无助，怀疑存在的价值，找不到生命的意义。这时候，我们需要培植作为积极心理品质的感恩之心。它通过帮助我们打开心胸，开拓思路，多角度看问题，灵活认真投入到学习工作中去而促使我们尽快走出挫折伤痛的阴霾，重新回归幸福生活的当下。

在我们历经创伤和各种挫折之后，为了本能的规避痛苦，自我开解，让日子好过一些，我们很多时候习惯给自己找理由，虽然有些理由是客观的，有些是偏离事实的。不管长期效果怎样，这些理由以及由此建立起来的层层防御一定程度上帮助当时的我们暂离伤痛，让我们的日子多少好过些。从长远看，这些本身就有问题的想法做法一旦成为模式固定下来，因为其潜在问题没有得到修正，可能会影响到我们自我功能的发挥，为日后心理问题的发生埋下隐患。

比如，早年缺乏关爱的孩子，由于在成长过程中缺乏与父母等重要养育者的情感连接，日后可能会发展出不安全的人际交往模式，认为别人不会真心接近自己，感觉自己不值得被爱与关注，即使他们内心是渴望去交往、获得关注的。作为积极心理品质的“感恩”通过视角转换看待问题，帮助我们打开心结，主动的、有意识的突破自我封闭的局限，与外界连接。以开放的姿态去生活，而不是囿于不良防御的自我闭锁，障碍自我功能的正常发挥。

感恩可以帮助我们有意识地修正先前固化的不良心理行为模式，调整对他人心理行为解读上的扭曲，改变对他人反应的不良预期，继而帮助我们远离负面情绪，疗愈伤痛。比如，对于早年遭受挫折打击的我们，感恩的态度能够帮助我们认识到，我们成长路上的伤痛和遗憾也许来自父母关爱的缺失，也许来自其他人的不当对待。但是他们是我们生命中的重要人物，没有他们，哪来的我们？当时的他们受条件所限，可能已经尽力。如果我们回到他们当初的情境，做的也不一定就比他们好。多了对他人的理解，也就少了很多对自以为遭遇不公对待而产生的抱怨和愤怒。

★ 感恩可以帮助我们疗愈创伤

从心理创伤的角度看，人在遭遇挫折恐惧失落彷徨的时候，容易出于自我保护的需要而自我封闭，更容易建立一些不良防御以自我安慰，使得日子能够过得下去。这是人类进化过程中长期以来保留下的模式。但是与这些挫折失败相伴生的负面情绪不会因为防御机制的存在而消失。它们虽然能被一时防御过去，使人暂时不会觉察，但是身体能记住一切，裹杂着负面情绪内核的躯体反应（疼痛、身体局部痉挛、肠胃不适等）会在日后出现类似情境的时候再次浮现。这就是为什么有些人会有莫名其妙的病痛不适，但是医院检查无器质性病变的原因，这也是为什么有些人会因为一点儿在外人看来不至于如此的小事而爆发的原因。

感恩通过帮助我们改变负面认知，减少负面情绪的产生，减少与缓解不良防御带来的躯体症状。在本书第五章的“情绪 ABCDEF 理论”与“非理性信念”的类型与特点中我们可以看到，会导致我们坏情绪产生的不合理的想法、信念是多么普遍地存在于我们自己与他人身上。自己身上的，我们可以尽力去改变，别人身上的、我们改变不了的，就需要去包容和理解。这时候感恩之心就给我们提供了心理基调。通过灵活的多角度的换位思考，通过识别坏事情上的好方面，通过全身心的投入做事，通过积极有意义的生活能力的培养，通过改善自己感受幸福的能力，我们可以逐渐容受生活呈现给我们的各种猝不及防的幸与不幸，消解由挫折不幸带来的坏情绪，帮助我们卸下不良防御，远离躯体症状，直面生活，轻松度日。

用心观察不难发现，我们身边不乏高思恩这样身残志坚、逆境崛起的事例，他们大都是从挫折中收获成长，不囿于环境和身体条件局限，将挫折不幸当作前进的动力，看到希望，感怀别人的付出，感恩生活的给予，在自己具备一定能力的时候，回报社会。这就是视角的不同导致人生格局的不同。反观那些因为挫折不幸的打击而裹足不前的人，他们可能缺乏接纳生活中突入其来的变故的胸襟，视野上不够宽广，思维容易钻牛角尖，灵活性不足，因而导致他们缺乏克服困难的信心和勇气，更看不到别人可能给予的援手，自我设限，遇到困局翻盘很难。

从复杂发展型创伤的发生上看，创伤发生是扎根于一个人成长过程中所有与自我、与他人有关的体验之中的，它会影响到我们如何看待与理解自己，如何与自己相处，还会影响到我们对别人如何感知自己的认知。比如，别人会不会喜欢我，接纳我；在亲密关系中如何理解人我差异，如何处理矛盾，如何相处等方面的人际交往模式，而这些模式往往是自动化的。

感恩之心给我们奠定了修复不良人际模式的心理基调，让我们能够有意识的去检视自我之外的其他考虑问题的可能视角，让我们能够有机会走出封闭的自我圈子，换位思考，站在观察者的角度去考虑，修正固化模式，继而影响我们的交往效果。

知识窗

心理创伤是个体在遭遇突如其来的打击与不幸的时候，个体处于无助状态的一种极为痛苦的情绪情感体验。创伤有急性应激的，也有慢性的。在应激之后，创伤若未被有效处理，个体会在日后的生活中持续出现解离、闯入性回忆、强迫性重复等心理行为表现，影响到学习工作等方面社会功能的发挥。这就是慢性创伤。

研究表明，那些早年发生的，在个体生活中由来已久的，常年伴随自己的未经有效处理的慢性创伤，常常带来对人脑中枢神经系统的损伤。经过成千上万次的重复，可以改变个体的大脑神经回路，使得个体在今后遭遇相同情境下表现出强迫性重复早年创伤经历的心理行为冲动。而这些冲动行为又给个体带来了新伤。旧伤新痕，层层累加，正是复合发展型创伤的由来。

总之，人的本质属性是社会性，人的生存根植于关系之中。通过转换角度看问题，感恩的态度能够帮助人们在阴霾处发现光明，在失望中找到希望。通过多角度的思考问题，看人、看事、看世界，感恩的态度能帮助我们能够尽快走出挫折的迷雾，逐渐打开自己，与外界建立联接，摆脱自我封闭，打破强迫性重复的自我设限，与自己、与他人、与世界建立互惠关系。

★ 感恩品质养成

这里需要指出的是，这个转换视角看问题的方式，这种对人事物的接纳与心怀感激的态度的养成，不是一次两次就能定型的。就像是一种不良的心理行为反应模式是通过成千上万次的重复而得以定型那样，这个突破自我封闭的状态，转换视角，多角度看问题的反应方式也是需要很多次重复才能形成和定型的。这期间会有各种原因带来的波动和反复，这就是感恩的生活态度为什么那么难以养成的原因。也就是说，感恩是需要练习的，感恩的生活态度是需要很多次的重复加以定型的。

积极心理学研究表明，心中常存感激对个体是有很大好处的。进行简单的感恩练习，例如写感恩日记或感恩信，可以给你带来一系列的好处。在这种练习结束后会让你感觉更好、减少抑郁感。有脑部扫描研究结果证实，即使几个月的书写简短感谢信的写作练习后，人的大脑仍然保持着一种非常感激的状态。感恩练习任务在某种程度上具有自我保持的性质：你练习越多，享受其带来的心理好处也更多。你的大脑越进行感恩练习，就越能适应这种心态。大脑的感恩神经回路就会越稳固，而这种感恩是可以通过锻炼来强化的。接下来，为了收获感恩对我们成长的助益，让我们开始练习感恩吧。

感恩日常训练

我们每天都有很多事情值得我们感恩 ，每天花两分钟，在这里写下三件值得感恩的事情。在快速回忆一天的过程中，培养自己从乐观角度看问题的能力。

____

____

____

感恩，会创造内心的富足，伴随我们穿越一切的顺境和逆境。心怀感恩看待生命里发生的事情，再给出我们的感恩，宇宙会在感恩和给予之间建立希望的连接，最终成为一个螺旋向上的良性循环。我们的生命就会发生质的改变。所以，有一个让生命发生质的改变的方式，就是从现在开始我们的感恩之旅，记录生活里发生的事件，成为我们的感恩日记。每日的感恩与回顾，会使我们拥有一颗越来越宁静平和的心。哪怕只是对一个微小事件的回顾，也会帮助我们发现生活中细微的幸福，为我们带来满足。而这份平和与满足会帮助我们收获更多的幸福！

感恩母亲经过十月怀胎的辛苦，给了我们生命。伴随着呱呱坠地的第一声啼哭，开启了我们的生命之旅。

生命的开始是希望的开始，给我们开启了无限的可能性。反思过往，你有什么幸福时刻，让你记忆犹新？你可以在下方的横线上写下来，你回忆中的美好时刻。吃了美食，玩得畅快，睡得饱足，与喜欢的人在一起消磨时光，解决了苦思冥想的问题，做出了成绩……同样，你也可以记录下自己感觉过的不好的时光，里面发生了什么事，什么人，让你体验到了生活的苦涩……

请将你想到的写在下面：

1.____

2.____

3.____

……____

……____

通过对上面生命记忆片段的回顾，我们会有什么反思呢？是觉得生命值得一过，其间的喜怒哀乐让自己感觉生命的饱满，成就了现在的自己；还是感觉生命本身好像没什么特别的意义，但是我每天过得还是挺开心的，也乐意继续这么活下去；还是浑浑噩噩、得过且过，感觉好像没什么能够记起的事情；还是引发了对内心关于“我从哪来”“到哪去”“为什么活着”“要活成什么样子”等等有关生命议题的思索……我们也许有时这样想，有时那样想，这些都很正常。

那么，接下来有几个问题，请在思考后写下你的真实感受，我们一起探讨下生命的意义。

1. 在成长过程中，你最快乐的是什么时候？或哪个阶段？

____

2. 在成长过程中，你最低潮的是什么时候？发生了什么？

____

3. 在成长过程中，你喜欢做什么？觉着做什么有意思？你的擅长是什么？

____

4. 在成长过程中，你有没有过下定决心，勇往直前的做过一些事情？你的坚持是什么？

____

在写下了上述几个问题的答案之后，我们的记忆大门逐渐打开，关于我们自己以及我们的成长时光，是否跟着这些题目会有一个逐渐清晰的呈现，那么，我们继续看看下面的题目会帮我们记起什么……

5. 在成长过程中，是否存在你觉着做的不好，但仍然必须做下去的事情吗？比如，……

____

6. 在成长过程中，哪些是你很想要继续好好做下去，好好经营下去的事情？

____

7. 在成长过程中，哪些是你很想放弃，停止不做的事情？

____

8. 在成长过程中，你有过因为自己的所作所为而感到自信满满、兴奋喜悦的时候吗？

____

通过对上述问题的回顾，我们对自己的过往所为、对过去的选择、对未来的打算，有了更细致深入的认识，同时也会产生些许感悟，让我们带着这些继续下面的题目。

9. 你希望在哪些方面做得让自己满意，获得成功与喜悦？

____

10. 你对周围的人事物，有一套自己的信念、看法和价值判断吗？

____

11. 回顾过往经历，有什么事让你追悔惋惜的错过与遗憾吗？

____

12. 现在请你想一下，有没有立刻就想认真去做的事情？是什么？

____

通过上述问题的引领，你是不是想到了什么，是不是触及到了什么，你是不是开始对自己成长到现在的生命过往有个大致的轮廓？

细心做下来这几道题目会发现，这些题目有个时间维度，体现了我们对过往、当下、未来等生命重要经历的认知与感受。通过把上面答案的题号归类到下表中，更加清晰的看看自己关于生命意义的认知。（见下表）

	过往	当下	未来
生命意义	1、2、4、5、8、11 ____________ ____________	3、7、9、10、12 ____________ ____________	5、6、7、9、12 ____________ ____________

“过往”一栏里体现的是我们对过往事件及自身状态的回忆与认知，填到这个栏里的内容会影响我们的情绪状态，是满意还是悔恨，是积极还是消沉。

“未来”一栏里体现的是你的生活目标，打算以及继续下去的动力。对于未来的较少思量，或者思考模糊，会阻滞自己的行动脚步，让自己徘徊不前，甚至怀疑人生。

“当下”一栏里体现的是我们目前所做之事，当下对人和事物的看法与感受，当下自身喜好与擅长等方面的描述，它能帮我们找到整合的自己，是我们对自己和周围世界的存在的看法和解释，也是继续生存下去的合理的、完整的、有解释力的依据。

需要说明的是，这 12 个题目在下表中的归类不是互斥的，有部分重叠，这正好说明了我们生命的连续性，当下的状态既跟过往经历密切联系，同时关乎未来。

通过检视你在“过往”一栏的填写情况，你可以看到自己现在的情绪状态、生活状态是不是跟这个对过往事件的回忆、感受与认知有关。你在“未来”一栏的填写情况会提示你继续生存下去的干劲儿是不是充足，而你在“当下”一栏的填写情况，会帮助你了解自己对生命意义以及生存连续性感觉方面的状态。关于过往、当下与未来的感受，你们可以写在序号下面的横线上。

同时，从这个表上，我们也能看出生命意义的个体差异。不同人对“当下”“过去”“未来”的经历、理解、解释是不同的，这会带来不同的关于人生内涵的解读，这些参与到每个人对当下的生命建构当中，进而影响到如何理解周围的人事物，影响到如何过活每一天。需要注意的是，我们后面的内容还会继续用到这 12 题的答案，所以请记好。

生命意义

通过前面我们对自己的当下、过往、将来生命经历的梳理，结合上述高思恩的成长故事，在感动、感叹、感悟之余，我们会收获怎样的启发？是什么构成我们继续存活下去的动力？是什么支撑高思恩这样处境艰难、身残志坚的人物走出困境，活出自我，感恩生命，照亮他人？

接下来，带着我们对生命意义的领悟与思索，让我们看看心理学上有关生命意义的研究与自己的所思所想有何共同点，或者会给自己带来什么样的启发。

研究表明，我们的生命意义感往往与心理控制源、对目标的追求、个体整体功能的发挥、自我实现、社会支持有关。

★ 来源 1：心理控制源

通常我们对活着有意义的感觉，来自于对生活的掌控。那些能够掌控自己人生的人，活的一般都比较积极。而一时的失控，对我们来说，尚且可以修补，但是如果总是处于失控状态，事事受挫，那么我们往往容易自暴自弃。

那么，我们反思一下自己。我们的生活是尽在掌握之中，还是经常失控？而这种状态是否与我们对于生命意义的感知与评价息息相关？

关于心理控制源，心理学上有一套解释，直接与我们的当下生活感受和情绪状态相联。先举个例子，如果你的一次考试成功了，在找寻成功原因的时候，你倾向于做什么样的归因？是认为自己平时努力用功，自己脑子好使，学得扎实而取得好成绩，还是认为只是碰巧了，赶上题目出简单了或者其他什么外在偶然因素而获得好成绩，或者是认为大家都考得不错，因此我这次也不算什么。

在心理学上，这个对事件之所以如此这般发生的归因倾向，就是控制源。人一般有外控和内控两种归因方式。内控就是将注意力放在自己身上，出了事情往往倾向于从自身出发找原因，而外控则是倾向于从外部找原因。

凡事有利有弊，内控的视角会增加我们对事情的掌控感，会让我们觉着安全。外控的视角在让我们觉着不好把握、可能会感觉失控的同时，也会让我们感到释然与放松。对于不同事情的内控和外控视角的调配会直接影响我们的情绪状态和生命意义感的建立。

如果把好事做内归因，认为是我们的能力所致，而把坏事做外归因，认为是我们无法控制的外部因素所致，也就是说，考好了是自己能力强、学得牢固；考差了，是题目出难了，或者受到什么外界干扰，总之不是自己的问题。

那么，这种情况下我们的心态则倾向于积极乐观。反之，好事归到偶然因素上，坏事认为是自己能力不行所致，这样我们的情绪就很难好起来，有的时候甚至会导致抑郁。

说到这里，我们就看出来了，内控和外控的找原因的不同方式跟我们的自我满意度息息相关，而自我满意度则直接影响到我们每天的生活工作状态，影响到我们对生命意义的感觉。是无聊无意义的，还是奋发向上、积极昂扬的，亦或是平静、喜悦、无波无澜的。

★ 来源 2：对目标的追逐

很多时候，我们的生命意义几乎可以与生活目标划等号，意义感来自于一个人能够把时间和精力投入有价值的事上。如果你生活有目标、感觉有动力的话，那么你会感觉到活着是有意义的。

美国著名的精神病学家、“意义治疗学派”创始人维克多·弗兰克尔根据存在主义哲学和自己在纳粹集中营的亲身经历展开了对生命意义的研究。弗兰克尔认为，无论在什么情况下，生命都具有意义。人在寻求生命意义和价值的过程中可能会引起内在紧张。但这种紧张是心理健康不可缺少的先决条件。目标感和使命感给予我们自身的存在以意义，是我们心理健康和人格完善的必须。反之，弗兰克尔认为心理疾病的根源在于人们丧失了生活的意义，失去了生活的目标和方向。对生命意义的追寻与确立有助于克服心灵性神经官能症，即以冷漠、乏味和无目标为特征的心理病态。

人生目标是对人生的整体思考和规划，它会引领我们的行动力。我们的生命过程在我们对目标的追逐中铺陈开来，因目标的实现而充实完善，也会因目标的未达成而感觉彷徨受挫。每一个人的生命之所以存在都有其独特的原因，在其独特存在的过程中，他必须努力达到某些重要的目标。而对一个百无聊赖、浑浑噩噩度日的人来说，由于目标的缺乏，他对生命意义的领悟也可能是消极，亦或是模糊的。

那么，在规划与设计人生目标上，我们有什么需要注意的呢？让我们一起看看接下来的内容：

目标的设计来自于真实自我的存在

让我们翻到本章前面的12个问题，看看第4、5、6、7、12题的答案，我们回顾之前的目标设计，我们的目标有几种？是单一的，还是多元的？我们目标设定是从哪里来的？是父母要求外界压力，还是自主自发？一个我们感兴趣的、想要争取的目标，会调动我们的干劲儿，增强我们活着的使命感和意义感。而外加在自己身上的被动接受的目标，可能会让我们在进取的路上因为缺乏动力而疲惫不堪。

这里的关键是在生命目标的追求与生命意义构建的关系上，对目标设定的自主性问题。如果我们对目标的设立，来自于对外界要求与压力的被动回应与接收的话，那么我们即使是在追求目标，即使是在努力奋斗，也不会感到生命的意义。

这种现象与感受在我们中的很多人身上存在。在长期接收和顺应了外来意见制定规划，选择目标，而少有自主自发性的参与下，我们钝化了对内心真实需要的识别。我们搁置了对人生意义的思考,我们习惯了听从师长的建议，遵从他们的安排，我们认同了他们的要求。我们将他们的需要当作我们自己的需要。

很多时候,我们将对内在意义的追求化作对外在成就的渴望,追求高学历、好大学、好成绩的外在名号。我们通过努力学习，获得外界认可，体会卓越成绩所带来的短期满足，继而寻找下一个任务，我们不让自己停下来。这些追求都没问题，问题在于这些追求的目标是不是来自于我们对生命意义的感受。建立在我们真实自我需要基础上的目标追逐会让我们体味到生活的意义，会勃发我们的生活动力。但是如果出于外来需要而被动产生的，那么则会带来悖论，即在我们对人生目标的追逐中消解了我们对当下生命意义的感知。

这可能会表现在我们对学习、对考试的矛盾痛苦心态上：一方面，我们要让自己做到最好；一方面我们却又对学习、考试极其厌恶。这可能表现在我们面对困难挫折的态度上。很多时候，一旦遇到挫折失败，往往全盘否定自己，陷入抑郁状态，感觉自己一无是处、人生毫无意义，对生活感到空虚迷茫。这还可能表现在走向社会后,有的人可能会用“金钱”来证明自我价值,希望挣很多钱,控制不住花钱,以期填补内在空虚感;或者拼命追求获得权力,通过行使权力支配他人,享受片刻存在的感觉。在长期与内在真实的自己失去连接的情况下,他们往往不知道也不去想“我是谁,从哪来,到哪去”的问题。他们过去的日子好像是给别人活的,在获得权利、物质满足的背后,不知道自己真正想要的是什么,不知道自己要成为什么样的人,表现出身份认同的混乱或者缺失的状态。随着在追求外在事物的路上渐行渐远,他们体验着对于生存的目的与意义的迷茫,感到空虚无聊,缺乏价值感。甚至有人为了弥补生命意义空乏而带来的空虚无聊感,而产生了游戏成瘾、物质成瘾等自我伤害的行为。

回顾我们的成长经历,我们的目标设定是不是很多时候来自于父母的指导,外界的影响,升学的压力等等,因此,我们专注于学习,我们专注于拼搏。一提到目标我们习惯性的想到学习与竞争。但是,走到青年阶段的我们,正在开启新的人生征程,在即将步入成人世界的路上,我们是否关注过我们内在真实的自我需求?我们是否重新审视过自己先前的目标?我们是否思索过以往、当下,乃至未来目标设计,想想五年后的我、十年后的我会有什么不同,会是什么样子?生活因为思索而变得有深度,思索因为有取舍而变得有力度。从生命历程上看,我们谋划的不是目标,而是对未来生活起点的设计。因此,在对目标的规划设计上,我们在参照外界建议之外,是否可以先停下来,等一等,看一看,思考一下,试着听取一下自己内心的声音,看看自己的真实需要。结合我们对自己状况、性格特点、能力水平,爱好特长、自己想要什么、今后想成为什么样的人、想过怎样的人生等问题的思索,来做规划和设计。

目标的设计是多元性与取舍

在我们对目标的设计上,除了延续以前的目标之外,是否还有别的选项?比如涉足新的学习领域,尝试新的学习方法,发展一项爱好,展开一段恋情,设计一段旅行,重新经营一下与家人的关系等等。这些都可以构成我们用心经营与奋斗的东西。我们的生活或许会因为我们目标的多元化而变得更加精彩、更加充实。

这里有个值得注意的问题是，多元的目标设计，要学会取舍。由于我们时间和精力的有限，我们需要评估我们想要追求的目标的合理性、现实性及可操作性，哪些是我们当下生存所必须，哪些是构成我们将来发展之所向的，哪些是生命旅途上的点缀，哪些与我们的真实生命意义相关，哪些是与我们对外界要求的回应有关。过多过杂的目标定位会给我们带来压力，打乱我们前进的节奏，甚至带来高压之下的逃避行为。删减不必要的目标设定，给生活做减法，我们将有限的精力，投入到对有限的多元目标追求之中。这将拓展我们的生命感受范围，帮助我们感知生命的真实而不是虚无。

★ 来源 3：个体整体功能的发挥

我们回想一下，日常生活中我们身上是不是有这样的现象：在自己情绪状态好的时候，人是积极的，精力也充沛，干事情有效率，也容易取得好成绩，我们对未来的筹划好像也在这个顺畅的状态中逐渐展开。而在我们情绪差的时候，则往往一筹莫展。

这个自我功能发挥的状态跟我们对生命意义的感知息息相关。我们活着的意义感来自于自身整体功能的发挥。人的内心世界是一个知、情、意、行的统一体。我们有世界观、价值观，有对自己、对他人、对世上事物的信念、看法和观点，我们会按其指引而行动，从目标的追求和获得中体验到意义。在实现目标后，我们会欣喜，会满足，会有自我实现感，会觉着自己有价值，活着有意义，继而会更有行动的动力。反之，也会因为挫折而受到打击，踟蹰不前，甚至自我怀疑。

我们的知、情、意、行是协调统一的，是统合在一起的。统合即建立同一性，即认识个人独特性和外界条件之间的协调和谐关系。亦即在整合个人潜能、外界环境和时空条件的前提下，树立明确的、有价值的目标，建立一致的人生哲学，理解自己与世界的规律。

而生命意义则是建立在统合的基础上。这就解释了我们为什么有时候会在好坏的状态中逡巡……

从高思恩的例子我们可以看出，她基于对自身现状的现实认知，坚定信念，自强不息，为自己的点滴成绩所激励。她感恩奶奶对自己的辛苦养育，充分调动和发挥自我的功能，在实现人生追求的过程中，回馈社会，感恩生命，建构了自己对生命意义的理解和领悟，“用永不停息的奋斗，回报这个伟大的时代……将爱与阳光传递”。

高思恩的例子对你有什么样的感触和启发？我们看看自己在当下的学习生活中，在对自身和周围人事物的认知、自己的情绪情感、意志力和行动力上是否是协调统一的？这上面的统合跟我们对生命意义的感知有何关联？它们是否指引我们走向对生命意义的不懈追求？

★ 来源 4：自我实现

个体整体功能发挥的极致就是自我实现的体验。对“自我实现”的研究来自人本主义心理学家马斯洛。他认为，生命意义存在于自我实现之中。自我实现感是对自己生命目标实现或完成程度的体验。它是我们在追求以及实现一个个小目标之后的满足感、充实感、自信心，以及喜悦之情。是我们对自身存在价值的肯定、对自己的认同，是我们展望未来的积极行动力，这些体验将直接刷新，或者丰盈着我们对生命意义的感受。

大家回想一下，在我们体验成功的喜悦、感到干劲儿十足、自信心爆棚的时候，我们的状态是怎样的？是不是心情舒畅、感觉精力充沛、脑子思路清晰、感觉可以预期的东西很多、自己对未来尽在掌握！这就是个体功能的整体发挥，接近自我实现的状态。

我们可能都有这种时候，当我们对人生意义迷茫无措的时候，我们的情绪往往也提不起来，甚至是焦虑抑郁的，质疑存在的价值。相反，当我们拥有较高的意义感时，整个人都是积极的，看人和事物也是乐观向上的，感觉自己的存在是有价值的、有使命感。自我实现体现的就是个体生理、心理、精神三方面需求满足的交互作用。生理需求的满足，使人生存；心理需求的满足，使人快乐；精神需求的满足，使人有价值感。高层次的自我实现需要与使命感相联系，对它的满足，会给人带来极大的满足感和意义感。这就是人本主义心理学家所谓的自我实现的高峰体验。

知识窗

马斯洛需要层次论

人本主义心理学家马斯洛认为，自我实现是指个体实现自己的理想抱负，实现自己的追求。它是在努力实现自己的潜力，是人的最高级的需求。该需要的满足会直接给人以幸福感和生命意义感。

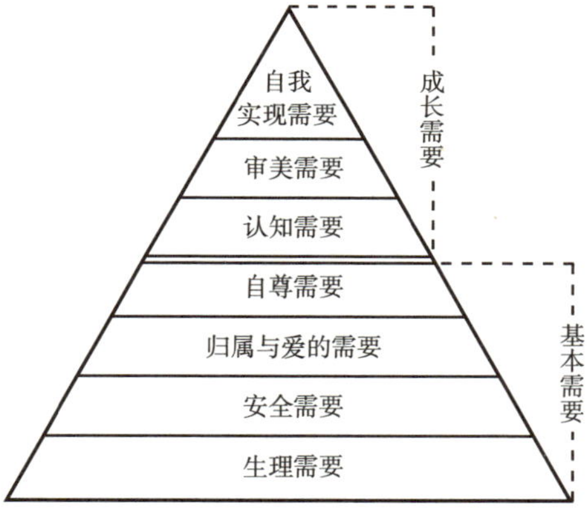

自我实现的人的特点是：

1. 全面和准确地知觉现实。
2. 接纳自然、自己与他人。
3. 对人自发、坦率和真实。
4. 以问题为中心，而不是以自我为中心。
5. 具有超然于世和独处的需要。
6. 具有自主性，在环境和文化中能保持相对的独立性。
7. 具有永不衰退的欣赏力。

8. 具有难以形容的高峰体验。

9. 对人充满爱心。

10. 具有深厚的友情。

11. 具备民主的精神。

12. 能够区分手段与目的。

13. 富于创造性。

14. 处事幽默、风趣。

15. 反对盲目遵从。

（资料来源：(美)马斯洛(Maslow A.H.)，等著. 人的潜能与价值[M]. 林方，译. 北京：华夏出版社，1987.）

★ 来源 5：社会支持

社会支持，故名思议，讲的就是人在遭遇挫折不幸时候，或者有事外求的时候，或者在平常的生活工作中，能够帮到自己、支持自己的外在资源，主要是人际资源。比如，我们的家人、朋友、老师、同学、同事等等。

大量的研究表明，良好的社会支持有利于健康，而不良社会关系则会损害身心健康。社会支持一方面在我们遇到高压情况的时候，会起到保护作用，缓冲消极影响。另一方面，社会支持还能帮助我们维持良好的情绪状态。

一般认为，社会支持从性质上可以分为两类：一类是独立于我们自身的感受之外的实际支持。比如物质援助，社会网络，社会关系（家庭、婚姻、朋友、同事等）。这些支持不管我们感受到、体验到，以及接受与否，它们都是客观存在的。另一类是我们主观感受到的情感上的支持。这与我们是否体验到来自外界的尊重、在关系中是否感到被关注、支持和理解，以及对这些体验的满意程度有关。研究结果和实际生活状况的一致之处在于，第二类我们主观感受到的支持比客观支持更有意义，因为虽然感受到的支持可能并不是客观现实，但是这种被感知到的现实却是心理现实，而正是这种心理现实在实际影响着我们的行为和发展。

究其根本，人是社会性动物，根植于关系之中。关系可以给人带来温暖与存在的感觉。“一个好汉三个帮”“在家靠父母，出门靠朋友”说的就是社会资源尤其是人际资源对我们继续以及更好的生活下去的帮扶作用。这些来自外界的支持，有物质层面的，也有精神层面的。在我们识别到它们，并且能够切身感受和体味到其关注、支持和理解之后，这会让我们感到困难好像也不是那么可怕。我们并不是孤军奋战，我们有陪伴和支持，我们有来自外在的关注和爱，于是我们就有继续前进的动力。这构成了我们生命意义的来源。

此外，这个社会支持对我们构建生命意义的作用，还具体体现在人际互动中的矫正性体验上。也就是说，通过跟不同的人接触，在彼此的互动参照中，能够修正，甚至替换原来我们成长中形成的对人际互动的不良预期，以及对别人的成见，修正我们的有问题的人际交往模式，从别人身上学习长处，从别人身上获得与之前不同的反应预期。这些对我们的成长都是有利的。

心理学中对早期依恋关系的研究也揭示出作为关系中的存在的人，在人际交往关系上的类型，会直指生命意义的问题。早年被足够好的养育过的个体，以后可能更容易缔结有意义的关系，自己也容易在其中得到滋养，以此丰盈对生命意义的感知。而早年的失败养育和成长中遭遇心理创伤，则可能造就个体不安全的依恋类型，为个体日后的人际交往带来不顺，影响到自己对于生命意义的感知。

正如心理学家鲍尔比的依恋关系理论揭示的那样，我们小时候跟我们的主要养育者，比如父母、爷爷、奶奶等长辈相处的关系模式，会复制到以后我们的人际交往中，影响到我们的交往效果。比如，自小受到大人足够好的照顾，得到情感关注和满足的孩子，长大后会把这种与大人互动的正向经验和感觉，带到自己的人际活动中，与小朋友们、与同学同事相处的更自然、更容易些，因此也比较容易得到大家的认可和友谊。反之，那些小时候缺爱、缺乏关注的孩子可能就不那么幸运了。由于早年缺乏正向人际互动经验，往往会导致其今后在与人的交往上捉襟见肘，甚至步履维艰。

这里有个直观的例子，我们可以平心而论地设想和感受一下，如果我们拥有财富权利等世人羡慕的东西，而独独缺少朋友，缺少与他人紧密的情感互动与连接，你会感到什么？你会用你拥有的换取什么？你是快乐的还是幸福的？反之，当你拥有满意的交往关系，拥有家人朋友对自己的爱与关注，你的感觉又会是怎样的？即使生活平平，但有情饮水饱，说的可能就是这个事情。

总之，我们在关系中生活和成长，关系是我们继续生存下去的保障，也是支持动力。人与人之间的连接、互惠可以让自己更充实和快乐，体会生命之间深层次的连接。

知识窗

下方是用心理学家的专业讲解，有兴趣的可以一读！

英国精神分析学家鲍尔比（John Bowlby）基于婴儿观察，综合动物研究、系统论、认知科学以及行为学领域的研究，提出依恋关系理论。该理论认为：人在关系中的心理行为模式分为安全依恋型，回避型与焦虑－矛盾型。安全依恋型的人，容易与他人建立积极的关系，对人温暖友好；不安全型的人，在关系里要么回避冷漠，要么不安忐忑、焦虑不适，是不利于关系建立与维持的类型。

依恋类型指征着个体的内在工作模式，决定着个体看待外物，对人对事的预期，成为其日后与自己、与他人建立关系的模板。安全依恋关系有赖于积极母（或其他重要养育者）婴互动，而不安全型的关系则来自于失败的养育互动。具有安全依恋关系的孩子会带着温暖的心态接纳周围的事物，与人建立长久稳定的正向关系。而具有不安全依恋类型的孩子，在与外界的互动中，则好像总是伴随着疏离、冷漠、怀疑、自卑、无价值、低自尊、低效能感、羞耻、抑郁、被抛弃等的负面感受，挥之不去，成为在其生命成长中永远的痛。

内在工作模式不仅会形塑我们与他人的交往模式，更参与缔造了我们对人生意义的感受与认知。积极的人生源于积极的关系。而积极的人生态度又会回过头来反哺积极的人际关系。这一正向互动带来的结果是个体觉得生而温暖，活的踏实。

在了解了社会支持，尤其是人际资源对我们生命意义感的确立以及目标实现上的重要性之后，让我们回顾过往，审视当下，系统检索下我们的社会支持。看看我们在生活中，在急困中，能够得到的支持有多少？以及我们的利用情况如何？这直接关联到我们的生命意义感。

大学生社会支持量表

将下题内容与自己的真实情况对照，如果“符合”，记 5 分；“有点符合”，记 4 分；“不确定”，记 3 分；“有点不符合”，记 2 分；“不符合”，记 1 分。所有 17 个条目得分之和即为该量表的总分，反映了个体社会支持的总体状况。

项目	符合（5分）	有点符合（4分）	不确定（3分）	有点不符合（2分）	不符合（1分）
1. 大多数同学都很关心我。					
2. 面对两难的选择时，我会主动向他人寻求帮助。					
3. 当有烦恼时，我会主动向家人、亲友倾诉。					
4. 我经常能得到同学、朋友的照顾与支持。					
5. 当遇到困难时，我经常会向家人、亲人寻求帮助。					
6. 我周围有许多关系密切、可以给予我支持和帮助的人。					

续表

项目	符合（5分）	有点符合（4分）	不确定（3分）	有点不符合（2分）	不符合（1分）
7. 在我遇到问题时，同学、朋友会出现在我身旁。					
8. 在困难的时候，我可以依靠家人或朋友。					
9. 我经常从同学、朋友那里获得情感上的帮助和支持。					
10. 我经常能得到家人、亲友的照顾和支持。					
11. 需要时，我可以从家人、亲友那里得到经济支持。					
12. 当遇到麻烦时，我通常会主动寻求别的帮助。					
13. 当我生病时，总能得到家人、亲友的照顾。					
14. 当有烦恼时，我会主动向同学、朋友倾诉。					
15. 在我遇到问题时，家人、亲友会出现在我身旁。					
16. 我经常从家人、亲友那里获得情感上的帮助和支持。					
17. 当遇到困难时，我经常会向同学、朋友寻求帮助。					

（资料来源：改编自青少年社会支持量表，见：戴晓阳．常用心理评估量表手册［M］．北京：人民军医出版社，2010：95-96.）

计分说明：

我们可以把按题号把不同题目的得分填写到下面的表格中，同时得出每个表格中题目的总分。

得分＼题号	1	4	6	7	9	总分

得分＼题号	8	10	11	13	15	16	总分

得分＼题号	2	3	5	12	14	17	总分

第一个表格的题目，反映的是个体主观感觉到的自己拥有的社会支持资源。这上面的得分高低反应的是周围能够被自己所识别和觉察到的能够帮到自己的外在资源。在总分上，10 分以下得分说明你可能并不能感觉到太多的在你困难的时候能够帮到你的资源；10-20 的得分说明你对周围可供利用的帮扶资源的觉知度尚可；20 分以上说明你能感到在自己有需要的时候，周围充盈着足够能帮到自己的社会支持。

第二个表格的题目，反映的是个体认为自己实际得到的社会支持状况。12 分以下说明你认为自己在困难的时候，实际得到的社会支持不多；12~24 分说明你在困难的时候，能得到外界的一定帮助；24 分以上说明你在困难的时候，能得到外界的诸多援手。

第三个表格的题目反映的是个体主动利用社会支持的情况。12 分以下说明你在遇到困难的时候，不太倾向于对外寻求帮助；12~24 分说明你在困难的时候，能够在一定程度上寻求外援；24 分以上说明你在困难的时候，能够主动去寻求诸多援手。

将三个表的总分相加，可以看出，得分若在 34 分以下，说明你的社会支持利用度不太高。有的时候可能你不愿意识别和接受别人的帮助。若在 34~68 分，说明你在一定程度上能够识别并利用别人的帮助。若在 68 分以上，说明你的社会支持资源利用的比较充分，在挫折困难的时候，你有迎战能力。通过做这个量表，我们可以看出，当存在的社会支持越多，并且能被我们充分识别和利用的时候，我们越容易保持积极进取的状态，继续经营和完善自己，活出有意义的当下。

如果社会支持不多的时候，我们可以在平常注意积累，注意识别周围可以为自己在急困的时候提供帮助的资源，在别人需要帮助的时候伸出援手，在自己急困的时候接受别人的援手。如果有社会资源，但是利用度不够的话，那么我们得好好检视一下自己了，看看是什么成为我们接受别人的帮助的障碍。是自我隔离设限，是怕给别人添麻烦，还是对他人的不信任，抑或是其他原因。总之，对社会支持资源的充分识别与利用，会帮到急困中的自己渡过难关，也会同时让我们体味人与人之间的连接和温暖。

上述几个方面跟生命意义感和存在感直接相关。通过对控制源的确立与社会支持资源的探索，可以增强我们的自主感与动力，帮助我们摆脱因为挫折而引起的负面情绪，并提高自尊。通过对人生目标的规划与设计，会帮助我们确定自我的存在感与使命感，帮助我们认识到如果给自己强加过度的意义和价值，将会损耗我们的自我能量并导致逃避。通过整体自我功能的发挥与对自我实现的追求，会帮助我们克服因为缺乏生命意义和价值而导致的自我无定型感和脆弱感。

对上述有关积极生命意义的建构，在心理学的后来发展中集中体现在积极心理学对人类幸福的关注与研究上。与存在主义心理学关于人生意义的思索一致，积极心理学（Positive Psychology）重点关注那些可以提升人们生命价值的事件，是一门有关幸福与快乐的科学。 积极心理学认为，人的幸福生活的来源在于：丰富的积极情绪、高度的沉浸体验、满意的社会关系、有意义的生活和工作，以及不断涌现的成就感。而这正好统合了我们上述有关生命意义支点的研究。

知识窗

综合积极心理学与弗兰克尔有关生命意义追寻的思考，关于如何获得生命的意义？我们认为主要有如下要点：

第一，积极投身工作学习与创造性的活动。工作使人的特殊性在对社会的贡献中得以体现。在对工作的价值和意义的感悟中实现生命的意义，以积极的、创造性的、有责任感的态度赋予工作以意义。

第二，积极与快乐的情绪。通过有意识的精心设计安排每一天，而不是荒度时日，锚定每一个“小确幸”，时刻收集快乐，为生命增加原动力，让自己知道，活着本来就是值得的。

第三，借助爱来完成的对人事物的体验。爱是深入人格核心的一种方法，它可以实现人的潜能，使他们理解到自己能够成为什么，应该成为什么，从而使得他们潜能得以发挥。爱可以让人们体会到强烈的责任感，能够激发人们的创造性，在体验爱的过程中，可以发现生活的意义和价值。

第四，态度与立场。 当人们面对苦难时，重要的是人们对于苦难采取什么样的态度。用怎样的态度来承担苦难。许多心理问题都是由不良的态度导致的，通过改变态度可以使这些问题得到缓解。

上面这些前人的关于人生意义的探索只是启发，我们可以从自身情况出发去找寻自己关于意义的思考，通过在自己的生活学习中积极地寻找和建构生命的意义，实现生命的价值，从而超越空虚，获得意义感，达到良好的心理状态，使自己的人生活得更加精彩。

通过对过往经历的回溯，以及对建立生命意义感的支点的探寻，我们大致清楚了自己当下的状态。过往的经历不管好的、不好的，都成就了现在的自己。不管之前的意义支点建立得怎么样，我们都可以从现在开始，重塑现在的生活。

生活目标追寻训练

谈到掌控自己的生活，那么很自然的就会联系到目标设定上来。虽然有很多时候，我们可能并没有太明确的目标，但是生活依然继续，我们也并未觉出太多的迷茫感，我们的生活因为每日的忙碌或悠闲而匆匆滑过。但是这里，我们可以试着停下来，看看我们在匆匆、再匆匆的倏忽度日之间，还剩多少时间可供我们挥霍或支配。做这个练习，目的不是引起你对有限时间感的焦虑，而是想帮助大家看看，未来的生活中怎样做才会让我们的生命过得更有价值和意义，收获更多成长。

假如现在你个人的生命处于 0 ~ 100 之间。准备一张长条纸，用笔将它划成 10 份，一份代表生命中的 10 年，分别写上 10、20、……的字样，并跟着下列问题操作。

第一个问题：请问你现在的年龄是多少？过去的生命再也不会回来了，请撕得干净些。

第二个问题：请问你想活到多少岁？假如你不想活到 100 岁的话，就把后面的撕掉。

第三个问题：请问你想多少岁退休？

第四个问题：请问你会如何让剩余的生命更有价值？

通过这个训练，我们可能会突然直观的发现，原来刨去吃饭睡觉之类的活动，可供我们支配的时间可能并不像想象的这么多。回首之前度过的人生，我们可能过得充实，充分有效的利用了时间，没有虚度光阴。也可能在有限时间的面前，我们感到焦虑，追悔过去荒废的时光。但无论如何，我们的时间是天天延展的，即使前面有悔有愧，我们后面还有弥补的机会，我们还可以继续经营好日后的生活。

很多时候，对时间的充分利用与目标息息相关。目标填充了我们的生活。

通过目标感的确立，在日复一日的追求中，我们逐渐累积收获和希望。这会让我们觉得日子过得充实而有意义。

接下来，让我们通过以下的练习单，一起来看看自己的目标吧。

1. 你有人生目标吗？

完全没有……请跳至第 2 题

没怎么想过，走一步看一步……请跳至第 3 题

没有精细规划过，有个大致的方向……请跳至第 4 题

认真想过，有明确的目标……请跳至第 5 题

2. 请你感受下自己当下的状态是怎样的？你对这个现状怎么看？

3. 现在你走到哪步了？对自己当下的状态是否满意？

4. 那么你可以试着清晰的规划一下你的目标吗？即使推进一点点……

5. 那就试着把你的目标写下来吧！

做这个练习的目的是帮助大家澄清一下自己的生活目标。当然，我们很多时候可能是没目标的，这没关系，只要我们觉得每一天过得充实愉快，觉得活着挺好的，这也是生命的意义所在。但是有些时候，目标真空的状态也会让我们得过且过。当时可能无察觉，但是一旦回顾过往时光，多少会有些懊悔蹉跎时光的感触油然于心。这时候，我们可能就需要思索下目标制定了。

做完这个练习，我们对自己在人生目标上的状态会有所了解。如果你觉得生活无明确目标，活在当下，乐享每一天，而并不觉因此折损了生命意义，可以忽略这个练习。毕竟，每天过得充实、欢愉本身就是生命意义的一种。如果你想进而寻求目标的确立，但又一时想不起来、无从着手的话，那么可以回顾下自己生命中的重要时刻是否给自己带来确立目标的灵感，即使是痛苦的经历也会形成前进动力。

如果你有目标但不清晰，可以根据下面将大目标逐层分解的练习，尝试继续廓清下自己的目标，让自己的生命在目标的逐层推进中更加充实。

如果你有清晰目标，可以根据下面目标管理事宜，核准下自己的目标，学习下目标管理策略，方便自己更顺利地推进目标的达成，从而丰盈生命的意义。

通过对人生目标的检视，我们来感受下自己当下的情绪感受状态如何，自己的行动力如何，看看是否因为有目标而变得不同，看看我们的人生意义感是否是在对目标的追求，以及步步实现中，逐渐铺陈开来……

关于目标的设定与管理，我们具体看下接下来的训练：

★ 分层设定目标训练

在目标制定上，我们可以将大目标分为小目标，通过对一个个小目标的追逐，收集行为效果的反馈，完成自我评估。这个过程循环往复，不断激励和塑造着我们对于目标的调整与对生命意义的建构。

这里说的小目标，也叫近期目标，是可以预期的，可操作性强的，近期可以实现的。中目标是随着小目标的逐步实现而成就的阶段性目标。大目标与小目标和中目标相比，则略显抽象，它与整个人生或某个方面的整体规划设计有关，是一个前瞻性的、指导性的目标，也可以说是愿景。

在大目标的规划和引领下，我们能够做有关中期目标的阶段性设计。比如，对自己以后要在专业领域达到什么样的成就的预期，对自己今后想要过怎样的生活、从事什么样的职业、找什么样的人组建家庭、希望自己的父母家人过上怎样的生活的打算，以及怎样筹划自己未来十年、二十年的发展蓝图等等。

那么，根据上述讲到的，让我们就选定未来计划方向，试着廓清一下我们的目标设定吧，我们的大目标、中目标与小目标分别是……

大目标：________________________________

中目标：________________________________

小目标：________________________________

这里需要特别指出的是，对于当下的生活，我们有大计划，但也接受小变化。目标的设定不是僵化的，目标的实现也不是完全有定数的。在目标的落实过程中会有个不断调整和修正的过程。大目标的完成虽然依靠从小目标到中期目标的连续递进，但是也不会像多米诺骨牌一样，一旦某个或某几个小目标实现得不够理想或者没有完成，就会直接影响到中目标乃至大目标的达成。

★ 目标管理训练

设立目标是为了实现的。目标给我们的注意力有一个聚焦点，引领我们的行动力。但不是所有的目标都能马上调动我们的行动力，有些目标的设立，其初衷是认真的，但其执行却是拖延的。这是为什么呢？从经验上看，部分原因来自于我们在目标设定上的非现实性以及可操作性不足。比如，我们的日常学习经验告诉我们，为了加速备考，拟订一天复习 200 ~ 300 个英语单词的计划往往因我们的脑力不支与惰性而幻灭。一口气吃个胖子的事情很多时候来自我们美好的期待，但是现实往往打脸。

这种现象在心理学上已有关注。关于表现水平和焦虑水平的研究表明，人的工作表现在其从事中等难度的任务中发挥最高，这时候个体处于中度焦虑水平；而太低和太高的任务难度设计会给个体带来过低或过高的焦虑，都不利于发挥出高工效。

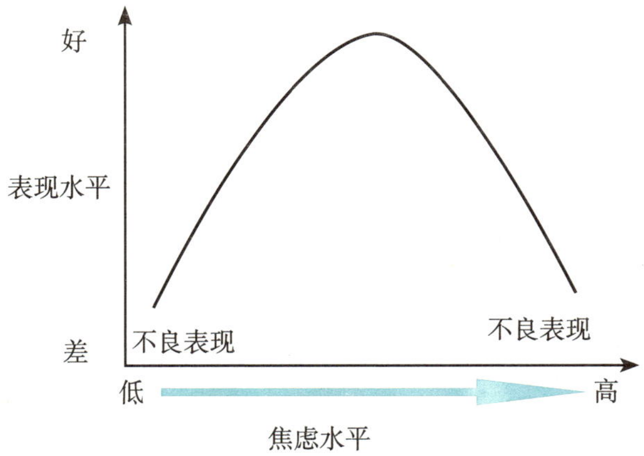

此外，在目标管理、任务实现上，很重要的一点是对能够帮到自己的资源的获取和利用。这将推进或延缓我们的任务进程。这里体现的是社会支持对目标实现的帮扶作用。比如，我们可以请别人帮忙评估我们制定的目标是否合理，还有什么可以健全的地方，以及帮助我们检查自己在任务实现上存在的问题和不足。

综上，在目标设定上，我们可能需要注意以下几点：

①对自己能力的评估。

②根据评估制定目标任务难度。

③目标任务试实施。

④目标任务难度调整。

⑤在实现目标上的资源利用度。

⑥来自别人的评估。

接下来，根据你在前面第一项训练里的目标设定，来检查评估一下自己设定的目标难度是否合理，面对任务目标的基础能力条件如何，在任务试运行阶段的推进程度如何，以及在实现目标的过程中所能利用的资源有哪些？以此来看下自己能否坚持做下去。一个☆代表“差”；☆☆代表“中下”；☆☆☆代表“中”；☆☆☆☆代表“中上”；☆☆☆☆☆代表“优”。你的真实情况是什么程度，就顺次涂几个☆。

我的目标是什么？请写到下方横线上。

___

我的能力：☆☆☆☆☆

我的任务难度设定：☆☆☆☆☆

我的任务推进进度：☆☆☆☆☆

在实现目标上的资源利用度：☆☆☆☆☆

来自别人的评估：☆☆☆☆☆

实现目标的过程可能不会一帆风顺，很多时候，即使我们做了足够的预期和准备，变化还是会有。因此，在实践中，我们既要做充分准备、踏实践行，也要放开胸襟，坦然接受生活中随时可能呈现的意外和变化。毕竟，从生命成长的角度看，我们追逐的其实不是目标，而是日新的自己。追逐目标的过程是我们内在成长的过程，通过对目标的规划与追求，管理与经营自己的人生，遇到更美好的自己，人生的价值在此。

纵观人的一生，感恩为我们的行动提供持久动力，帮助我们走出一己之私，在与外界的连接中领略生命的意义，实现自身生命的价值。天行健，君子以自强不息。让我们在对目标的不断设定和追求中，去活出自己、成为自己，热情地拥抱生命和世界吧！

◎ 参考文献

[1] 彭聃龄，陈宝国．普通心理学 [M]．北京：北京师范大学出版社，2019.

◎ 推荐阅读

[1]（美）罗伯特·凯伦．依恋的形成——母婴关系如何塑造我们一生的情感 [M]．赵晖，译．北京：中国轻工业出版社，2017.

附录 1

认识新朋友

亲爱的同学们，只要你用心，生活中有很多机会认识新的朋友，发展新友谊。我们《大学生心理健康教育》的课程本身就给大家提供了这样的环境和条件。第一次见面课大家形成了课程小组，在第二次见面课之前，请你完成以下的练习，这个活动能够帮助你更加了解小组的成员，增进彼此之间的连接和互动，获得新的人际交往体验。

请你将小组成员的名字写在下面的横线上：

1. ________ 2. ________ 3. ________ 4. ________ 5. ________
6. ________ 7. ________ 8. ________ 9. ________ 10. ________
11. ________ 12. ________ 13. ________ 14. ________ 15. ________

请你找时间跟成员逐一交流，记录他 \ 她的信息，包括外貌、兴趣爱好以及你体验到的他们的性格特点等：

1. ______________________________
2. ______________________________
3. ______________________________
4. ______________________________
5. ______________________________
6. ______________________________
7. ______________________________
8. ______________________________
9. ______________________________

10. ______________________________

11. ______________________________

12. ______________________________

13. ______________________________

14. ______________________________

15. ______________________________

附录 2

自我盾牌

盾牌可以帮助我们抵御外界的伤害，可什么是“自我盾牌”呢？自己是世界上最了解自己的人，也最知道该如何运用自身的力量，但也许你不曾梳理过它们，所以还处于混沌的状态。不如跟随这个活动的流程，来获得一面独属于你自己的盾牌吧！

请分别在下面相对应的位置，写下你的答案。

我最欣赏的：

1. 自己的外表：________________________________

2. 自己的兴趣：________________________________

3. 自己的性格：________________________________

4. 自己的能力：________________________________

5. 自己的品质：________________________________

我的力量源泉：

1. 我的社会身份：______________________________

2. 我的过往经验：______________________________

3. 我的信念：__________________________________

4. 我的目标：__________________________________

请将上面写出的内容概括为一些关键词，然后，思考一下令你感到安全和喜爱的意象，它可以是任何形态，太阳、房子、花朵……任何你觉得能够保护你和给你力量的事物都可以。将你概括出的关键词以一定排列方式填入这个形象中，可以使用彩色的画笔。发挥你的想象力，获得一面独一无二的盾牌吧！

画出属于你自己的盾牌：

附录 3：

时间馅饼

现在的“我的一天”时间馅饼

理想中“我的一天”时间馅饼

附录 4

抗压力资源圈

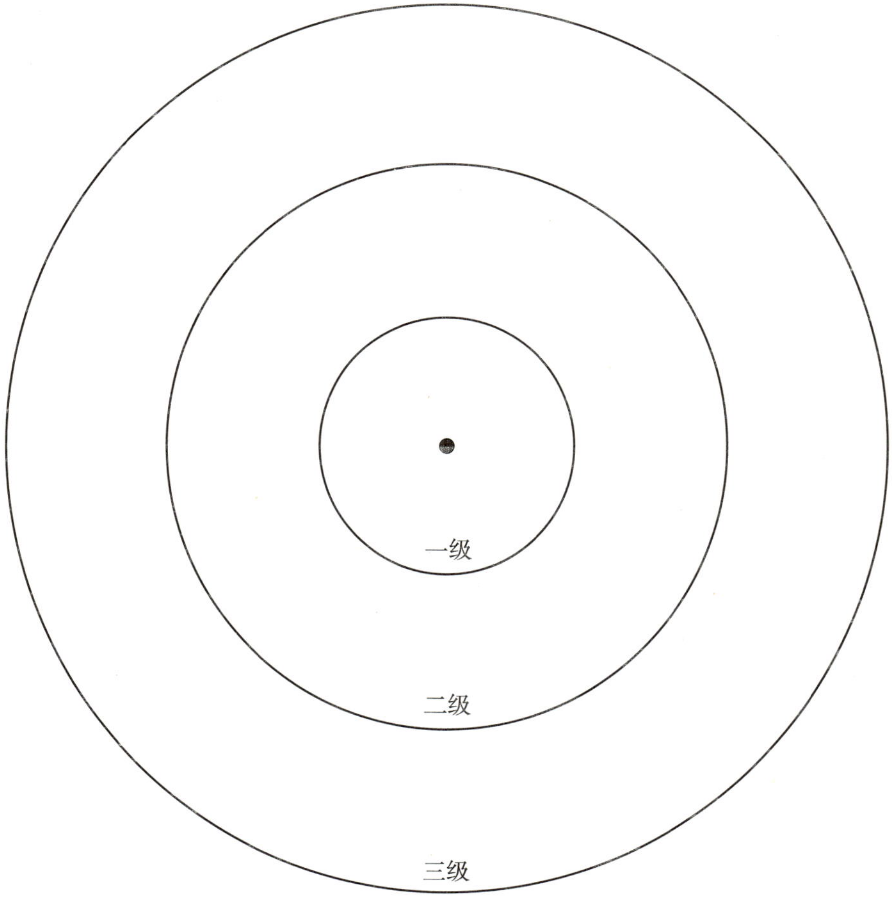

附录 5

爱的表达

你是我生命中很重要的一个人，此刻，我想对你说：